司法实务技能培养丛书

尚权无罪辩护案例选析

胜辩

Criminal Defense

毛立新◎主编
尚权律师事务所◎编著

中国法制出版社
CHINA LEGAL PUBLISHING HOUSE

图书在版编目（CIP）数据

胜辩：尚权无罪辩护案例选析／毛立新主编．—北京：中国法制出版社，2017.9
（司法实务技能培养丛书）
ISBN 978－7－5093－8843－3

Ⅰ．①胜… Ⅱ．①毛… Ⅲ．①刑事诉讼－辩护－案例－中国 Ⅳ．①D925.210.5

中国版本图书馆CIP数据核字（2017）第238598号

策划编辑 陈兴（cx_legal@163.com）
责任编辑 李小草 赵文博　　封面设计 李宁

胜辩：尚权无罪辩护案例选析
SHENGBIAN：SHANGQUAN WUZUI BIANHU ANLI XUANXI

主编/毛立新
经销/新华书店
印刷/三河市紫恒印装有限公司
开本/710毫米×1000毫米 16开　　印张/20.75 字数/148千
版次/2017年10月第1版　　2017年10月第1次印刷

中国法制出版社出版
书号 ISBN 978－7－5093－8843－3　　定价：87.00元

北京西单横二条2号　　值班电话：66026508
邮政编码 100031　　传真：66031119
网址：http：//www.zgfzs.com　　**编辑部电话：66010405**
市场营销部电话：66017726　　**邮购部电话：66033288**

（如有印装质量问题，请与本社编务印务管理部联系调换。电话：010－66032926）

代序

无罪辩护何以成功

北京市尚权律师事务所是曾被称为“京城四少”之一的张青松律师发起创办的一家主要由青年律师组成的年轻的律师事务所。十余年来，可以说我是“看着它长大的”。如今，尚权所的规模虽不算大，但它的名气、品牌在律师界乃至法律界却是如日中天。现任主任毛立新博士前不久告诉我，他们将出版一本无罪辩护案例集，诚邀我为此书作序。基于与尚权律师事务所的友情，也基于对尚权律师的赞赏，还基于自己长期从事刑事辩护的理论研究和教学工作，以及曾专职从事、迄今仍兼职从事刑事辩护律师工作的经历，深知无罪辩护之艰难，便欣然应允。

怀着极大的好奇心和做人做事一贯的态度，利用参加全国律协举办的“刑事辩护与律师制度改革专题研讨班”的空余时间，我一口气通读了书稿全文。透过书中收录的十三起无罪辩护案例，了解到不少重要的信息。

首先，透过十三起无罪辩护成功案例，我们可以看到尚权律师们为了维护当事人的合法权益，为了维护司法公正，在辩护过程中付出的艰辛努力和不懈追求。十三起无罪辩护案例中，有四起是法院作出无罪判决，其中又有三起是刑事再审案件，分别经历了22年、14年和7年的艰难申冤及再审之路。福建莆田许金龙、张美来等四人抢劫杀人案，曾被最高法院驳回申诉后仍坚持申诉，最终峰回路转，在办案律师的无私帮助和充分辩护下，得到无罪判决；另一起福建宁德缪新华一家五口故意杀人及包庇案，申诉历程也艰难坎坷，幸遇包括尚权八名律师在内的十名律师的无私法律援助，柳暗花明，终获纠正；至于第三起安徽赵世金合同诈骗案，原审程序历时三年之久，经两次上诉、一次抗诉、两次发回重审、三级法院审判才作出生效裁判，其后又经历四年申诉、再审最终获判无罪。当然也有一起经一审法院判决无罪的案件，但来之亦非常不易，不仅历时三年之久，还被原审公诉机关提起抗诉，所幸上级检察机关明察指令撤回抗诉，才算尘埃落定。还有四起案例，辩护律师始终认为犯罪嫌疑人、被告人无罪，在侦查阶段、审查起诉阶段作出种种努力，力图使当事人早日摆脱囹圄之苦，却不被办案机关接受，仍被提起公诉，直到经法院开庭审理确认被告人无罪后，检察机关才不得不撤回起诉，终结诉讼。最后五起案例是经检察机关审查起诉后认为事实不清、证据不足作出不起诉决定结案的。但在此之前，辩护律师也曾向侦查机关反复强调案件事实不清、证据不足，依法要求撤销案件而不被认可，这一过程少则一年有余，多则三年之久，个中艰辛只有办案律师才能体味。

其次，透过十三起无罪辩护成功案例，我们可以感受到十八大以来，国家在推进全面依法治国，掀起新一轮司法改革，强力纠正冤假错案，强化司法责任制，重振司法公信力，努力践行“让人民群众在每一个司法案件中感受到公平正义”的进步与变化。十三起无罪辩护案件中，三起经再审纠正原审错判的案件，都发生在十八大之后的2014年、2016年和2017年。其中福建莆田许金龙等四人抢劫杀人案，自案发已达22年，涉及四人共同犯罪，原生效判决均判处四人死刑缓期两年执行；福建宁德缪新华故意杀人案，自案发已达14年多，一家五口男丁均被定罪，原生效判决判处一人死刑缓期两年执行、四人有期徒刑，这两起案件再审均改判无罪，实属不易。其他十起无罪案例，除有一起发生在2011年，其他九起均发生在十八大召开以后，其中2013年一起，2014年一起，2015年三起，2016年三起，2017年一起。更值得关注的是，其中有五起案件，是由检察机关在审查起诉阶段作出不起诉决定而结案的。试想，尚权律师事务所已经成立11年，尚权律师们始终如一地尽职辩护，为什么在十八大以后才取得如此多的无罪辩护成功案例，答案不是很清楚吗？

再次，透过十三起无罪辩护的成功案例，我们在看到刑事诉讼制度不断进步的同时，也发现仍存在一些需要继续深入改革的问题。在十三起无罪辩护案例中，除了三起再审案件外，另有五起已经被检察机关起诉到了人民法院，但是经人民法院直接判决无罪的案件只有一起，另外四起案件经法院开庭审理实际上已经确认被告人无罪，但人民法院并没有作出无罪判决，却被检察机关撤回起诉，最后以不起诉终结诉讼。虽然从法律上讲，不起诉决定也是无罪的处理决定。但是其后果则是：一是往往造成被告人继续被羁押，实际上是以合法的方式侵犯人权；二是必然导致诉讼拖延，以致造成司法资源无谓支出；三是加剧案多人少的突出矛盾，挤占有限的司法资源。当然这么做也有“好处”，就是保全了公诉机关的面子。如此可见，是时候该对撤回起诉进行改革了！其实，四中全会《关于全面推进依法治国若干重大问题的决定》已经明确提出“完善撤回起诉制度”。遗憾的是，此项改革目前还不明朗。多年前，我曾撰文提出，应对撤回起诉制度进行严格限制：在法院开庭审理前，审判权尚未正式启动，控方可以撤回起诉；但自法院开庭审理时起，审判权即已正式启动，被告人有罪与否，应当由法院作出裁判，控方不应再撤回起诉。当然，若要进行这项改革，还需解决一个重要问题，即检察机关不能以法院是否对被告人判决有罪，作为对公诉人及公诉机关考核评价的依据。不论从诉讼原理还是从诉讼实务的角度看，检察人员在审查起诉阶段与审判人员在审判阶段对案件的认识条件、认识能力、认识角度都是有差别的，在有的案件中甚至差别很大，不可同日而语。因此，应当理性地看待法院的无罪判决，客观评价公诉检察官的工作。希望这项改革早日出台，顺利完成！

最后，透过这十三起无罪判决的成功案例，我们还看到了尚权律师热心公益，勇于担当社会责任，无偿为有关弱势、贫穷的当事人提供法律援助的高尚之举。位列十三起案例之首的福建莆田许金龙等四人抢劫杀人案，就是王耀刚律师和毛立新律师免费代理申诉无偿参与再审程序，分别为原审被告人许金龙和张美来代理、辩护。安徽赵世金合同诈骗案，是在指控、判决罪名变来变去，诉讼程序三上三下，业经三级法院先后审判，量刑从15年有期徒刑降为3年半有期徒刑，原审被告人赵世金内心虽坚决不服，但对申诉不报任何希望的情况下，毛立新律师鼓励并无偿帮助其提起申诉，终获再审机会和清白之身。2016年春节后，一个偶然的机会，我与尚权所八名律师以及福建一名律师共同为福建宁德缪新华等五人故意杀人、包庇一案申诉及再审提供法律援助，在该案一年多的申诉和再审过程中，各位律师不但没有收取律师费，而且还是自己出钱购买机票、支付食宿费，完全无偿地为当事人提供法律帮助。值得庆幸的是，该案刚刚在9月12日被福建省高级人民法院再审改判无罪。这三起案例，只是尚权律师为当事人无偿提供法律援助的缩影。早在2014年5月，尚权律师事务所与中国政法大学刑事法律援助研究中心联合发起成立了“尚权蒙冤者援助计划”，旨在为重大案件的蒙冤者洗刷罪名，促使司法机关纠正重大冤假错案。几年来，十多名律师投身这项工作，先后为十三起案件十九名当事人协助提起申诉，并已在四起案件的再审程序中无偿为原审被告人提供辩护。

一家年轻的律师事务所，一群青年律师，为何能够在不少人认为刑事辩护的司法环境不如以往的当下，取得如此令人瞩目的成绩？看完书稿，这个问题在我心中萦绕许久。以我对尚权所的了解，掩卷沉思后，答案不难得出。除了如前所述，他们身上所展现出的对司法公正的不懈追求，勇于担当社会责任的职业品质和素养外，从刑事辩护的专业能力来看，以下三个方面不可或缺。

一是，尚权所创立伊始确立的刑事辩护专业发展之路，为尚权律师事务所和尚权律师个人的发展奠定了坚实基础。当今在全国各地涌现出不少专注于刑事辩护的律师事务所。但在十多年前，敢于在律师界乃至社会上公开宣称只办理刑事辩护案件的律师事务所，据我所知，只有北京市尚权律师事务所一家。回头来看，这一抉择对处于京城的尚权律师事务所来说，应该是富有远见之举。北京是全国律师人才的高地，不仅人数众多，而且人才济济，没有“两把刷子”，难以立足发展。“两把刷子”是什么，就是指做事的本领能力。而做事的本领能力，必须来自专业化。放眼望去，任何领域的所谓“专家”，大都是几年、几十年从事同一项或同一类工作，全神贯注，反复实践，精益求精，才成为某一领域真正的专家。北京的律师面对的是全国法律服务市场，这是有利之处。能不能发挥好这一有利之处，取决于北京的律师能不能走上专业化道路，成为某一业务领域的专家型律师。“万金油”律师，在小地方可以生存，甚至必须如此，但在北京则行不通，至少不会有大作为。当下中国律师已达约三十三万之众，北京律师高达 2.7 万人，居全国之首。在此格局下，北京的律师事务所可以有综合性，但是北京的律师个人必须走专业化的道路。而尚权律师事务所走的正是刑事辩护专业化发展之路，非常有利于每个律师的专业化发展。

二是，尚权所多年坚持开展的刑事辩护理论和实务的学习、研究、交流的机制，为尚权律师们源源不断地输送着新鲜的血液。据我了解，尚权所创办之初，就非常重视刑事辩护业务技能的学习、研究。迄今我还记得，尚权所成立之初，张青松请我参加一项活动，编写刑事辩护办案规范，当时还没有确定正式名称，我曾建议就叫"尚权刑事辩护手册"，专为尚权律师办案所用，同时对所外律师起到参考借鉴的作用，进而建立并提升尚权品牌。这项工作后来发展为《尚权刑事辩护指引》，2017 年 3 月又进行了修订。此外，尚权所每年一度的"尚权刑事辩护论坛"也成为一张响当当的尚权名片，汇聚了国内刑事诉讼理论界和刑事辩护实务界的各位英豪，研讨切磋，交流宣传，大幅度提升了尚权律师的个体素质，也广泛宣传了尚权律师事务所的整体形象。最近我收到了"第十一届尚权刑事辩护论坛"的邀请。我在想，如果所有的刑事辩护律师都能有这样的机会，势必极大促进他们的业务能力。

三是，尚权律师们审时度势，与时俱进，开展多元无罪辩护的战略与战术，这是尚权律师在十八大以来取得如此多无罪辩护成功案例的直接原因。无罪辩护被不少人称为"成功的辩护"，还有人把无罪辩护称为"辩护律师的最大追求"。而且人们往往把无罪辩护设定在审判阶段，认为只有在审判阶段才能提出无罪辩护。其实这是一种误解。在刑事诉讼的全过程，律师都有机会对案件进行无罪辩护。《刑事诉讼法》第15条规定：“有下列情形之一的，不追究刑事责任，已经追究的，应当撤销案件，或者不起诉，或者终止审理，或者宣告无罪。”这里面所讲的可以说是广义的无罪辩护，其中“情节显著轻微，危害不大，不认为是犯罪”的情形，则是狭义的无罪辩护。这些辩护可以发生在侦查阶段，也可以发生在审查起诉阶段，当然还可以发生在审判阶段。不仅如此，依据刑事诉讼法第40条、第171条、第173条提出的辩护，也都属于无罪辩护，可以发生在侦查阶段和审查起诉阶段。但是，以往刑事辩护理论和实务界一般不将这些辩护视为无罪辩护，办案机关一般也难以采纳这些辩护意见，律师们也热衷于在审判阶段提出无罪辩护。在当下推进以审判为中心的诉讼制度和司法责任制的改革中，特别强调检察机关在审查起诉阶段的把关责任，防止把“带病”的案件起诉到法院。因此，检察机关非常重视审查起诉阶段律师提出无罪辩护的案件，只要有事实和法律依据，他们也会采纳律师的无罪辩护意见。在本书收集的十三起无罪辩护案例中，就有五起是检察机关采纳律师的无罪辩护意见作出不起诉决定而结案的。这也表明尚权律师审时度势，与时俱进，开展多元无罪辩护的战略与战术确实能够奏效，值得广大律师学习。

说到无罪辩护我还想强调一点，经常听到有人讲“选择无罪辩护”。我认为这种说法值得商榷。从严格意义上讲，无罪辩护是不能或者无从选择的。如果案件中确实存在可以进行无罪辩护的事实和法律依据，办案律师就应当进行无罪辩护，没有选择其他辩护的余地。反过来，如果案件中没有进行无罪辩护的事实和法律依据，律师却进行无罪辩护，恐怕也不能被办案机关所采纳。因此，排除案外干扰因素和办案人员的认识能力及办案水平的因素，能否进行无罪辩护不在于辩护律师的选择，而在于案件中有无进行无罪辩护的事实和法律依据。当然，律师在考虑是否进行无罪辩护时，需要对案件事实、证据材料和法律适用进行评估，这一过程伴随着取舍、判断、权衡。但这是为了发现、确认有无进行无罪辩护的事实和法律依据所做的选择，并不是对做不做无罪辩护的选择。

以上只是个人先睹为快的“读后感”，言不尽意，不敢妄称为“序”，仅与读者交流而已。

中国政法大学教授、博士生导师　顾永忠

二〇一七年九月十二日

CASE 1

四人蒙冤22载，从死刑到无罪

因为一桩发生在1994年的抢劫杀人案，许金龙、张美来等四人蒙冤22年，申诉屡被驳回。终在“尚权蒙冤者援助计划”及众多律师的帮助下，于2016年2月4日再审改判无罪，获得平反昭雪。该案被写入2016年最高人民检察院工作报告及国务院新闻办公室2016年9月发布的《中国司法领域人权保障的新进展》白皮书，并被中国案例法学研究会等机构联合评选为2016年度“十大无罪辩护经典案例”之一。

CASE 4

公权私用陷无辜，律师力辩解冤情

喻某琴怎么也不会想到，在投标一项市政工程即将成功之际，合作伙伴因无力出资又不想承担违约责任，便以合同诈骗罪将其控告到公安机关。在检察院以喻某琴不构成犯罪不予批准逮捕后，公安人员威逼喻某琴退还400万元履行合同的定金未果，九个月后再次以相同的事实和理由提请逮捕，检察院批捕，随后提起公诉。经律师力辩，一审法院作出了无罪判决，检察院提起抗诉，后被上级检察院撤回，案件终于尘埃落定。

CASE 5

“维权过度”不是“敲诈勒索”

这是继“黄某敲诈勒索华硕公司案”之后，又一起因为民事维权而被追诉敲诈勒索罪的典型案件，也是一起罕见的民事律师因协助维权被追究刑事责

CASE 8

警惕海外代购带来刑事风险

CASE 11

“卧底”还是“帮凶”

为了帮助当警察的同学，留学归国的张某成为了警方的“卧底”，冒充“嫖客”协助警察对卖淫女“钓鱼”执法。后因该警察敲诈卖淫女事发，张某亦被以敲诈勒索罪立案侦查，失去人身自由。他到底是警方的“卧底”，还是敲诈勒索犯罪的“帮凶”？最终，在律师的帮助下，澄清了张某系被他人蒙骗利用的事实，检察机关最终对其作不起诉处理。

CASE 12

莫名的牢狱之灾

对于某特别重大贿赂案件的犯罪嫌疑人贺某，在检察机关并未书面通知看守所会见应当经过许可的情况下，看守所民警刘大拿安排律师会见了贺某。因贺某“翻供”，检察机关对刘大拿以受贿罪、滥用职权罪立案侦查，后起诉到深圳 A 区法院。在改变管辖后，深圳 B 区检察院重新审查起诉，采纳律师的无罪辩护意见，最终对刘大拿作不起诉处理。

CASE 13

不知“犯罪”则无所谓“包庇”

印度籍青年马尼士与几名好友一起饮酒、吸毒，醒来后发现有两人因吸毒死亡，因为害怕未敢报警。公安机关调查后，以涉嫌过失致人死亡罪对提供毒品的桑桌立案侦查；马尼士因在调查初期未跟公安人员说明实情，被以包庇罪立案侦查。案件移送审查后，经辩护人与检察官反复沟通，检察机关最终以“现有证据不足以证实马尼士主观上明知桑桌的行为构成犯罪而作假证明”为由，作存疑不起诉处理。

CASE 1

四人蒙冤 22 载，从死刑到无罪*

——福建许金龙、张美来等四人抢劫杀人案

诉讼进程

1994 年 1 月 13 日夜，福建省莆田县忠门镇前范村村民郑某瑞（男，66 岁）被人捆绑在家中床上死亡。案发现场为郑某瑞家老厝，共有 5 道房门被撬、挖开，家中有多处被翻动的迹象，莆田县公安局将本案定性为抢劫杀人案进行侦查。

侦查发现莆田县忠门镇联星村补锅匠蔡金森，案前曾住在前范村吓宝客栈，案发当天下午突然离开，并把补锅工具留存吓宝处，遂把蔡金森列为重点嫌疑对象。

1994 年 3 月 2 日蔡金森被传唤审查，经过九天九夜的审讯，蔡金森供认：1994 年 1 月 6 日，他和联星村村民许玉森、张美来共谋到前范村郑某瑞家抢劫作案，并于 1994 年 1 月 13 日晚 9 时左右，在张美来家再次与许

* 本案相关事实可参见原载于“中国裁判文书网”的法院判决，网址：http://www.fjcourt.gov.cn/Page/Court/News/ArticleTradition.aspx?nrid=8e8d1870-4234-4d21-a188-e97020431460&from=singlemessage&isappinstalled=0，最后访问日期：2017 年 9 月 16 日 。

玉森、张美来、许金龙共谋抢劫，由张美来携带螺丝刀、手电筒、麻绳等工具，许金龙携带白色布料面粉袋及黄色胶纸等，张美来开着其家的三轮摩托车载四人，去前范村郑某瑞家作案。撬、挖开几道房门后，进入郑某瑞家大厅，这时遇见郑某瑞刚好也走到大厅内，四人一齐上前，蔡金森、许金龙抱住郑的腿，张美来、许玉森抓住郑的手、扼住郑的脖子，把郑摔倒在地后，张美来、许金龙二人便用麻绳把郑的双手和双脚捆住，张美来用所带的风湿膏把郑的嘴巴贴住，许金龙用自己带的面粉袋套住郑的头部，又用塑料胶布把面粉袋粘紧。接着把郑扔在大厅的西墙脚下开始翻找财物，后许金龙等将郑搬到床上，四人作案后回到张美来家。

蔡金森还供述：他抢得金戒指6枚，许玉森、张美来共抢得现金14080元。付给张美来80元车费后，四人各分得现金3500元，金戒指斩断为12块，各分得3块。案后，他因结婚急需用钱，便把金戒指以1400元卖给了一个不认识的人。

莆田县公安局根据蔡金森的供述，抓获张美来，张美来到案后，经公安机关讯问，最终供述的作案经过与蔡金森的供述基本一致，并供认将分得的现金在西许山赌博时输掉，所分得的3块金戒指输给了陈某太。

1994年3月21日，莆田县公安局将在北京打工的许金龙、许玉森抓获。

许玉森、许金龙到案后不知道为什么被抓，经过7天的讯问，许玉森承认参与抢劫，亦供述将分得的现金在西许山赌博时输掉，所分得的3块金戒指以800元的价格抵给陈某太。许金龙则始终没有供认参与抢劫作案。

1995年1月19日，莆田县公安局以故意杀人罪将蔡金森、张美来、许玉森、许金龙移送检察机关审查起诉。

1995年3月17日，莆田市人民检察院以抢劫罪对张美来、蔡金森、许玉森、许金龙向莆田市中级人民法院提起公诉。

1995年6月5日，莆田市中级人民法院作出〔1995〕莆中刑初字第013号刑事判决，以抢劫罪判处许玉森、许金龙、张美来等三人死刑，判处蔡金森死刑缓期二年执行。

四被告人不服，均以没有实施抢劫犯罪、口供是被刑讯逼供为由，提出上诉。

1999年4月4日，福建省高级人民法院作出〔1995〕闽刑终字第243号刑事判决，改判许玉森、许金龙、张美来死刑缓期二年执行，维持对蔡金森的一审判决。

许金龙、许玉森、张美来仍不服，向福建省高级人民法院提出申诉。

2007年11月20日，福建省高级人民法院驳回了三被告人的申诉。许金龙、许玉森、张美来仍不服，向最高人民法院提出申诉。2010年6月9日，最高人民法院对许玉森的申诉作出了驳回申诉、不对该案提起再审的决定。

2010年11月8日，许金龙、许玉森的家属委托承德市公安局退休民警刘某智向福建省人民检察院提出申诉。

2014年3月12日，许金龙收到福建省人民检察院通知，福建省人民检察院已向福建省高级人民法院提出再审检察建议。

2014年8月9日，蔡金森刑满出狱，亦向福建省高级人民法院提出申诉。

2015年12月16日，福建省高级人民高院作出再审决定。

2016年2月4日，福建省高级人民法院开庭审理本案，当庭宣告许玉森、许金龙、张美来、蔡金森四人无罪。

2016 年 11 月，福建省高级人民法院作出国家赔偿决定，四人合计获得赔偿 1148.98 万元。

控方观点

福建省莆田市人民检察院指控：1994 年 1 月 6 日下午，被告人张美来，蔡金森、许玉森三人在本村戏台边共谋到忠门镇前范村郑某瑞家抢劫。之后又纠集被告人许金龙合伙作案。同年 1 月 13 日晚，被告人蔡金森、许玉森、许金龙先后到被告人张美来家，被告人张美来驾驶三轮摩托车，携带作案工具，由被告人蔡金森带路，窜到前范村郑某瑞家旧房，被告人张美来、许玉森把大厅门环和西小厅门环捆结后，留下被告人蔡金森在外望风，被告人张美来、许玉森、许金龙先后用螺丝刀及撬棍挖开东小厅门至大厅东后房四道房门，当四被告人窜入大厅时，恰遇受害人郑某瑞从西小厅睡房出来，四人即拥上把郑某瑞按倒在地，由被告人许玉森压住郑的双手，被告人张美来，蔡金森按住郑某瑞的双脚，被告人许金龙则用绳子捆绑郑某瑞手脚，又用风湿膏封住郑某瑞的嘴，然后用面粉袋套住郑某瑞头部，再用胶纸粘住并在脖子上绕几圈，致郑某瑞颈部受压窒息死亡。随之，四被告人从郑某瑞家抢走人民币 14080 元及金戒指 6 枚。被告人张美来分得 3580 元，其他三被告人各分得 3500 元。6 枚金戒指用刀斩成 12 块，四被告人各分得 3 块。据此，莆田市人民检察院认为，被告人张美来、蔡金森、许玉森、许金龙的行为均已构成抢劫罪。

指控四被告人犯抢劫罪的主要证据有：

1. 证人陈某好（郑某瑞妻）证实，我估计郑某瑞有7万~8万现金。被害前五六个月的一天上午，见他双手戴满金戒指出去玩。在郑某瑞被害以后，我们清理郑某瑞的房间时，在旧厝的西小厅后房的木柴堆里，共找到17040元现金，50个银圆，3个金戒指，去年听郑某瑞对郑吓珠说翻草堆时丢了一个金戒指。

2. 证人郑某荣（郑某瑞儿子）证实，我共买10枚金戒指在我父亲郑某瑞处，有的金戒指上面有“福”字，有的有“囍”字，有1枚上面有一个“忍”字，还有一个上面有一条龙的。

3. 证人黄某英（郑某瑞儿媳）证实，郑某瑞有现金约8万元，有金戒指9枚。

4. 证人郑某仁（郑某瑞邻居）证实，其经常与郑某瑞打牌、喝茶拉呱，听郑某瑞说过他有8万元以上的现金，并看见郑某瑞两手戴有7枚金戒指，郑某瑞说他还有3枚金戒指。

5. 证人陈某太证实，大概是去年农历十二月初或中旬的一天下午约3点，我同忠门联星等地的一些人在西许葫芦山上用扑克进行赌二只翻时，我做头，赢了很多钱，后联星村有两个人输给我钱后，就把我叫到边上去，第一个人较壮，有胡子，我只记得他叫吓森，从口袋里拿出3块金器对我说，现在我没有钱了，这些金器当给你。他说要当1000多元，后我用手拣了拣，有二、三钱重，好像以1000元价钱当给了我。过后又来了一个人，这个人我不认识，是联星当地人，他们脸部我会认，但名字不知道，这个人也拿出3块金器当给我，我也向他们要了1000元左右。后来我输了，就把这6块金器又输给别人了。当时参赌人员很多，已记不起来输给谁。

6. 被告人蔡金森供述,(一九九三年)农历十一月二十五日下午约4点,我去本村的大路戏台边的食杂店去买烟,当走到顶厝的戏台边时,碰到本村许玉森同张美来二人坐在石阶上聊天,我便走过去,看到三个人都在戏台的石阶上抽烟玩。这时张美来说今年已输一万多元,要把摩托车卖掉还债。许玉森说,就输那么一点钱,不如忠门下做大生意人抽烟的钱。我接着说,就我们穷,忠门前范村一个打吗啡的老叔公(指郑某瑞)听说家里钱就有几斤。许玉森便接着说,那我们什么时候去抢点钱回来花。我说,我近来也要结婚没有钱,欠人上万元钱,可以一起去抢。许玉森和张美来说,那你有空去打探一下,我说可以。于是我便在(一九九三年)农历十一月二十六日上午又去忠门前范村度口去补锅,一边补锅,一边在郑某瑞的房子附近观察。到农历十二月二日下午约3点钟,我把补锅的工具和一部旧自行车放在度口吓宝客栈里,接着坐三轮摩托车回联星村。我到张美来家,张美来问我要不要去干,我说就我们两个人我不敢去。张美来说还有许玉森和许金龙也要去。我说有四个人那可以去。张美来说就今晚8点~9点钟去。我说那太早,就定10点去。就这样我回家去吃晚饭。大约在晚近8点到张美来家,这时看到许金龙、许玉森也已经在美来家等。许玉森说,今晚四个人去抢时,要把这个老叔公手脚捆起来,逼他把钱拿出来。我说那得准备绳子和撬门的工具。于是张美来就准备了几条麻绳,两把头扁扁的铁撬,还有两把刀,四把螺丝刀,还有三把手电。晚约9点钟,我们带着这些工具,都爬上了张美来的那部三轮摩托车上,由张美来开着摩托车直接到忠门前范村,由我引路,把车停在郑某瑞厝边的公路上的树下,我就带他们三个人直接到郑某瑞的那座房前。许玉森就趴在郑某瑞家的大厅门口喊了两声，不见有人回答。许玉森就同许金龙到东边的小厅去撬门，我站在靠东小厅的石柱边望风。我只观望了1分钟左右，许玉森和许金龙就把东小厅的门撬开了，许玉森就同许金龙、张美来进入东小厅，我就随之进入东小厅，许玉森就叫我站在东小厅的门口继续望风。许玉森、许金龙、张美来就进去撬东小厅后房的门，至于怎么撬的我没看见。我只站到门口（东小厅门口）一会儿，许玉森他们三个就把东小厅的后房门和东边厝利后房通东小厅后房的门也撬开了。我看许玉森三个人进入东厝利后房，我就随后进入东厝利后房，站在东厝利后房的门口，我看到许玉森他们三个人又在撬东厝利后房去大厅堂的门，撬开以后就进入大厅堂，当晚也没发现室内有灯光。我们进入大厅堂时张美来用手电正好照到郑某瑞打开西厝利门走到大厅，我们四个人就拥上去，我和张美来就上前把郑某瑞的双腿抑起，许玉森就上前抓住郑某瑞的双手，许金龙就上前就用一块黑布堵上郑金瑞的嘴巴，同时把郑某瑞掀翻在靠近西厝利的大厅边。许金龙用麻绳把郑某瑞的双手及双脚捆住以后，又用麻绳把已捆上的双手和双脚拉紧，捆成一团就把郑某瑞扔在大厅的西墙边。我就同许金龙进入西厝利，许金龙持一把手电窜到西小厅，我因在西厝利无法见到什么东西，就跑到东厝利，看到许玉森在东厝利的楼上，我也沿一条竹梯爬上楼上，只见到一只木桶、几个缶，没见到值钱的东西。我就先许玉森下楼后直奔西厝利后房，我见到西厝利后房靠大厅的墙边有一只双层衣橱，在上层衣橱的三个抽屉我全部拉出用我的那个打火机一照，发现有6个金戒指，我就放在西服右边的裤口袋里，就走出西厝利，正好许玉森持手电进西厝利，我出西厝利后经东厝利后房后到东小厅到外面的场院看是否有人，约过了二三分钟，我观察后没发现有就进入东小厅，走到东小厅的后房门，我看到许金龙、许玉森、张美来已从大厅堂走进东厝利后房，我就往回走，在东小厅的门口时，我看到许玉森他们三人走到东小厅的后房门口，我就走到场院的水井西边，许玉森等三人也走出东小厅门口，我觉得许玉森有在东小厅的门口停一下，但我不知道他在干什么。之后我们四个人溜到张美来的摩托车上，由张美来开车直接回张美来家，我问许玉森说，你们怎么这么慢，许玉森和许金龙回答说，他俩把郑某瑞从大厅堂抬到西小厅的一张眠床上，许玉森并且在车上埋怨我说，平时说这个郑某瑞有几斤钱，怎么今晚就没有什么，我也没说什么。摩托到张美来家后，我们四个就齐下车到张美来家旧厝的大厅。许玉森叫我们把东西都掏出来放在张美来家大厅的一张桌上面，许玉森拿出 8000 元现金（都是 100 和 50 元面额的），许金龙和张美来拿出 6080 元，我掏出 6 个金戒指，一齐入到桌面上。许玉森说，拿 80 元给张美来做车费，其余的 14000 元现金，每人分 3500 元，金戒指我只知道两个较大，两个中等，两个较小，两个中等的上面是四方形的（其中一个正面有一条龙，另一个上面有字，这个字是上面一个刃字下面有一个心字）,6 个金戒指由许金龙都对半截下，分成 12 块，每个分 3 块，我把这 3 块当场用张美来家的锤子砸成一团后放在我所穿的西服的右下口袋里，之后张美来拿出四瓶雪津啤酒和一些生的花生，我们每人各喝一瓶啤酒后就各自回家。我分的钱用我在结婚时买烟酒等费用。那些半个的戒指于（一九九三年）农历十二月十三日中午在市场东边的一条小巷里卖给一个我不认识的青年人。

7. 被告人张美来供述，大概是去年农历十一月底的一天下午，我同本村许玉森在本村戏台石阶上聊天，这时本村蔡金森不知去哪里经过戏台，蔡金森便走过来，我们三个人便在戏台上抽烟谈话。我说近来盖房子、赌博输了钱，连抽烟的钱都没有。这时蔡金森说，忠门前范一个打吗啡的老叔公家听说钱很多。许玉森接着说，那我们不如什么时候去抢一点回来花。我说，我们可以一起去抢。并叫蔡金森去度口补锅时观察一下。蔡金森表示同意。到农历十二月初二下午约 5 点，蔡金森单人到我家来，当时本村许金龙、许玉森也在我家玩。我们见蔡金森来，便问他怎么样（指抢钱）。蔡金森说，就老叔公一个人住一座厝。我说，晚上要不要去干？几个人都说“去干”。所以定晚上 9 点多一起去。到了晚 9 点多，蔡金森、许玉森、许金龙三人都到我家，商量要带一些工具去。我带一条细塑料绳，二条麻绳，几把螺丝刀，一把手电，蔡金森带铁撬一支（头扁扁），还有风湿膏。许金龙带一把小尖刀，一个白色布的面粉袋，一团塑料胶布（是黄色的，平时他用于房间贴图片用的），许玉森带手电一把。之后由我开着自己的一辆三轮摩托车载他们三人一起到忠门度口村。蔡金森带我们从小路转进几十米的一房人家（有 40 米左右），这时许玉森便到大厅门口去喊门，是喊一个老叔公的名字，见里面没有动静，这时我和许玉森便到东侧的上厅门前，许玉森拿了一条细绳子把大厅门绑起来，许金龙便同我在旁边捡了一块石头放在螺丝刀下做支点，然后用力一撬，撬了几下便把东侧小厅门的一个锁头撬下来，我便推开门，叫蔡金森在外面看人。我、许金龙、许玉森三人便潜进屋里，我在厝里站了一会儿，许玉森、许金龙便用铁撬等工具进行撬厝利的过道门，我见他们二人在撬门，便也走到门外大埕上走来走去，同蔡金森一起看人，在外面走来走去有半个多钟头，我再走进屋里，许玉森和许金龙二人已把里面二、三道门（已记不起来）都撬开了。我只撬外面东侧上厅门的锁，里间共撬有二、三道门，都是许玉森和许金龙撬，也没有看清他们到底是怎样撬进去。等门都撬开后，我们四个人便一起用手电照着走到大厅里，这时厝里只住一个老人，我不认识，也开门走到大厅来，同我们相碰，许玉森便拥上把这个老人抱住，我同蔡金森便抱住这个老人的双脚，把他摔倒在地，这个老人口喊着，哪来的贼子，这时许玉森便拿了风湿膏把这个老人的嘴贴起来，许金龙又用一个白布面粉袋堵住嘴，这个老人手脚在地上拼命挣扎，许金龙就用白布面粉袋套住这个老人的头部，又用带去的一团黄色塑料胶布绕圈在面粉袋外面，使面粉袋紧紧套在这个老人头上，然后我用一条麻绳把这个老人的手绑起来，许金龙也拿一条细绳一起绑这个老人的手（是什么绳我不清楚），绑了手之后，我、许金龙又一起把这个老人的双脚合起来，用绳子绕着绑起来，然后搬放在大厅的墙角，接着我就窜到厝利这个老人的睡房里，在床的枕头下翻找到3000多元，床的旁边是一张小桌子，上面好像是一个箱子，我也撬开，里面是衣服等物，我翻找，又找到2000多元。我们四个人都在屋里窜来窜去找，都没有在一起找，他们几个找什么地方我不知道。我就找这个老人的床、身上，还有床前的一个箱子。我们在屋里找了有一个钟头，然后都回到大厅里，我、许金龙、许玉森三人便把这个老人搬放在他的睡房床上，又盖上被子，接着我们四个人就顺着原路跑出屋，一起回到公路旁的摩托车上。回到我的家里，时约晚上12点。四个人便一起到我家旧厝的大厅里，许玉森叫我们把钱都拿出来清点，许玉森拿出有8000元左右，我、许金龙二人共有6000多元，蔡金森拿出六个金戒指。他们付我当晚车费80元，共点现金有 14000 元，四人各分得现金 3500 元，我拿了一把菜刀把六粒金戒指斩断成 12 块，每人分得 3 块。事后我到联星西许山上同人赌博，3500 元现金都输掉，3 块金戒指折价 1000 元给一个本庄赌徒名叫吓太。

8. 被告人许玉森供述，（一九九三年）农历十一月底的一天下午，我同本村张美来在本村戏台边玩时，本村蔡金森也来了，我们三人就在戏台边聊天。蔡金森要向我和张美来借钱，我和张美来讲哪里有钱。这时蔡金森讲，忠门前范一个老头叫吓瑞，很有钱，家里只有他一个人住，我们一起去抢他的钱。我们三人互问敢不敢去，都回答敢去。怕人手不够，张美来就去叫许金龙来。蔡金森把刚才情况讲给他听，问他敢不敢去，许金龙说，敢去。我们就这样确定，怕底细不清，又叫蔡金森到度口去观察一下。农历十二月初二下午，蔡金森很早就回来，他把补锅的工具都放在度口。约下午 5 时我和蔡金森就到张美来家中，三人一起玩，张美来问蔡金森和我要不要去干，我们都说去干。过了一会儿，许金龙也来了，我们就这样确定今晚去干，就定 9 点左右一起去。我们在一起商量带一些什么去，后由张美来带两条新的麻绳，一条细塑料绳，一把小号的钻笔，一把大号（一尺左右长）的钻笔（比较新），一把铁撬（头扁扁），还有风湿膏及黄色胶纸，及一把小尖刀和一个白色布的面粉袋，我们每人一把手电筒。当蔡金森带我们到郑某瑞厝时，蔡金森给我们讲：郑某瑞就住在靠近公路旁的小厅里。到时，张美来拿一根塑料绳叫我去结大厅门的门圈，张美来自己到郑某瑞住的小厅门结门圈。而我们看到东侧小厅门用挂锁锁着，张美来就拿出大号的钻笔叫我去撬，我就拿去撬，但撬不掉，后来美来去撬，就把小厅门的挂锁撬掉。我们推门入室，用手电筒照，蔡金森在外面看人，我们三人在小厅里，而通过小厅后房时有一道门（两扇，用门闸），我先用钻笔撬两扇门的缝隙，但撬不开，就用铁撬撬门框边的墙，是砖墙，我们把砖撬下，成一洞口后就伸手进去，把门闸拉开，第二道门就这样打开了。我们又进小厅后房，通过厝利后房又有一道两扇门闸的门，又用同第二道一样的方法，把第三道门打开，从厝利后房往大厅有一道门，是张美来撬的，具体怎么撬的我不清楚。我们进入大厅时，这里郑某瑞刚好从西侧厝利门进入大厅里，我看到西侧小厅里有点灯（没有电灯），具体什么灯（烛，或油灯不清），在大厅里我们就把郑某瑞压倒，郑某瑞喊救命呀，这时我便拥上拦腰抱住，蔡金森用手卡他的咽喉，使他不能喊出声音，这时张美来拿出风湿膏，蔡金森用风湿膏贴在那老头的嘴上，后我抓双手，许金龙用那个白色布的面粉袋套住这个老头的头部，又用那黄色粘胶纸绕着圈在面粉袋外面在脖子上的位置。我抓老头的手张美来用麻绳捆他的手和脚，然后用麻绳把捆着的双手脚连在一起，使他弯曲。这时他不能喊叫，又不能动了。我们就把他放在大厅边，我们就开始到各房间找钱。我在西侧厝利找，厝利有放一些杂物，在杂物里有一盒里面放一捆钱，具体多少钱不知。后又到西侧小厅郑某瑞睡床上，爬上去乱翻但没有找到。蔡金森和许金龙又把西侧小厅一张沙发搬开找，我到过一房间里，里面有大缸，装食物手伸出乱找，没找到。后来，我又看到许金龙和蔡金森二人到西侧小厅楼上找，我们四个人都在屋里翻，但有的没有在同一房间，所以不知道他们几个人翻些什么，我们找完后，要走时，我和许金龙张美来三人把郑某瑞搬放在他的睡床上，又用被子盖上，靠在床边，张美来把郑某瑞头上的面粉袋拿下，后放在哪里不清。我们搬他到床上时，他已经不能动，也不能发出声音。但当时是否死了我们不知道。作案后我们回到联星，当时约12时许，我们到美来家旧厝的大厅里，我们四人把抢的钱物都拿出来清点，总共现金14080元，金戒指6枚。现金中付给张美来80元车费，其余14000元现金四人平分，每人3500元。那六枚金戒子用刀分成两块，共12块，四人平分每人3块。于农历十二月初六前，我和张美来到西许山上参加赌博，现金全输掉，后来金戒指也输给一个东庄人，美来也输了，金戒指也输给同一个东庄人。

9. 现场勘查笔录，该厝座北朝南五间厢，二层土木结构。埕东南角是水井及洗衣池。该厝楼下厅堂的双扇木质大门自内闩着完好，外侧双门环被一段长1.75米的蓝色塑料丝绳绑着。西侧小厅的双扇木质门自内闩着关好，门扇外双门环被一段长0.8米的细塑料丝绳绑住。东侧双扇木质小厅门虚掩，门环上吊着一个被撬开的狼头牌的挂锁，锁键被撬变形，左扇门环边可见一处撬压支点痕。东小厅前房内靠东南角是通往小厅楼上的木质梯道，无发现上楼迹象。小厅前房内东侧堆放着杂物，距小厅门内侧1.2米处的西墙边一竹篓和竹篾的后面靠墙基处地上发现揉作一团的一个白色面粉袋（布袋角沾有少量口液），一条长5.4米的黄色胶纸条，胶纸条上贴沾着一块贴止痛膏的塑料片和两片风湿止痛膏，上沾有口液和少量血迹。小厅西侧靠墙放有家具，小厅前间北墙西侧通往小厅后房的双扇木门被撬挖开着，被开的双扇门缝间可见三处0.7宽的大号螺丝刀撬痕和尖状小刀撬痕，撬痕呈“—”状。该门框东侧距地1.13米的墙上，可见一处被挖穿成11cm×14cm的矩形洞口，洞口下方地上散落着砖块、泥土、白灰碎片。小厅后房内为空间，靠小厅后房西墙南端是通往东后房的双扇木质门，房门被打开，房门框北侧距地 0.9 米处有一处没有挖穿的洞缺口，下方散落着白灰、泥碎片。房门框南侧距地 0.3 米处被撬挖成一个 9cm×41cm 的矩形洞口，下方地上散落着泥块及白灰碎片。东后房东北角是眠床，房中间的方桌东南角丢放着结婚证等本子。东后房通厅堂的双扇木质门上的挂锁被撬开，左门环上可见一个被撬开锁键的挂锁，房门开着。厅堂后段的福堂为杂物间，厅堂通西侧后房的双扇木质门被开着，锁头悬挂在左侧门环上，右门环接口裂开。西后房内靠东北角眠床前依东墙处的一架双层衣橱门被打开，橱内衣物被翻散落于橱前的地上，橱内衣物零乱，橱屉半开，屉内零乱。依西墙南端的双人沙发上隐约可见四种不同花纹的残缺杂乱模糊鞋印踏踩痕（无鉴定条件）。沙发前有一架竹梯靠放在半楼中间的楼板上，竹梯阶上隐约可见有踏踩迹象。放置于半楼上的皮箱和纸箱内的衣物均有翻动迹象。厅堂通西前房的过道双扇木质门开着无锁，房内置有一些刚油漆未装的家具。厅堂通东前房的双扇房门开着无锁，楼上楼下均为空间，只有一个竹梯靠在通楼上半楼的梯口处。西侧前房通西侧小厅房的房门开着无锁，小厅分为前后房，小厅后房堆放柴草。小厅前房西北角的旧式眠床朝南摆放，死者郑某瑞尸体背靠眠床后侧板，呈坐状。死者双脚以用一麻绳和一段绿色塑料皮电线捆绑呈弯曲状。一床草绿色被子和印花毛毡盖在尸体上至胸部处。床上的白色床单上有模糊残缺的踏踩痕，被子下的床单上发现一把新的刀口为 0.7cm 的大号螺丝刀，西侧床头靠床沿处摆放着吸毒用的药瓶、药盒、日蜡烛、火柴等物。床前的脚踏板东端放着死者的一双黑色雷宝鞋，垫床用的皮毛块散落在脚踏板及地上，一条新麻绳散落在脚踏板及地上。床上的一件灰色外衣双下口袋内共有现金 212 元及阿诗玛香烟、火柴。床前依西墙摆放着一张小桌和一个木箱，木箱内衣物被翻乱，衣物散落地上。靠房间西南角梯道下方的罐子、米缸均有翻动迹象。其中一缸糯米被翻倒在地上，紧靠房间东墙处的一张双人沙发被翻移离墙基 0.6 米。床东侧地上散落着死者的衣裤，衣裤上隐约可见杂乱模糊的踏踩痕。往小厅前房西南角的梯道上小厅楼上，可见楼上纸箱内的衣物被翻抖并散落在楼板上，楼板上隐约可见一个模糊鞋印痕（个别认定无鉴定条件）。小厅后房内堆放柴草，整个房间依南、北、西三侧下堆放柴木，上堆放豆梗，上方豆梗杂乱，依东墙堆放一排劈柴木，后经清理现场，在东墙中段的柴木底下发现有一包现金 14040 元，在东北墙角的柴木下发现一包银元计 50 块，金戒指共 3 枚。

10. 死亡鉴定书，尸体停放在死者住室大厅。死者着装情况：上穿白色圆领长袖内衫，下穿黑色本地裤，深绿色晴龙长裤，赤足。死者双下肢踝部被绿色塑料电线捆绑二周后，在左下肢外侧踝部打五个死结，后把电线向身体上半身拉拢，致下肢卷曲。电线拉到前腹部，又把双上肢腕部捆绑，见左腕关节捆绑二道，右腕关节捆绑一道，并把右食指绕缠在一起，然后在左手腕外侧打二个死结，右手腕外侧打三个死结后双拉向左手腕在左手腕内侧打二个死结。呈左腕在下，右腕在上，双手腕八字形捆绑，死者双上下肢除被绿色塑料电线捆绑外，又见双手腕被麻绳捆绑各两周后，麻绳又在双下肢小腿外环绕捆绑两周，在左下肢外侧打两个活结。双下肢间夹一团棉絮。下嘴唇内侧见黏膜 3cm × 1cm 皮肤出血，下颌角处见 0.8cm × 0.6cm 皮肤出血。喉结上方见 1cm × 0.7cm 皮肤出血，左肩前侧方见 5cm × 7.5cm 皮肤出血，双结合膜见出血斑、出血点。左前臂见 3cm × 5cm、2cm × 1cm、5cm × 3cm 不规则形皮肤出血。右前臂见 5cmx8cm 皮肤出血。切开颈部，见喉结左下方颈部肌肉 1.5cm × 1.5cm 范围出血斑，甲状软骨左侧见 1.3cm × 1.5cm 范围出血斑。结论：认定郑某瑞系颈部受到外力压迫（如卡、压等）致窒息死亡。

11. 莆田县公安局鞋印鉴定书，认定现场遗留鞋印的造型客体(即球鞋)和嫌疑人许玉森穿用的球鞋均属同一厂家所产的同类型 40 号胶底球鞋。提取笔录，在张美来家提取一把菜刀，一把尖刀，中号钻笔一把，小号钻笔一把，以及透明粘胶布一圈。

12. 黄某英（郑某瑞儿媳）辨认笔录。我仔细辨认了，这条电线是我家的。这条电线是软皮的塑料皮电线，是绿色的。这条电线是我公公旧屋那边用的，平时都放挂在大厅的墙壁上，主要用于晒衣服用的，我有给我公公洗衣服，后用这条电线晒衣服 。

辩方观点

在一审、二审及再审阶段，辩护人均做无罪辩护。再审开庭时，北京市尚权律师事务所律师王耀刚、毛立新出庭，分别为许金龙、张美来辩护。辩护人认为，原判认定四被告人抢劫作案事实不清、证据不足，依法应宣告被告人无罪。

（一）原审被告人蔡金森、许玉森、张美来的口供都是采用刑讯逼供手段获得的非法证据，依法应予排除

从侦查报告可以看出，案发后，莆田县公安局在侦查中，认为蔡金

森作案无疑:（1）蔡金森于 1994 年 1 月 13 日下午 1 时突然离开度口的吓宝客栈后，多次访问，谎骗去南日补锅。（2）经济拮据，近段因结婚和嫁妹急需用钱，有作案动机。（3）经常住度口进行补锅，对死者的经济情况较为熟悉。

在没有任何证据的情况下，莆田县公安局于 1994 年 3 月 2 日对蔡金森传唤审查，“通过大量的教育”，蔡金森于 1994 年 3 月 9 日供认了伙同许玉森、许金龙、张美来抢劫作案的过程。

根据蔡金森的供述，莆田县公安局先后将张美来、许金龙、许玉森抓获，张美来、许玉森作出了同蔡金森基本相同的供述。

许金龙到案后在莆田县公安局被侦查人员连续讯问了 10 天，侦查人员不让其睡觉，并严刑拷打，用开水浇，用毛巾沾人尿往其嘴里塞。他们把许金龙的手吊在窗上，用绳子捆住其脚向前拉，使双脚不能着地，但许金龙始终没有作出令侦查人员满意的供述。

蔡金森、许玉森和张美来在检察院提审时以及在开庭审理时，都说自己的认罪口供是在刑讯逼供的情况下，按照侦查人员的诱供作出的虚假供述。

在福建省检察院对本案复查的过程中，有同许玉森同监室的陈某城、李某煌证实，在 1994 年 3 月份，许玉森几次被提审后是被抬进来的，不能吃，不能睡，经常喊叫被冤枉。

同张美来同监室的林某忠证实，张美来被提审后看见他身上红肿，郑某美证实，张美来被提审后都被打得很严重，有二三次都是被抬进来的。

张美来两小腿至今还留有鸡蛋大的伤疤。

因此，蔡金森、许玉森、张美来三人关于伙同许金龙抢劫犯罪的口供都是非法证据，应当予以排除。

（二）蔡金森、许玉森、张美来的口供与案件事实不符，不能作为定案的根据

蔡金森、许玉森、张美来三人的口供不仅自相矛盾、相互矛盾，且与现场勘查笔录或郑某瑞死亡鉴定书不符：

1. 捆绑门环的塑料绳不符

三人的口供中均称由张美来带“一条细塑料绳”，而现场勘查中发现用于捆绑门环的是白色和蓝色两段不同的“塑料丝绳”。

2. 撬挖房门的数量不符

三人的口供中均提到撬、挖开东小厅、东小厅后房、东小厅后房通东厝利、东厝利后房通大厅堂 4 道房门；现场勘查发现郑某瑞家共被撬、挖开 5 道房门，除口供中的 4 道房门外，“厅堂通西侧后房的双扇木质门被开着，锁头悬挂在左侧门环上，右门环接口裂开”。

3. 撬压痕迹不符

现场勘查发现，“东小厅前间北墙通往后房的双扇木门被撬挖开着，被开的双扇门间缝间可见三处 0.7cm 宽的大号螺丝刀撬痕和尖状小刀撬痕”，许玉森的口供中只提到了他“先用钻笔撬两扇门的缝隙，但撬不开”，张美来的口供中只是提到了“用钻笔撬不开（是玉森和金龙撬的）”，并没有具体说是怎么撬的，但是没有人供述是何人用“尖状小刀”撬过门缝。

4. 未挖穿洞口不符

现场勘查发现，“靠（东）小厅后房西墙南端是通往东后房的双扇木质门，房门被打开，房门框北侧距地 0.9 米处有一处没有挖穿的洞缺口”。而

三人口供中均没有提及“房门框北侧没有挖穿的洞缺口”是如何形成的。

5. 捆绑被害人现场不符

三人的口供均称在大厅里将被害人郑某瑞按倒在地并进行捆绑，作案后将被害人抬到床上，辩护人认为与案件事实不符：

（1）现场照片显示大厅内摆放有桌子和长凳等家具，如果发生过四个人将被害人按倒在地进行捆绑的情形，厅内的家具不可能不受影响。

（2）郑某瑞死亡鉴定书显示，死者“下穿黑色本地裤，深绿色晴龙长裤，赤足”。“左肩前侧方见 5cm×7.5cm 皮肤出血”，“左前臂见 3cm×5cm、2cm×1cm、5cm×3cm 不规则形皮肤出血”，“右前臂见 5cm×8cm 皮肤出血”。其他肢体未见损伤。

如果郑某瑞是被按在大厅内的地板砖上捆绑，在穿着单衣的情况下，在其臀部、下肢及足部与地板接触的部位不可能没有表皮剥脱、皮下出血等尸表现象。

（3）现场勘查笔录显示，“死者郑某瑞尸体背靠眠床后侧板，呈坐状，一床草绿色被子和印花毛毡盖在尸体上至胸部处。床上的白色床单上有模糊残缺的踏踩痕，垫床用的皮毛块散落在脚踏板及地上”。

许玉森和张美来的口供中均称将被害人抬到床上后，“又盖上被子”，并没有提及盖上印花毛毡。

根据以上情况分析，郑某瑞应该是在床上被捆绑，捆绑后将其靠在眠床后侧板。所以才会出现只有上肢及肩部存在抵抗伤，而下肢无抵抗伤的情形。此外，犯罪分子作案后通常都会急于逃离现场，即使逃离前将死者抬到床上，也不会将尸体抬到床的里头并盖上被子及毛毡。

6. 捆绑被害人顺序及材料不符

郑某瑞死亡鉴定书显示:“死者双下肢踝部被绿色塑料电线捆绑二周后，在左下肢外侧踝部打五个死结，后把电线向身体上半身拉拢，致下肢卷曲。电线拉到前腹部，又把双上肢腕部捆绑，见左腕关节捆绑二道，右腕关节捆绑一道，并把右食指绕缠在一起，然后在左手腕外侧打二个死结，右手腕外侧打三个死结后双拉向左手腕在左手腕内侧打二个死结。呈左腕在下，右腕在上，双手腕八字形捆绑，死者双上下肢除被绿色塑料电线捆绑外，又见双手腕被麻绳捆绑各二周后，麻绳又在双下肢小腿外环绕捆绑二周，在左下肢外侧打二个活结。双下肢间夹一团棉絮。”

三人的口供均称用麻绳先将被害人的双手捆住，然后用麻绳连着将双脚捆绑，无人提及用绿色电线捆绑被害人，其捆绑的顺序及材料均与实际不符。此外，三人的口供中无人提及死者双下肢间所夹棉絮的来源及如何夹在下肢间的。

7. 现场沙发上的踩踏痕迹不符

现场勘查发现，西后房内“依西墙南端的双人沙发上隐约可见四种不同花纹的残缺杂乱模糊鞋印踏踩痕”，这应该是侦查机关认定四人作案的重要依据，但三人口供中无一人提到曾在该沙发上踏踩。

8. 西后房半楼上翻动迹象不符

现场勘查发现，西后房内“沙发前有一架竹梯靠放在半楼中间的楼板上，竹梯阶上隐约可见有踏踩迹象。放置于半楼上的皮箱和纸箱内的衣物均有翻动迹象”，但三人的口供中无人提及曾到该半楼上翻动皮箱和纸箱。

9. 被害人房间罐子、米缸翻动迹象不符

现场勘查发现，在西侧小厅前房郑某瑞的房间，“靠房间西南角递道下方的罐子、米缸均有翻动迹象。其中一缸糯米被翻倒在地上”，但三人的口供中无人提到曾在郑某瑞的房间翻动米缸并将糯米翻倒在地上。

10. 白色布袋丢弃位置不符

现场勘查发现，东小厅“前房内东侧堆放着杂物，距小厅门内侧 1.2 米处的西墙边一竹篓和竹篾的后面靠墙基处地上发现揉作一团的一个白色面粉袋（布袋角沾有少量口液），一条长 5.4 米的黄色胶纸条，胶纸条上贴沾着一块贴止痛膏的塑料片和二片风湿止痛膏，上沾有口液和少量血迹”，但在三人的口供中无人能说清是谁将上述物品放在该处的。

11. 蔡金森口供中的一些事实与现场不符

（1）蔡金森在 1994 年 3 月 12 日的笔录中说：“许玉森就蹲在郑某瑞的头部的左边把郑某瑞的双手死死地按压在大厅的砖（四方砖）的砖门上”，而现场照片显示，被害人家大厅的地面为六边形砖。

（2）蔡金森在 1994 年 3 月 9 日的口供中说：“我因在西厝利无法见到什么东西，就跑到东厝利，看到许玉森在东厝利的楼上，我也沿一条竹梯爬上楼上，只见到一只木桶、几个缶，没见到值钱的东西。”

在 1994 年 3 月 10 日的补充笔录中，蔡金森说：“我一进去时先到西侧厝利，看到厝利里没有什么东西放，就出来，又到对面厝利，厝利门口放一架楼梯，是什么材料的楼梯不清了，我就爬到楼上，看上面只有堆放杂物，有缶缸，我没有去翻，就下来，这时许玉森又爬上去，之后我就到西侧厝利后房”。

但是现场勘查笔录显示:“厅堂通西前房的过道双扇木质门开着无锁,房内置一些刚油漆未装的家具”。“厅堂通东前房的双扇房门开着无锁,楼上楼下均为空间,只有一部竹梯靠入在通楼上半楼的梯口处。”

西厝利放有刚油漆未装的家具,蔡金森却说“没有什么东西放”,而东厝利楼上楼下均为空间,而蔡金森却看见了楼上“有一只木桶、几个缶”。

(3)蔡金森在 1994 年 3 月 9 日的口供中说:“我就先许玉森下楼后直奔西厝利后房,我见到西厝利后房靠大厅的墙边有一只双层衣橱,将上层衣橱的三个抽屉全部拉出并用我的那个打火机一照,发现有 6 个金戒指,我就放在西服的右边裤口袋里,就走出西厝利,正好许玉森持手电进西厝利,我出西厝利后经东厝利后房后到东小厅到外面的场院看是否有人”。

但是,从现场照片中可以看出,衣橱只有两个抽屉,从现场图可以看出,西厝利后房只有一个与大厅相通的门,并没有与西厝利相通的门。

12. 许玉森口供说在厝利翻找财物与事实不符

(1)许玉森在 1994 年 3 月 31 日晚的口供中称:“我们就开始到各房间找钱。我在西侧厝利找,厝利有放一些杂物,在杂物里有一盒里面放一捆钱,具体多少钱不知。”

但是,现场勘查笔录显示,“厅堂通西前房的过道双扇木质门开着无锁,房内置一些刚油漆未装的家具。”并没有发现有“一些杂物”及“盒”。

(2)许玉森在 1994 年 4 月 1 日的口供中说:“我是在厝利找,厝利那里放有缸等物,我把缸里的东西都倒出来,用手电照没有找到,缸里有干地瓜、米”。

但是，现场勘查笔录显示，西厝利放置一些刚油漆未装的家具，东厝利楼上楼均为空间。所以，无论许玉森口供中的厝利是东厝利还是西厝利，均与事实不符。

（三）蔡金森、许玉森、张美来三人口供中的一些事实无其他证据印证，因此，三人的口供不能成为认定案件事实的根据

1. 作案工具不能印证

在三人的口供中，均称携带并使用了螺丝刀、铁撬、刀等作案工具，但案发后没有追缴到全部作案工具与口供相印证。虽然在张美来家提取了“一把菜刀，一把尖刀，中号钻笔一把，小号钻笔一把，以及透明粘胶布一圈”，但是，没有任何证据可以证明，现场撬锁、撬门及挖洞的痕迹是由上述工具所形成。同时，也没有任何证据可以证明遗留在被害人郑某瑞床的一把“红色木柄大号螺丝刀”是由张美来带到现场的。

2. 交通工具不能印证

三人的口供均称四人乘坐张美来驾驶的三轮摩托车，到忠门镇前范村郑某瑞家，但是，没有任何其他客观证据可以印证张美来的三轮摩托车在案发当晚到过案发现场。

3. 致被害人死亡的方式不能印证

许玉森的口供称“金龙用那个白色布的面粉袋套住这个老头的头部，又用那黄色粘胶纸绕着圈在面粉袋外面在脖子上的位置。走时张美来把郑某瑞头上的面粉袋拿下，后放在哪里不清”。张美来的口供称“许金龙就用白布面粉袋套住这个老人的头部，又用带去的一团黄色塑料胶布绕圈在面

粉袋外面，使面粉袋紧紧套在这个老人头上。走时许金龙和许玉森有否把套老头的面粉袋拿掉那我不清楚”。原一审判决据此认定，“被告人许金龙又用面粉袋将郑的头至脖子处套住，并用粘胶纸在郑脖子外的面粉袋上紧绕了几圈粘住，致郑某瑞颈部受压窒息死亡”。

辩护人认为，上述口供不能印证：

（1）现场发现的白色面粉袋是否曾经套在死者头部不能印证

根据现场勘查笔录，东小厅“前房内东侧堆放着杂物，距小厅门内侧1.2米处的西墙边一竹篓和竹篾的后面靠墙基处地上发现揉作一团的一个白色面粉袋（布袋角沾有少量口液），一条长5.4米的黄色胶纸条，胶纸条上贴沾着一块贴止痛膏的塑料片和二片风湿止痛膏，上沾有口液和少量血迹”。

第一，“布袋角沾有少量口液”只是勘查人员直观判断，没有相应的检验，不能证明是被害人的口液。

第二，从尸体照片可以看出，被害人左前额发际有一处损伤，如果面粉袋曾经套在被害人的头上，应该在面粉袋上也沾有血迹，而不是仅仅在风湿止痛膏上沾有少量血迹。

第三，现场发现的是“揉作一团的一个白色面粉袋，一条长5.4米的黄色胶纸条”，说明面粉袋被发现时，胶纸条并没有缠绕在袋口上，而是被展开的状态。如果面粉袋确曾套在死者的头上，并且用胶纸“绕着圈在面粉袋外面在脖子上的位置”，走时就不可能轻易被拿下来，而是要一圈一圈地将长达5.4米的胶纸拉开。

（2）认定“被告人许金龙又用面粉袋将郑的头至脖子处套住，并用粘

胶纸在郑脖子外的面粉袋上紧绕了几圈粘住，致郑某瑞颈部受压窒息死亡”没有依据

死亡鉴定书显示，郑某瑞的颈部没有受勒后形成的索沟，不符合勒死的尸体特征，因此，法医根据“喉结上方见 1cm × 0.7cm 皮肤出血”，及“切开颈部，见喉结左下方颈部肌肉 1.5cm × 1.5cm 范围出血斑，甲状软骨左侧见 1.3cm × 1.5cm 范围出血斑”，结合“双结合膜见出血斑、出血点”的特征，认定“郑某瑞系颈部受到外力压迫（如卡、压等）致窒息死亡”。

4. 被劫财物数量不能印证

蔡金森、许玉森、张美来的口供均称共劫走人民币 14080 元及金戒指 6 枚，但是否真的被劫走这些财物没有其他证据印证：

被害人郑某瑞独居在其老厝，案发后，其亲属没有一个人能说得清被害人到底有多少钱和金戒指，这些财物放在何处，案发当晚到底被劫走多少现金和金戒指，因此没有充分的证据证明被劫走的财物为“人民币 14080 元及金戒指 6 枚”。

5. 赃物的去向不能印证

蔡金森的口供称“那些半个的戒指于一九九三年农历十二月十三日中午在市场东边的一条小巷里卖给一个我不认识的青年人”，到底有没有这一事实无从查考。

许玉森的口供称“于农历十二月初六前，我和张美来到西许山上参加赌博，现金全输掉，后来金戒指也输给一个东庄人，张美来也输了，金戒指也输给同一个东庄人”。关于这个东庄人，许玉森先说他叫“黑株”，后又说叫“亚太”。

张美来的口供称“可能是1994年1月18日下午我同许玉森到联星村西许自然村一土楼同秀屿一伙人赌博时，我把现金3500元输掉以后，又把那3块金子以1000元的价格输给秀屿营边村一个叫吓太（陈某太）的人，玉森输多少我不清，有否把金子输掉我不清楚。”

陈某太于1994年9月1日所作的证言称:“去年农历九月回家后我有到过忠门联星西许山上土名叫葫芦丝的一地方去参加赌博。有两个人因为赌输了，没有现金了，那两个人有将金器当给我。”

陈某太于1994年9月2日所作的证言称:“大概是去年农历十二月初或中旬的一天下午约3点，我同忠门联星等地的一些人在西许葫芦山上用扑克进行赌二只翻时，我做头，赢了很多钱，后联星村有两个人输给我钱后，就把我叫到边上去，第一个人较壮，有胡子，我只记得他叫吓森，从口袋里拿出三块金器对我说，现在我没有钱了，这些金器当给你。他说要当1000多元，后我用手拣了拣，有二三钱重，好像以1000元价钱当给了我。过后又来了一个人，这个人我不认识，是联星当地人，他们脸部我会认，但名字不知道，这个人也拿出三块金器当给我，我也向他们要了1000元左右。后来我输了，就把这六块金器又输给别人了”。

辩护人认为，陈某太1994年9月2日的证言是伪造的，理由是:

第一，陈某太出庭作证明确表示“1994年9月1日这份是我在营边村村部做的笔录。1994年9月2日这份笔录我没有做过，笔录的签名也不是我签的，我不知道这份笔录”。并且表示在1993年去过赌博二三次，都是用现金赌的，没有赌过金子。

第二，福建省检察院于2013年10月14日委托福建省公安厅物证鉴定中心对陈某太1994年9月2日笔录上15枚指纹同陈某太的十指指纹进行鉴定，结果是具备检验条件的13枚指纹与陈某太指纹不是同一人所留。

第三，本辩护人曾在公安机关做过笔迹鉴定十余年，具有刑事技术工程师职称。本辩护人早在2010年夏天就为以前的申诉代理人作过检验，认定陈某太1994年9月1日和1994年9月2日两份笔录签名处的“以上我看过不错，和我说得一样，陈某太”字样及日期不是同一人的笔迹。

第四，经本辩护人检验，陈某太1994年9月2日的笔录，虽然在开头部分标明询问人“林某开”，笔录人“黄某棋”，但是通篇笔录都是林某开的笔迹，“黄某棋”的签名也不是其本人所签，这份笔录的伪造人正是林某开！

（四）鞋印鉴定书不能证明许玉森参与抢劫犯罪

原一审将“现场提取的鞋印与提取的被告人许玉森的球鞋进行科学鉴定的结论”（莆田县公安局公刑技字〔95〕第003号）作为认定许玉森等抢劫作案的依据，辩护人认为，这一鉴定意见不但不能成为认定许玉森作案的依据，反而是可以作为排除许玉森作案的证据：

第一，这一鉴定属于种类鉴定，即认定现场鞋印与许玉森的鞋属于同一种类，不是同一鉴定，不具有排他性。

鞋印鉴定分为种类鉴定和同一鉴定。

本案现场鞋印属于模压底所形成，即鞋底花纹是经模具压制形成的，同一型号的模具压制出的鞋底，出厂时其长短、宽窄、花纹均一致，彼此之间无明显差异，即同一型号的模具压制出的鞋底花纹均属于同一种类。

本案中的鞋印鉴定，其鉴定要求即是将许玉森仍穿用的球鞋与现场遗留的鞋印进行比对检验，鉴定是否为同一种类。而检验结果认定“现场遗留鞋印痕的造型客体（即球鞋）和嫌疑人许玉森穿用的球鞋均属同一厂家所产的同类型 40 号胶底球鞋”，这种鉴定对排除作案嫌疑具有实际意义，但对于认定作案分子不具有决定性的意义。

相同型号的鞋经不同的人穿用，鞋底会形成不同的磨损或缺损，这些磨损或缺损是独特的，是将彼此区别开来的个别特征，通过这些个别特征的比对，可以直接认定现场鞋印是否为嫌疑人穿用的鞋所留，从而可以锁定作案分子，这就是同一鉴定。

第二，现场鞋印“鞋弓内侧封口纹内隐约可见弓状凹陷”，这是作案人的鞋在穿用过程中形成的独特特征，具有排他性，而许玉森的鞋相同部位并没有这样的特征，据此足以排除现场鞋印为许玉森的鞋所留。

第三，许玉森的鞋“整个鞋底磨损程度比现场鞋印痕反映出的磨损程度较为严重，其鞋底前掌内侧部（重压面）还出现裂缝剥脱的情况”，这是许玉森在穿用过程中形成的独特特征，该鞋虽然“继续穿用两个多月后才提取”，但在这么短的时间内不足以形成如此严重的磨损，因此也足以排除现场鞋印是许玉森的鞋所留的可能。

（五）有证据证明各被告人不在案发现场

1994 年 1 月 13 日案发当日是农历腊月初二，原审被告人的家乡有每逢农历初二祭拜土地公的习俗，又叫“做牙”，因此人们在事后对当天的活动情况均能回忆起来。

1.原审各被告人均能准确回忆案发当日的活动情况

蔡金森在1994年1月31日下午被莆田县公安局询问时，准确地回答了案发当晚的活动情况："初二晚在国某家同金某、志某甲、国某、志某乙等人在一起吃饭，我们喝瓶装的高度酒，后又喝茶，到8时左右，我又到下厝会椿家喝茶，在场的有吓棋、吓平，玩到9时左右，我就回去睡觉，我先回去，我父后一会儿才回家。"

蔡金森在1994年9月21日由检察院办案人代某成、陈某春提审时，也有相同的供述：我下乡补锅，住在忠门度口村"吓姆"旅社，第二天下午（一九九三年农历十二月初二下午）3点从旅社回联星村，当晚我住在家里。我回家后，我到我叔叔国某那儿玩，和金某还有我叔国某等喝酒。喝了一会儿，金某就回家，我也要回家吃晚饭，我叔国某留我在他家一块吃晚饭。吃晚饭后，在我叔家看电视。9点钟左右我回家，当时我父亲正看电视，我转电视的键，电视弄坏，被我父亲骂一顿。我就去睡觉，那晚我和我父亲睡同一床上。

许玉森在1994年9月19日被莆田县检察院办案人代某成、林某忠提审时回答：只记得农历十二月初一、初二、初三和初四这四个晚上我都在许某春家睡觉。这几天我都是和许某春、许金龙三人一齐玩，晚上，我们有时打扑克，有时看电视及讲新闻、喝酒等，一会儿我们就睡觉。

许金龙在1994年12月13日由莆田县检察院办案人杨某忠、张某琼提审时回答：一九九三年农历十二月初六，我与许某春夫妇、许玉森一齐去北京。十二月初一至去北京我都是跟许某春玩，晚上也住在他家与许某春合睡，许玉森有时也跟我们合睡。

张美来在 1994 年 9 月 21 日被莆田县检察院办案人代某成、陈某春提审时回答说：一九九三年农历十二月初二晚上大约 6 点钟，我在忠门岱前村阿某家，当时阿某家有几个水泥工在他家做芽，后我和许某、阿某两兄弟同桌吃晚饭、喝酒，也有吃鸭肉。吃到 6 点半左右，阿某开摩托车叫我齐去镇政府找保安队阿某（车站管停靠费）玩到 7 点半，我们在阿某房间里齐玩后要去看电影，而电影院 7 点半已开始了，我们三个没有买电影票就去看，在电影院查票时，阿某补了两张票共四元钱，我们九点半看完电影，又齐去食品对面一点心让去楼上吃点心。吃完点心大约 10 点半，我们三人齐去洗头，洗完头，我和阿某二人花六十元钱按摩，我们二人全身按摩到下半夜一点半，阿某回镇去休息，我和阿某开摩托去岱前，到岱前已下半夜 2 点钟左右，当晚我和阿某的学徒阿良和许某同睡楼上一间。

2. 相关证人证实原审各被告人案发当晚不在现场

蔡金森的父亲蔡某力证实，农历十二月初二午饭后蔡金森从前范村的度口回家，后就到我弟弟国某家玩，以后就在国某家同人喝酒，当晚在国某家吃晚饭后约晚上 8 时回家，在家坐一会儿后，蔡金森又到邻居林某华家玩，玩到晚上 9 时多就回家，因为我在家先睡，蔡金森回家后和我一起睡，所以我被蔡金森回家时吵醒，我估计是晚上 9 时多。

庭审中，证人阿某、陈某者出庭作证，进一步证明相关原审被告人没有作案时间：

阿某证实，确实是案发当晚（初二），我有与张美来、陈某明一起去看电影，是我带他们二人去的，后我们三人一起去吃点心，后又一起去洗头，整个过程有3个小时多，从8点多直到11点多，后来他们二人开三轮摩托车回家，我回到派出所睡。因为分别后的第二天，忠门镇前范村度口被害人郑某瑞的亲属来忠门镇派出所报案，我当时是在忠门镇派出所联防队上班，所以我能记得这么清楚。

阿某解释了1994年12月15日询问笔录中所讲的时间不一致的问题，“当时我在派出所做笔录时，我就是讲的时间是初二晚上，但办案人员说要按办案人讲的时间做”。因我当时家庭比较困难，我是在派出所做保安，怕被开除，按办案人员讲的时间做的笔录。

阿某的解释合乎情理，其原在侦查期间的证言属于在被威胁、引诱的情况下作出的，应予排除，其当庭作证所作的证言应予采信。

证人陈某者证实，“那天是农历十二月初二，我们家有杀鸡，我们正准备吃晚饭，许金龙、许玉森来我家找我儿子玩，我叫他们俩吃饭，他们一个说家里有杀鸡，一个说家里杀鸭，他们吃过。等我儿子吃过饭后一起出去。9点多，我儿子喝醉酒由金龙、玉森扶着回来并上楼，我在楼下看电视，他们在楼上玩。第二天早上我扫地的时候看到许玉森从楼上下来。”

综上所述，本案是由侦查人员采用刑讯逼供的非法手段获取蔡金森等三原审被告人的口供，又采用威胁、引诱的非法手段获取违背事实的证人证言，甚至伪造证人证言，从而制造出的一起错案。除蔡金森等三原审被告人的口供外，没有任何其他证据证明许金龙与郑某瑞被抢劫一案有关联，完全可以排除许金龙抢劫作案的可能性，因此建议对许金龙立即宣告无罪释放。

法院认定

2016年2月4日，福建省高级人民法院再审开庭审理，当庭宣判许玉森、许金龙、张美来、蔡金森无罪。

法院再审认为：原判认定原审被告人许玉森、许金龙、张美来、蔡金森入室抢劫并致死被害人郑某瑞的事实及所依据的证据，经再审，事实不清，证据不足，依法不能成立。

（一）本案缺乏与原判认定事实相关联的客观性证据。现场留有血迹、口液等生物证据，但未见相关鉴定材料，入户撬痕与认定的作案工具大号螺丝刀未作痕迹比对；现场提取在案的麻绳、细塑料绳、面粉袋、风湿膏、螺丝刀、黄色粘胶纸等作案工具，不能证实系原审四被告人所留，其中面粉袋、风湿膏、粘胶纸不能认定系现场勘查时所提取；现场采集的鞋印，经鉴定虽与许玉森的白色球鞋系同一厂家生产的同一型号，但该鉴定结论为同类认定，并非同一认定，不具有排他性、唯一性，不能证实系原审被告人许玉森所留；赃物金戒指去向不明，蔡金森在侦查阶段供述称将所分的三块斩断的金戒指卖给一过路人，无法得到印证且已翻供。许玉森、张美来供述将分得的金戒指在赌博时折价给陈某太。再审时，出庭检察员出示了委托福建省公安厅物证鉴定中心所作的鉴定书，证实证人陈某太1994年9月2日的证言笔录上所捺指印非陈某太所留，陈某太再审出庭亦否认1994年9月2日所作有二人在赌博时将金块折价给他的证言的真实性。对此，检辩双方均无异议。陈某太原审时的证言依法不能作为定案证据使用。

（二）原判认定原审四被告人有作案时间的依据不确实，不充分。1994年1月31日，蔡金森主动到公安机关接受询问，对案发当晚去向作了陈述，并提供了证人，而卷内未见公安机关对此进行核实，张美来称案发当晚 8 时许与时任莆田县公安局忠门派出所协警阿某等一起看电影、洗头、吃点心，证人阿某虽在侦查阶段作过案发当晚没有与张美来看电影、洗头、吃点心的证言，但在再审出庭作证时证实了张美来的辩解；许玉森称案发当晚在同村许某春家睡觉，证人许某春及其母亲陈金姐在侦查阶段的证言呈反复性、不确实性，再审时证人陈金姐出庭作证证实案发当晚许玉森与其子许某春喝完酒睡在其家，次日早上还见许玉森从楼上下来。上述二证人出庭作证均对证言变化作了合理解释。检辩双方对证人出庭所作证言均无异议。现有证据不能确证原审四被告人有作案时间。

（三）原审被告人许玉森、张美来、蔡金森有罪供述依法不能作为定案的根据。原审被告人许金龙始终否认犯罪，其他三人虽在侦查阶段多次作过有罪供述，但有罪供述不稳定，在侦查阶段承认犯罪，到审查起诉阶段即否认犯罪，在看守所审讯时否认犯罪，在外提审讯时又承认犯罪或部分承认犯罪。综观原审被告人的有罪供述，对侦查机关通过现场勘查已掌握的挖洞撬门、用塑料绳绑门、进入现场的路线、捆绑被告人手脚等情节均做了一致供述，但对未掌握的实施面粉袋套被害人头、堵嘴、用塑料胶带缠绕被害人、纠集许金龙参与作案等具体行为的供述均存在矛盾；蔡金森、张美来在共同作案人的供述上也存在从不一致到趋同的现象。法医尸体检验鉴定结论被害人郑某瑞系颈部受到外力压迫（如卡、压）致窒息死亡，与原审三被告人供述系用面粉袋套头，风湿膏封嘴，粘胶纸缠绕颈部的作案手段不吻合，三人从未供述有卡压的行为；现场勘查表明被害人郑某瑞被绿色电线捆绑双脚连接双手使之弯曲，而原审三被告人有罪供述均未涉及此节，且现场提取的绿色电线来源没有查清。

综上，原判认定原审四被告人共同入室抢劫杀人的事实，缺乏与原判认定事实相关联的客观证据。本案只有原审被告人许玉森、张美来、蔡金森在侦查阶段的有罪供述（许金龙未作有罪供述）与部分证人关于原审四被告人有作案时间的证言，而原审三被告人有罪供述相互之间、前后之间以及与证人证言、现场之间均存在无法合理排除的矛盾和疑点，证人关于原审四被告人有作案时间的证言反复，真实性存疑，依法均不能作为定案的根据。全案证据不能形成完整、排他的证明体系。

再审法院认为，原判认定原审被告人许玉森、许金龙、张美来、蔡金森共同入室抢劫并将被害人郑某瑞杀害的事实不清，证据不足，不能认定原审四被告人有罪，依法应予纠正。辩护人的主要辩护意见，检察机关的意见理由成立，予以采纳。经审判委员会讨论决定，依照《中华人民共和国刑事诉讼法》第二百四十五条和《最高人民法院关于适用〈中华人民共和国刑事诉讼法〉的解释》第三百八十九条第二款的规定，判决如下：

一、撤销本院〔1995〕闽刑终字第243号刑事判决和莆田市中级人民法院〔1995〕莆中刑初字第013号刑事判决；二、原审被告人许玉森、许金龙、张美来、蔡金森无罪。

法律规定

《中华人民共和国刑法》

第二百六十三条 以暴力、胁迫或者其他方法抢劫公私财物的，处三年以上十年以下有期徒刑，并处罚金；有下列情形之一的，处十年以上有期徒刑、无期徒刑或者死刑，并处罚金或者没收财产：

（一）入户抢劫的；

（二）在公共交通工具上抢劫的；

（三）抢劫银行或者其他金融机构的；

（四）多次抢劫或者抢劫数额巨大的；

（五）抢劫致人重伤、死亡的；

（六）冒充军警人员抢劫的；

（七）持枪抢劫的；

（八）抢劫军用物资或者抢险、救灾、救济物资的。

法律解析

根据上述规定及刑法原理，抢劫罪的犯罪构成要件如下。

（一）客体要件

本罪侵犯的客体是公私财物的所有权和公民的人身权利。

对于抢劫犯来说，最根本的目的是要抢劫财物，侵犯人身权利，只是其使用的一种手段。正因为如此，本法把抢劫罪规定在侵犯财产罪这一章。无论犯罪嫌疑人是否取得财物，也不论被抢财物价值的大小。只要是以非法占有为目的，并当场采取暴力或暴力相威胁手段，就构成抢劫罪。“数额特别巨大”和“致人特别严重伤残或死亡”只是本罪从重处罚的两个情节。

（二）客观要件

本罪在客观方面表现为行为人对公私财物的所有者、保管者或者守护者当场使用暴力、胁迫或者其他对人身实施强制的方法，强行劫取公私财物的行为。这种当场对被害人身体实施强制的犯罪手段，是抢劫罪的本质特征，也是它区别于盗窃罪、诈骗罪、抢夺罪和敲诈勒索罪的最显著特点。

所谓暴力，是指对财物的所有人、管理人、占有人的人身实施不法的打击或强制，致使被害人不能的行为。如殴打、捆绑、伤害、禁闭等等。只要行为足以压制受害人的反抗即可。

所谓胁迫，是指对被害人以当场实施暴力相威胁，进行精神强制，从而使其产生恐惧而不敢反抗，任其抢走财物或者被迫交出财物的行为，胁迫的内容是当场对被害人施以暴力。胁迫的方式则多种多样，有的是语言，有的是动作如拨出身带之刀；有的还可能是利用特定的危险环境进行胁迫，如在夜间偏僻的地区，喝令他人“站住，交出钱来”，使被害人产生恐惧，不敢反抗，亦可构成本罪的威胁。胁迫必须是向被害人当面发出。如果不是向被害人当面发出，而是通过书信或者他人转告的方式让被害人得知，则亦不是本罪的胁迫。

所谓其他方法，是指使用暴力、胁迫以外的方法使得被害人不知反抗或无法反抗，而当场劫取财物的行为。如用酒灌醉、用药物麻醉、利用催眠术催眠、乘其不备将清醒的被害人锁在屋内致其与财产隔离等方法劫取他人财物。行为人如果没有使他人处于不知反抗或无法反抗的状态，而是借用了被害人自己因患病、醉酒、熟睡或他人致使其死亡、昏迷等而不知反抗或无法反抗的状态拿走或夺取财物的，不构成本罪。

判断犯罪行为是否构成抢劫罪，应以犯罪人是否基于非法占有财物为目的，当场是否实际采取了暴力、胁迫或者其他方法为标准，不是以其事先预备为标准。

抢劫罪的目的行为是强行劫取公私财物。强行劫取财物主要表现为两种情况：一是行为人当场直接夺取、取走被害人占有的财物；二是迫使被害人当场直接交出财物。

抢劫罪的作案现场，无论是拦路抢劫、入室抢劫，都不影响抢劫罪的成立。

（三）主体要件

本罪的主体为一般主体。依《刑法》第十七条规定，年满 14 周岁并具有刑事责任能力的自然人，均能构成该罪的主体。

（四）主观要件

本罪在主观方面表现为直接故意，并具有将公私财物非法占有的目的，如果没有这样的故意内容就不构成本罪。如果行为人只抢回自己被偷走、骗走或者赌博输的财物，不具有非法占有他人财物的目的，不构成抢劫罪。

办案手记

不懈申诉　终获清白

北京市尚权律师事务所　王耀刚律师、毛立新律师

2016 年 2 月 4 日，福建省高级人民法院再审开庭后，当庭宣告许金龙、许玉森、张美来、蔡金森等四人无罪，许金龙的三哥（大许，化名）激动得泪流满面。

许金龙等四人能够再审宣告无罪，这同大许的不懈申诉是分不开的。

胜 辩

1999 年 4 月，福建省高级人民法院驳回许金龙等四人的上诉维持原判后，许金龙、许玉森、张美来三家开始逐级申诉，至 2010 年 6 月被最高人民法院驳回，三家人近乎倾家荡产，已经对申诉不抱希望。

在外打工的大许不甘心弟弟把“牢底坐穿”，同许玉森的妻子一道委托河北省承德市退休民警刘某智代理向福建省人民检察院申诉，后来在其他人暂时放弃申诉后，大许仍坚持到最后，终于在 2014 年 3 月 12 日等来了福建省人民检察院的再审建议通知书。

这一天，距许金龙被从北京抓获整整 20 年。

1994 年 3 月 21 日，正在北京打工的许金龙突然被家乡的警察抓获，同他一起被抓的还有同乡好友许玉森。警察让他们交代伙同他人抢劫杀人的犯罪事实，许金龙始终没有承认抢劫作案，用办案人的话说，“许金龙守口如瓶，一问不答，任何的预审方式都无法使他动摇”。而许玉森在“审查期间态度蛮横，采取种种手段抗拒交代”，3 月 30 日晚 8 点多，“许玉森趁预审人员开庭放松的机会，用力拉断手扣，强横夺门潜逃”。3 月 31 日上午，许玉森被再次抓获。办案人员说，“此时的许玉森已知罪重难逃，精神处于彻底崩溃状态，在预审人员耐心的教育下，开始反反复复地把伙同蔡金森、张美来、许金龙一起杀人抢劫的整个预谋阶段和作案过程全部交代清楚”。

在许金龙、许玉森被抓之前，公安机关一直在围绕蔡金森开展侦查工作，侦查报告称：“蔡金森被列为重点对象后，我们紧紧围绕其案后去向和近期结婚的经济开支情况，进行全面细致的调查，认为蔡金森作案已无疑，为此，3 月 2 日对蔡传唤审查，通过大量的教育，蔡金森不得不初步交代了整个作案过程。我们认为，他交代的整个过程是事实，是没有作案人的无法编造出来的。为此，我们又立即抓获同案犯张美来。张美来除交代他伙同蔡金森一齐去抢劫郑某瑞以外，其交代的讨论的时间、地点、内容、作案的过程同蔡金森交代的完全一致”。

1994年9月7日，莆田县公安局将许金龙等四人提请莆田县人民检察院批准逮捕。

莆田县人民检察院主办检察官是戴某成，他分别提审了许金龙等四人。在提审中，蔡金森、张美来、许玉森全部都翻供了。

蔡金森说：“一九九三年农历十二月十八或是十九日中午，我父亲蔡某力问我在外面有没有做违法的事，派出所连续两次来抓我。我说我没有做非法的事，公安局找我做什么？第二天早上我主动到派出所去，并把初二下午和晚上的情况告诉派出所，派出所马上开车到我家去查，查后派出所叫我回家，并让第二天再来，第二天派出所又查问时，我还是如实把情况讲给听。1994年3月9日在莆田县公安局刑警队办公室讯问我所交代的都不是事实。我被他们打得受不了，我被打了有十几天，包括忠门派出所也打了我几天，把我打得晕过不知有几次，我的手脚被他们吊起来打得都肿了，最后我脚走不动，他们用车把我送到县看守所，当时我的手、脚还肿很大，同监房的人都知道，叫我手脚不要浇水。我虽被打但一直坚持没有这事实，但公安人员继续用棍打我，办案人员说我父亲也关在笏石，我妹妹关在忠门，我被迫就承认杀害郑某瑞。办案人员讲不是我一个人害郑某瑞，我讲只有我一个人，但办案人员不相信，又继续打我，所以我就乱讲许玉森、许金龙、张美来也有份，参与杀害郑某瑞，而郑某瑞这个人到底长得怎么样我都不知道。”

胜 辩

张美来告诉检察官:“我被刑警队吊在县局一个房里，他们用6公分的镀锌管和木棍打我有四天四晚连一个下午，我晕了有五六次，晕后他们用水和面汤灌我，我被打得无法，办案人员怎么讲我就怎样承认。我被打，无法讲出来，我承认后，他们问我有几个人一齐去，我听人家讲蔡金森、许金龙也被抓去，我就讲出他们二个人来。他们又问我还有一个人，我讲是我父亲，又讲是我妻子，他们都不信。最后他们问我讲许玉森有没有参加去杀害郑某瑞，我就说有。我不按他们的这意思讲，他们会照样打我。我在一九九三年农历十二月初二晚上大约6点钟开车到忠门岱前村许某家，他兄弟叫阿某，当时有几个水泥工有他家‘做芽’，后我和许某、阿某两兄弟同桌吃晚饭、喝酒，也有吃鸭肉。吃到6点半左右，阿某开摩托车叫我一齐去忠门镇街道去剃头，之后我们二人一齐去镇政府找保安队阿某玩到7点半，我们在阿某房间里一齐玩后要去看电影，而电影院7点半已开始了。我们三个人没有买电影票就进去看，在电影院里查票时，阿某补了两张票共四元钱。我们9点半看完电影，又一齐去食品对面一点心店楼上吃点心。吃完点心大约在10点半，我们三人一齐去洗头，那个理发店我知道但讲不出店名，洗完头，我和阿某二人花六十元钱按摩，我们二人全身按摩到下半夜一点半，阿某回镇去休息，我和阿某开摩托去岱前，到岱前已下半夜两点钟左右，当晚我和阿某的学徒阿良和许某同睡楼上一间。第二天早上8点钟我才起床，又出车载人。”

许玉森告诉检察官:“我被抓回来，扣在莆田县公安局刑警队办公室窗齿上，刑警队工作人员对我进行审问。那些事实都没有，因为我双手被吊扣在窗齿上，白天黑夜都没有睡觉，也没有吃东西，口渴叫办案人员给我一点开水喝，都不肯。我没有办法的情况下，审问人和记录人问我是不是有这回事，我就讲是这样，他们就按他们自已讲的那些内容记下。时间、地点和其他情况都是刑警队告诉的。1994年3月30日晚，我听见隔壁房间许金龙已被打死了，我怕公安局杀人灭口，就拉断手铐，拿着手铐跑出去，想上省里去告。一九九三年农历十二月初一至初四我都在许某春家里睡，一般是在9点、10点左右睡，是跟许某春、许金龙、蔡某平等四人合睡一床。一九九三年农历十二月初六，我与许某春夫妇、许金龙一起去北京打工。”

许金龙讲：“我是一九九三年农历十二月初六与许某春夫妇、许玉森一起去北京做工。农历初一至去北京之前，我都是跟许某春玩，晚上也在他家里睡，许玉森有时也跟我们合睡。”

2014年4月28日，王耀刚律师去莆田监狱会见许金龙之后，与前期代理申诉的刘某智和大许一起，拜访了戴某成检察官。

戴某成检察官已年过古稀，提起当年办理许金龙案，仍记忆犹新。

戴某成从部队转业到厦门市公安局做预审工作，20世纪80年代调回原籍莆田县，被组织安排到县检察院做批捕和公诉工作。

戴某成说，他接到许金龙案后，分别提审了四名犯罪嫌疑人，结合案卷材料，认为案件疑点太多，提出了补充侦查意见退回公安。公安办案人员说你提的那些我们都没有办法补充，他说不能补充就不批捕。后来检察长两次找他谈，他都坚持不能批捕。检察长说公安局长找他要求批捕，他说如果你们科长、检察长认为可以批捕，你们就批捕，但是我不签字。后来就换成别人来办这个案子，于是就顺利地批捕、起诉了。

本来可以避免的一起冤案，因为没有尊重资深检察官的意见，造成了不可挽回的严重后果。

案件提起公诉后，莆田市中级人民法院于 1995 年 6 月 5 日，作出一审判决，以抢劫罪判处许玉森、许金龙、张美来死刑，判处蔡金森死刑缓期二年执行。上诉后，1999 年 4 月 4 日，福建省高级人民法院作出终审判决，改判许玉森、许金龙、张美来死刑缓期二年执行，维持对蔡金森的一审判决。

许金龙、许玉森、张美来仍不服，三被告人的家属提出申诉。蔡金森没有申诉，在默默的争取减刑，终于在 2014 年 8 月 9 日刑满出狱，随后开始申诉。

蔡金森加入申诉之前，许金龙等三人的申诉先后被福建省高级人民法院和最高人民法院驳回，案件申诉陷入绝境。

转机出现在 2010 年 11 月之后。

2010 年 6 月 9 日，最高人民法院给许玉森的妻子唐某梅发出驳回申诉通知书，向法院系统申诉的路已走到尽头。

许金龙的三哥和许玉森的妻子唐某梅不甘心这样的结果，开始不断地上访。

2010 年 11 月，二人在北京上访时遇到了同乡许国某，他多年在北京经商，正在处理个人的官司。

许国某了解到二人上访的因由后，把正在帮他处理官司的承德退休警官刘某智介绍给他们。

刘某智了解了案件情况后，同意接受大许、唐某梅二人的委托，代理他们向福建省人民检察院申诉。

2012 年开始，他们根据莆田当地律师林毅诚从莆田中院调取的案卷材料，进行了研究分析，发现和归纳了本案存在的一些明显问题，并寻找到了一些能够证明四人没有作案时间的关键证人，以及证人陈某太证言造假的疑点，形成了最初的申诉状递交给福建省检察院。

刘某智接手申诉后，多次同许国某、大许一同到北京市尚权律师事务所找原承德市公安局副局长王耀刚律师研究案情，请王耀刚律师鉴别证人陈某太两份笔录的可疑签名。

最早介入此案代理的律师，是记者钱某平推荐的北京天沐律师事务所的赵毅律师。介入代理后，赵毅律师与许国某一起找到了证人陈某太，取到了陈某太的一份证言，他明确证称：他没有作过他与许玉森、张美来赌博赢走金戒指的证言，1994 年 9 月 2 日的那份证言，不是他签名的。在前期工作的基础上，赵毅律师在 2013 年 6 月也形成了一份申诉状，递交给了福建省高院和省检察院。

2014 年年初，刘某智、许国某又先后联系了北京市尚权律师事务所（以下简称尚权所）的王耀刚、毛立新律师，此案随即被纳入尚权“蒙冤者援助项目”，两名律师提供无偿法律援助。2014 年 4 月，两人在深入研究案卷材料后，分别为许金龙、张美来撰写了新的申诉状，并在前往莆田监狱会见许金龙、张美来后，一并递交给了福建高院，并与负责复查的主办法官林标礼进行了初步沟通。

2015 年 5 月，北京市京师（天津）律师事务所的王殿学、北京市京师律师事务所（以下简称京师所）张雪峰、吴迎成三位律师受家属聘请，参与代理申诉。2015 年 6 月 3 日，尚权所的 2 名代理律师、京师所的 3 名代理律师及从莆田赶来的多名原审被告人家属、部分媒体记者，在北京市尚权律师事务所召开了第一次碰头会，就下一步申诉工作做了沟通，达成了基本共识，大家表示齐心协力推动案件尽快再审。

2015 年下半年，福建国富律师事务所律师王玉刚参与代理，2015 年 12 月 16 日福建高院再审决定书下达后，京师所的宋晓江律师也加入代理，最终形成了京、闽两地 8 名律师参加的“律师团”。

先后介入代理的律师，纷纷以各种方式推动此案申诉，呼吁福建高院启动再审。北京理工大学的徐昕教授，也将此案纳入他主持的“无辜者计划”，共同呼吁尽快平反。福建省检察院的再审检察建议，虽然表明了检察机关的态度，为此再审创造了条件，但是否再审，最终决定权仍在福建高院。推动福建高院尽快启动再审，成了律师们的中心工作。

复查仍在继续，但前途并不明朗，四名原审被告人及其家属，也一度陷入绝望、焦虑状态。无论是已经出狱的蔡金森，还是许金龙的三哥大许、张美来的女儿张某烟、许玉森的妻子唐某梅等，在与律师接触交流中，每每回忆起多年申诉的艰辛，都忍不住痛哭。已经释放出的蔡金森，虽有了自由，但更渴望获得清白，申诉成了他出狱后生活的唯一主题，但面对昏暗不明的前景，也时常满面愁容。

2014 年 12 月 4 日，首个“国家宪法日”，尚权所的毛立新、王耀刚律师再次来到莆田监狱，会见了许金龙、张美来。2015 年 6 月，京师所的王殿学等几名律师，会见了几名原审被告人。遥遥无期的等待，已让几名原审被告人濒临崩溃的边缘。铁窗内的许金龙、张美来，不断让律师们看身上的陈旧性伤痕，不断诉说：我是冤枉的，律师救我出去。

代理律师多次前往福建高院与法官进行沟通，家属们也基本上保持着每半个月去一趟福建高院的频率。2015 年 8 月 24 日，审监庭庭长许寿辉和主办法官林标礼等，共同接待了毛立新律师及四名原审被告人的亲属，明确表达了对此案的积极负责态度，并希望家属耐心等待，相信会有一个好的结果。这次会见，给了律师和家属一些安慰，但能否启动再审、何时启动再审仍无讯息。

在经历了漫长的煎熬和等待之后，2015 年 12 月 16 日，福建省高院终于决定再审此案。记得在接到福建高院通知的时候，法官的声音也显得很激动：你们的案件有了再审决定书了！律师和家属们一片欢呼，曙光就在眼前了！

再审决定书出来后，家属都希望亲人能够在春节前回家。但法律规定的再审期限是作出再审决定之日起 3 个月，需要延长的，还可以再延长 3 个月。

2015 年 12 月 30 日，在福建省高院新办公大楼，合议庭召开第一次庭前会议，审监庭庭长、审判长许寿辉、刑三庭副庭长陈捷、主办法官林标礼等 5 名合议庭成员，与 8 名律师进行了沟通。律师们表达了希望春节前进行庭审并宣判的建议，法官们表示理解并予以考虑。

此后，8 位律师与许寿辉、林标礼等法官进行了多次沟通，一再请求尽快开庭再审，他们表示正在推进之中。但时间一天天过去，直到 2016 年 1 月底，已是腊月二十二，仍未接到开庭通知，家属和律师们都认为春节前开庭已经无望了。

2016 年 2 月 1 日上午，腊月二十三，律师们突然接到福建高院的通知：2 月 4 日开庭，希望各位律师克服困难，在 2 月 3 日前赶到莆田，参加

2月3日的庭前会议、2月4日的庭审。此时临近春节，有的律师已经返回老家过年，有的已经预定了出国旅游的机票和行程，而且已经进入春运时期，但面对期盼已久的再审开庭，大家二话不说，各自调整自己的行程，通过各种交通方式，在2月2日晚全部聚集到了莆田天妃宾馆。

2月3日上午，在莆田中院会议室，合议庭再次召开庭前会议，所有审判人员、出庭检察员、8位辩护律师全部到会。就庭审事项，三方沟通顺利，很快达成共识。下午，各辩护人前往莆田监狱，会见了自己的当事人，就第二天的庭审事项，与各原审被告人作了深入沟通和细致安排。

2月4日，庭审在莆田中院大法庭进行，蔡金森自行赶到法院，许金龙、许玉森、张美来从监狱提押到法院后，均换了崭新的衣服，脱下了囚服。4人笔挺地站在被告席上，向五名法官陈述自己无罪，没有参与作案。

庭审顺利，从上午8点持续到中午12点半。庭审结束后，莆田中院安排控、辩、审三方人员集中就餐，审判长许寿辉表示下午将继续开庭，请各位检察员、辩护人就地等待。

下午4时50分，再次开庭，当庭宣判。审判长许寿辉宣读了判决书，福建高院再审认为：案件缺乏与原判认定事实相关联的客观性证据，现场留有血迹、口液等生物证据，但未见相关鉴定材料。陈某太的当年的证言不能采信。原判认定原审四被告人有作案时间的依据不确实，不充分，现有证据不能确证原审四被告人有作案时间。原审被告人许玉森、张美来、蔡金森有罪供述依法不能作为定案的根据。原审被告人许金龙始终否认犯罪，其他三人虽在侦查阶段多次作过有罪供述，但有罪供述不稳定，在侦查阶段承认犯罪，到审查起诉阶段即否认犯罪，在看守所审讯时否认犯罪，外提审讯时又承认或部分承认犯罪。宣判撤销之前的一、二审判决，改判原审被告人许玉森、许金龙、张美来、蔡金森无罪。

宣判后，许玉森、许金龙、张美来泣不成声："20 多年了，终于等到这一天了！"

接下来，福建省高院的一名副院长和合议庭全体成员，与四名原审被告人及其家属举行了见面会，副院长代表福建高院向他们致歉。随后，法官带领许玉森、许金龙、张美来三人去莆田监狱，办理相关手续，无罪出狱。与此同时，副院长和合议庭全体成员与 8 名辩护律师举行了座谈。大家才了解到，在午饭之后，合议庭立即进行了合议，随后审判委员会通过远程视频方式召开会议，一切按照"特事特办"的效率进行，才有了下午的当庭宣判。对此，律师们纷纷表达了福建高院及合议庭成员的赞许，对福建高院近年来积极平反一系列冤错案件给予了充分肯定，并希望将这个势头保持下去、不能停。

当晚，获释回家的许玉森、许金龙、张美来与蔡金森，以及他们的众多亲友，在莆田天妃宾馆，与律师、记者们一起举杯欢庆。席间，四人多次合影留念。他们每一个人笑得很开心，22 年的等待终于有了结果。

CASE 2

一家五口陷囹圄，律师合力洗沉冤*

——福建缪新华故意杀人、缪德树等四人包庇案

诉讼进程

2003 年 4 月，福建省宁德市柘荣县发生一起杀人分尸抛尸案，案情震动了这个只有 10 万人口的山区小县。经警方调查，死者为杨某辉，租住在柘荣县双城镇。很快，同在双城镇居住的缪新华进入警方视野。

2003 年 4 月 19 日，缪新华被警方带走，4 月 21 日被刑事拘留，5 月 24 日被逮捕。随后，缪新华的父亲缪德树、弟弟缪新容、缪新光、叔叔缪进加等四人亦被拘留、逮捕。2004 年 3 月 30 日，福建省宁德市人民检察院以缪新华犯罪故意杀人罪，缪德树、缪新容、缪新光、缪进加等四人犯帮助毁灭证据罪，向宁德市中级人民法院提起公诉。

2004 年 10 月 18 日，福建省宁德市中级人民法院作出〔2004〕宁刑

* 本案相关事实可参见原载于“中国裁判文书网”的法院判决，网址:http://wenshu.court.gov.cn/content/content?DocID=68e82458-d1be-42b5-9afb-a7ec00b0793a&KeyWord= 缪新华，最后访问日期：2017 年 9 月 25 日。

初字第27号刑事附带民事判决书，以故意杀人罪判处缪新华死刑、剥夺政治权利终身，以包庇罪分别判处缪德树、缪新容、缪新光、缪进加有期徒刑4年、3年、2年、2年。

五名被告人提起上诉，福建省高级人民法院于2005年3月30日作出〔2004〕闽刑终字第726号刑事裁定书，以“原判事实不清、证据不足”为由，裁定撤销原判、发回重审。

宁德市中级人民法院重审后，于2005年8月15日作出〔2005〕宁刑初字第22号刑事附带民事判决书，再次以故意杀人罪判处缪新华死刑、剥夺政治权利终身，以包庇罪分别判处缪德树、缪新容、缪新光、缪进加有期徒刑8年、6年、3年、3年。

五名被告人再次提起上诉，福建省高级人民法院于2006年4月21日作出〔2005〕闽刑终字第644号刑事附带民事判决书，改判缪新华死刑缓期二年执行；驳回其他四人之上诉、维持原判。

五人仍然不服，不断以寄送材料等方式提出申诉，曾两次被福建省高级人民法院驳回申诉。2014年7月，缪新华的二审辩护律师詹晚春帮助其再次提起申诉，福建省高级人民法院再次启动了该案复查。

2016年1月，根据缪新容的求助，尚权律师事务所将该案纳入“尚权蒙冤者援助计划”，并先后指派9名律师代理此案申诉。著名刑辩律师、中国政法大学教授顾永忠亦加入律师团队，指导该案申诉工作。

此后经过一年多的努力，福建省高级人民法院在2017年7月14日作出了再审决定。7月27日，福建省高级人民法院召集出庭检察员、被害人诉讼代理人、辩护人，召开了庭前会议。7月28日，福建省高级人民法院在南平市建阳区法院开庭审理此案。

2017 年 9 月 12 日，福建省高级人民法院再审宣判，改判五名原审被告人无罪，宣判后缪新华被当庭释放。

控方观点

检察机关起诉书指控：2003 年 4 月 6 日中午，缪新华得知其前女友杨某辉从政和回到柘荣，便来到杨某辉母亲租住处屿北路三巷 22 号，见杨某辉与其表哥刘某荣商量联系女青年外出打工事宜，便约其晚上来自己住处东门路 41 号。当晚 10 时许，杨某辉来到缪新华住处，并在二楼卧室与缪新华一起坐在床上边看电视边聊天，后因缪新华不满杨某辉介绍女青年外出打工的生意没有让其合伙，两人发生争执，被告人缪新华恼怒之下，即用手掐住杨某辉的颈部，顶在墙壁上数分钟致其机械性窒息死亡。之后，被告人缪新华与被告人缪德树、缪新容决定分尸抛弃。随后，三人将尸体抬至一楼卫生间，由缪新容从厨房取来菜刀、砧板等工具，三被告人共同将杨某辉尸体肢解成七块，并将尸块冲洗后分别装入塑料袋内。被告人缪新光目睹了分尸过程。最后，被告人缪德树指使缪新光叫来被告人缪进加，并告知情况，由被告人缪进加驾驶农用拖拉机伙同被告人缪新华、缪德树、缪新容、缪新光一起将肢解的尸体运往柘荣县城郊乡福基岗村石楼坪山上一间废弃的旧房子内予以抛弃。之后，被告人缪新华将分尸前取下的被害人杨某辉的金戒指、金项链、金耳环等首饰及杨某辉携带的电话本、钥匙烧毁、丢弃。

起诉书认为，被告人缪新华目无国法，胆大妄为，因琐事杀害他人并将其分尸，其行为已触犯《中华人民共和国刑法》第二百三十二条规定，犯罪事实清楚、证据确实充分，应以故意杀人罪追究其刑事责任。被告人缪德树、缪新容伙同缪新华对被害人尸体进行肢解并抛尸，被告人缪进加、缪新光明知搬运、抛弃的是被害人尸体，还提供了帮助，情节严重，其行为已触犯《中华人民共和国刑法》第三百零七条第二款之规定，犯罪事实清楚、证据确实充分，应以帮助毁灭伪造证据罪追究其刑事责任。

指控缪新华犯罪故意杀人罪、缪德树等四人犯帮助毁灭伪造证据罪的主要证据有：（1）证人缪某珠的证言；（2）证人王某某（被害人杨某辉母亲）的证言；（3）证人杨某仕、金某英（被害人兄、嫂）的证言；（4）证人刘某荣（被害人表兄）的证言；（5）证人吴某华、林某、陈某铃的证言；（6）证人温某全的证言；（7）证人阮某顺的证言；（8）缪新华在侦查阶段的供述及 2003 年 5 月 30 日的亲笔供词；（9）缪德树在侦查阶段及审查起诉阶段的供述；（10）缪新容在侦查阶段的供述；（11）缪新光在侦查阶段及审查起诉阶段的供述；（12）缪进加在侦查阶段的供述；（13）案发后从缪新华家中提取的作案工具菜刀、砧板、塑料软管；（14）在抛尸现场提取的包裹尸体的浴巾；（15）缪新华、缪德树、缪新光对抛尸路线和抛尸现场的辨认笔录；（16）现场勘查笔录、现场示意图及现场照片；（17）宁德市公安局宁公刑法技字（2003）第 A014 号《关于杨某辉死亡案的法医学检验鉴定报告书》；（18）宁德市公安局《关于宁公刑法技字（2003）第 A014 号鉴定的补充说明》；（19）福建省公安厅关于“浴室下水道污物、卫生间靠门框地面一侧木块、浴室内瓷砖上、卫生间矮木柜木片上血迹”的法医学检验报告；20. 辽宁省公安厅关于“浴室门口下水道残留物中提取毛发”的刑事技术鉴定；21. 柘荣县气象局气象证明。

在原一审、重审四次开庭审理中，出庭公诉人均认为：本案事实清楚、证据确实充分，足以认定。虽然四名被告人均翻供，但没有证据证实各被告人有被刑讯逼供，被告人以遭受公安机关刑讯逼供为由推翻以前供述理由不足。缪新华仅因琐事杀害他人并分尸，构成故意杀人罪；其余四被告人或协助肢解尸体，或帮助抛尸，情节严重，手段残忍，构成帮助毁灭证据罪，请法庭依法判处，以平民愤，以正国纲。

在 2017 年 7 月 28 日的再审庭审中，福建省人民检察院出庭检察员则认为：本案证据存在的矛盾和疑点无法排除，无法形成完整的证据链，案件事实不清、证据不足，建议法院依法改判。

辩方观点

在一、二审及再审阶段，五名原审被告人及其辩护人均作无罪辩护。再审开庭时，辩护人认为，原判认定缪新华犯故意杀人罪，缪德树、缪新容、缪新光、缪进加等四人犯包庇罪，事实不清、证据不足，故依法不能认定，请求人民法院依法宣告五名原审被告人无罪。

（一）本案缺乏能够认定缪新华及其他四名原审被告人实施犯罪的客观证据

本案有杀人、分尸、抛尸三个现场，侦查机关收集、提取了一些客观证据，但现有客观证据中，无一能指向五名原审被告人，因此并不能证明五名原审被告人实施了杀人、分尸、抛尸行为。

1. 关于杀人

（1）尸检情况，并不支持“机械性窒息死亡”的结论，被害人死因并未查明

本案中，根据宁德市公安局2003年4月27日作出的宁公刑法技字〔2003〕第A014号《关于杨某辉死亡案的法医学检验鉴定报告书》，“该女（杨某辉）的尸体经检验属生前颈部受外力作用后致机械性窒息死亡”。需要指出的是，该份《检验鉴定报告书》的出具时间是2003年4月27日，是在缪新华于2003年4月23日作出其“掐死杨某辉”供述之后，即“先供后鉴”。

公安部于1996年7月25日发布、1997年1月1日起实施的中华人民共和国公共安全行业标准《机械性窒息尸体检验标准》（GAT150-1996）附录C中，规定了机械性窒息死亡的一般征象和内部征象。其中，一般征象包括：（1）颜面淤血发绀；（2）面部皮肤及眼结膜下点状出血；（3）尸斑显著出现较早；（4）尸体冷却较缓；（5）流涎、大小便及精液排出。尸体内部特征包括：（1）血液呈暗红色流动；（2）内部器官淤血；（3）浆膜及粘膜下点状出血（Tardieu斑）；（4）肺气肿或肺水肿；（5）脾贫血。只有具备上述一般征象和内部征象，才能得出死因系“机械性窒息死亡”的结论。

但仅有上述征象，还不能够得出“机械性窒息死亡”的确切结论，而必须结合现场勘验情况和各类窒息死亡特有的暴力损伤痕迹，经过全身系统剖检排除其他死亡原因后，方能明确确诊是否属于机械性窒息死亡。

在本案中，宁德市公安局2003年4月27日作出的宁公刑法技字〔2003〕第A014号《关于杨某辉死亡案的法医学检验鉴定报告书》，和同

日制作的《尸体勘验笔录》，均显示尸体呈现一些与“机械性窒息死亡”不相吻合的征像，例如：“脏器残缺不全，但未检见生前出血的征像”；“牙齿完好”，但并未检见“牙齿出血”征象等。

根据公安机关的鉴定人陈某礼、刁某鹏于2003年11月18日出具的《关于宁公刑法技字〔2003〕第A014号鉴定的补充说明》，他们也承认“尸体呈晚期高度腐败，甚至是腐烂，使窒息的体征和征象无法检见”，然后指出“对于杨某辉的死因分析依据，首先排除钝器及锐器致命伤，其次排除常见毒物，其死因显然是机械性窒息死亡”。即鉴定人系通过排除法，推导出被害人“机械性窒息死亡”的结论。

但这种推理方法，并没有穷尽各种可能性，未考虑其他例外情况。例如，证人金某英、刘某荣的证言均证称，被害人失踪当晚欲外出买药，而且《尸体勘验笔录》显示被害人“左前臂中上段内侧见有9cm×5cm皮下淤血”，因此，不排除被害人系因为注射药物导致过敏或其他不良反应致死以及其他原因致死。而且，本案是“先供后鉴”，在未检见任何“窒息的体征和征象”的情况下得出“机械性窒息死亡”的鉴定意见，显然受到了缪新华已经作出的供述之影响，鉴定结论的科学性、准确性显然不足。因此，对于被害人的死因认定，并不能排除其他可能性。

（2）认定缪新华“掐死”被害人，仅有缪新华在侦查阶段的供述，证据明显不足

根据缪新华的供述，其用右手掐住被害人杨某辉的脖子，顶在床头的墙壁上5~6分钟，令其机械性窒息死亡。但尸检并未发现抵抗伤，亦未在被害人的指甲缝内发现有缪新华的表皮成分、组织碎屑等物质。

据一般常识，被害人杨某辉被掐住脖子后，必然出于求生的本能大声呼救、奋力挣扎和反抗，双手拼命抓挠缪新华的右手或其他部位，被害人的后脑和背部也必会撞击墙壁，出现常见伤痕。包括：在头、背部出现体表损伤或皮下淤血，颈部出现掐痕及皮下淤血，牙齿也应有出血的征象。① 事实上，缪新华在侦查阶段的供述中，也供称杨某辉有反抗，“阿辉的双手把我两手的手腕抓住，想挣开”，“两个人扭打在一起”。但在尸体勘验笔录及法医学检验鉴定报告中，却出现了“头皮无损伤痕迹”“头皮下未见出血”等明显相反的描述，说明被害人杨某辉并非被顶在墙壁上扼颈窒息死亡，缪新华所供其“掐死”被害人并不真实。

扼颈窒息死亡，必然会出现扼痕，通常亦会有舌骨、甲状软骨骨折，以及手足抵抗伤和指甲内有镶嵌物（加害人的表皮成分、组织碎屑）等机械性窒息死亡特有的暴力损伤痕迹。但在本案中，尸检并未发现扼痕，且在具备解剖条件的情形下，并未对被害人的尸体进行解剖，存在以下重大疑点和疏漏：舌骨和甲状软骨是否骨折？是否提取死者十指指甲（可能嵌有真凶的表皮成分、组织碎屑等物质）做 DNA 检测？是否发现缪新华身上有明显的抓痕？更令人疑惑的是，在没有被捂住口鼻的情形下，被害人杨某辉完全有条件且必然会大声呼救，但蹊跷的是，住在缪新华隔壁的缪新容、吴某霞、吴某英，以及一楼的缪新光等，均未听见任何声响。

综上，本案在尸体检验并未发现有机械性窒息死亡基本征象的情形下，

① 扼死的外表征象：(1) 有扼痕；(2) 死者颜面发绀肿胀，呈其紫色；(3) 手足及体表损伤，由于挣扎抵抗，在其胸部、背部和四肢场可发现伤痕。内部征象：(1) 皮下及肌肉出血；(2) 骨折，一般是甲状软骨、环状软骨骨折；(3) 内脏变化：内脏器官淤血，脑膜和脑实质可见淤血、水肿及点状出血，肺气肿、水肿并伴有灶状出血，浆膜有点状出血，口鼻孔可见血性泡沫状液体涌出。参见王保捷、候一平主编：《法医学》，人民卫生出版社 2013 年版，第 63 页。

通过排除法，认定被害人杨某辉系被扼颈死亡的事实，过于武断、草率。而且尸体勘验显示的情况与死因鉴定之间相互矛盾，死因鉴定明显缺乏科学性、准确性，不能作为定案的根据。

2. 关于分尸

（1）认定被害人杨某辉在缪新华家中被杀害、分尸，证据不足

被害人杨某辉于 2003 年 4 月 6 晚失踪，这是客观事实。但杨某辉当晚是否去了缪新华家中，是否在缪新华家中被杀害、分尸呢？认定这一事实的证据明显不足。

①案发当天中午，缪新华并不知道杨某辉在其母亲家中

此点，缪新华有过反复供述，他在案发当天中午去被害人母亲王某某的家（其实是杨某仕的家，地址为屿北路三巷 22 号），其实是找被害人的哥哥杨某仕“玩玩”，当时他还不知道杨某辉从外地回来了。

对此，杨某仕在其证言中，也证称“当时新华来的时候是叫我的名字，是我妹妹从楼上下来给他开的门”，说明缪新华确实是去找杨某仕，偶遇被害人杨某辉。

二者相互印证，能够证明缪新华在案发当天中午去被害人母亲家（即杨某仕家），其实与案件本身并无关系。

②认定被害人与缪新华约定晚上 10 点到缪家见面，证据不足

证明这一事实的相关证言，有多种版本。被害人的母亲王某某证称：“我有听到我女儿对缪新华说，有什么话晚上再说。”而同处于四楼阳台的杨某仕，听到的内容是“刚才没空，要去乡下，等回来之后再说”。刘某荣的证言也提到了被害人说“要去下村，没空等晚上再说”。上述证人的说法，

并不完全一致。

而对被害人当晚的去向，还有另外一种可能。证人金某英（杨某仕的爱人，被害人的嫂子）证称：“到了晚上 7 点多，我妹妹就对我说，叫我陪她一起到外面的药店去买药。”刘某荣也曾证称：“后来杨某辉还跟她嫂子说，等会儿一起去外面拿些药。”而尸体分解情况，亦显示真凶具有一定程度的医学解剖知识。

结合被害人在 4 月 6 日晚 9 点半出门时，手上拿着一本电话本（缪新华本人及家中并无电话），穿着她妈妈的旅游鞋等事实，被害人极有可能出去买药或约见其他人，而并未去缪新华家。

③认定被害人晚上 10 时许到缪新华家，证据不足

原判认定，晚 10 时许被害人到缪新华家叫门，缪新容下楼开的门。认定这一事实的依据，其实只有缪新华和缪新容的供述。对于该事实，当时在一楼的缪新光以及在二楼房间的吴某霞、吴某英等均称：未听到任何声响。同时此事实也没有缪新华家周边邻居的证言予以佐证。

同时，缪新华和缪新容的相关供述之间，也存在矛盾：对于二人谁先回家在缪新华房间看电视，缪新华说是缪新容先回家在缪新华房间看电视，而缪新容则说是缪新华先回家在房间看电视；对于杨某辉在缪家哪个位置叫门，缪新华说是在大门呼叫，缪新容说在窗户下呼叫等等。因此，该事实的真实性，存在明显问题。

④认定缪新华家浴室是分尸现场，依据不足

在缪新华家的浴室，即所谓的分尸现场，除了在下水道中提取到了部分毛发（毛发的颜色、长度均与尸检所见被害人长 26cm 棕红色的头发不

一致）外，并未提取到任何被害人与被害人有关联的血迹、肉末、骨头碎片等物证。

虽然在卫生间地面一侧木块、浴池内瓷砖、卫生间矮柜木片上“暗红色可疑斑迹”中检出人血，但并未检测出血液系被害人杨某辉所留，因而与案件无关。而且，从《现场勘查笔录》和《现场物证提取记录》的记载看，“暗红色可疑斑迹”的提取时间为2003年5月29日。但闽公刑DNA字〔2003〕第106号和闽公刑物字〔2003〕第069号两份《法医学检验鉴定书》记载的送检时间，却分别是2003年4月28日、4月29日。送检在先，提取检材在后，如何解释？说明检材提取或检验鉴定存在明显虚假。原判将两份《法医学检验鉴定书》用作定案根据，依据明显不足。

⑤侦查机关在下水道中提取的毛发，mtDNA鉴定认定系被害人杨某辉所留，不具有科学性、准确性，不足为据

第一，送检毛发来源不明。根据2003年5月7日《现场勘验笔录》，当天的现场勘查，从浴室下水道“泥土毛发粘合物”，在浴室门口地板上提取两根较长的毛发。但并未对毛发进行拍照或录像，对提取到的毛发的长度、颜色等亦未做明确记录。《现场物证提取记录》上的“见证人”签名为“陈某涛”，系侦查机关的驾驶员，其见证人身份不合法。由于提取笔录记载不明确，此处提取的毛发与后来送检的毛发是否同一，难以确定，导致送检的的毛发来源不明。

第二，送检毛发的颜色和长度与杨某辉的毛发不相符。《关于杨某辉死亡案的法医学检验鉴定报告书》记载：被害人发长26cm，有染发呈棕红色。而2004年9月27日送至辽宁省公安厅刑科所检验的头发中，有2

根黑色和 1 根棕色，长 4cm-5cm，鉴定结论是“两根黑色头发是杨某辉毛发的可能性为 99.999%”，棕色头发则无法鉴定（母系个体序列不相同）。送检的“两根黑色头发”与尸检发现被害人头发“有染发呈棕红色”明显不相符。

而根据侦查机关于 2005 年 2 月 17 日出具的《关于柘荣县“2003.4.19”杨某辉被杀案件的物证提取及送检情况的说明》，2004 年 9 月送往辽宁省公安厅刑科所检验的疑似毛发，系“2004 年 6 月 3 日送往辽宁省公安厅刑科所检验后剩余的 5 根疑似黑色毛发”，其中 3 根为人类毛发。但在辽宁省公安厅刑科所 2004 年 10 月 8 日作出的《刑事技术补充鉴定书》（辽公刑技（DNA）〔2004〕423—1 号）中，记载的检材却是“2 根黑色毛发和 1 根棕色毛发”，毛发颜色也不相符。

第三，根据 2004 年 3 月 2 日侦查机关出具的《关于柘荣县 4·19 杨某辉被杀案件物证送检情况说明》，案发后公安机关提取了“下水道杂物”等检材，并分送华西医科大学法医鉴定中心、辽宁省公安厅刑科所、公安部物证鉴定中心进行 DNA 鉴定，由于检材污染严重等诸原因，均未检出结果。但蹊跷的是，到了 2004 年 6 月、10 月再次送检时，辽宁省公安厅刑科所却对同样“在下水道残留物中提取毛发”作了鉴定，并作出同一认定结论。由此可见，检材的来源及鉴定的科学性、准确性均存在疑问。

第四，根据法医学原理，mtDNA（线粒体 DNA，母系遗传）鉴定，一般只能作排除认定，不能作同一认定。因为只要存在有母系亲缘的人，都存在同样的母系基因，而且是跨代的，从始祖母、外祖母、母亲、姐妹、表姐、表妹、外甥女等等母系亲缘的都有同样的 mtDNA 基因，甚至同母异父的女儿都有同样的 mtDNA 基因。[①] 因此，mtDNA 鉴定本身，不能得出被检头发就“是被害人杨某辉的毛发”的同一认定结论，这一认定违背了基本的法医学原理和知识。

第五，辽宁省公安厅刑科所 2004 年 6 月 4 日的《刑事技术鉴定书》（辽公刑技（DNA）〔2004〕423 号），是在 10 多年前作出，以当时的科学技术条件，仅将在下水道提取的一根 10cm 长的不带毛囊的头发做一次检测，就得出了同一认定结论，缺乏可信性。[②] 即便是在今天，进行毛干线粒体 DNA 同一性鉴定，都可能存在假阳性的情形，10 多年前的鉴定，又是如何排除假阳性呢？因此，辽宁省公安厅刑科所对毛发的 mtDNA 鉴定，缺乏科学性、准确性，结论明显错误。

第六，辽宁省公安厅刑科所的两份《刑事技术鉴定书》，对毛发 mtDNA 检验鉴定，缺少基因数据比对，结论缺乏依据。DNA 检验和鉴定，是需要数据或质谱图进行比对和支持的，而辽宁省公安厅刑科所的两份鉴定书，均缺乏这些基本资料。鉴定书所列相关检验数据，不是机器检测生成的原始数据，而是鉴定人编辑填写出来的。因此，该两份鉴定的科学依据不足，结论的可靠性存疑。

第七，鉴定结论不科学，同一认定错误。两份鉴定书的结论均为同一认定，即标记为“嫌疑人缪新华卫生间浴室门口下水道残留物中提取”的毛发“是杨某辉毛发的可能性为 99.999%”。如前所述，这与基本的法医学

① 参见侯一平主编：《法医物证学》，人民卫生出版社 2009 年版，第 196~197 页。

② “为避免可能存在的异质性影响，mtDNA 高变区序列测定要求从正、反链双向测序，并至少重复一次。”参见侯一平主编：《法医物证学》，人民卫生出版社 2009 年版，第 196 页。

原理和知识相违背。法医学通说认为，mtDNA 序列多态性在个体识别鉴定中的真正价值在于排除同一性，线粒体 DNA 结果的解释一般可分为三类，排除、不能定论或未能排除。[①]

退一步说，即使毛发 mtDNA 鉴定结论没有问题，亦不能据此认定缪新华家浴室就是分尸现场。因为，缪新华与被害人之间关系特殊，曾有密切接触，被害人之前也去过缪新华家中；另外，缪新华与被害人亲属之间亦有交往和接触。因此，不排除是被害人之前在缪新华家中所留，或者缪新华与被害人亲属交往过程中粘附带回家中的。

另外，原判认定缪新华及其他原审被告人“在卫生间的地板上”，“将被害人的尸体肢解成 7 块，并将尸块分别装入塑料袋内”。分尸过程，是个高强度的物质运动过程，且被害人是被顶在墙上掐死、尸体被从楼上抬到楼下，其间被害人的头发难免会有脱落。但事实是，在浴室及缪新华家的其他地方，均未找到一根与被害人头发在长度（26cm 长）、颜色（棕红色）上一致的毛发。这也表明，认定缪新华的家为杀人、分尸现场，明显依据不足。

⑥分尸现场的空间根本容不下三名成年人共同实施分尸

《现场勘验笔录》显示：作为分尸现场的浴室，由一条南北走向宽 8cm 高 25cm 的瓷砖的砖条分割成东西两半，西侧为浴池，南北向长 143cm，东西向长 68cm。浴池上大下小，西南侧有一出水口。东侧一半东西向为 74cm，南北长 158cm，门框内外宽分别是 68cm 和 66.5cm。北墙上有一面镜子和 40cm × 50 cm 的面盆。

① 参见侯一平主编：《法医物证学》，人民卫生出版社 2009 年版，第 196~197 页。

根据原判采信的原审被告人的供述，三人分尸时是“缪新容在浴室门口，缪德树在浴室中间，缪新华在浴室最里面，尸体头朝里，脚朝浴室外”。而无论是从前述浴室的测量面积，还是从现场实验的结果来看，在如此狭小的空间内，既要放置被害人的尸体，还要同时容纳三位成年人蹲下来实施分尸，是完全不可能的。

⑦缪新华直接实施分尸，但在其衣物上却未发现任何血迹

根据缪新华供述，他是先将被害人的头部割下，然后再分解其他部位。但被害人当时刚刚死去不久，如果直接割下头颅，颈部动脉血液必会因压力差出现喷溅的情形，必会喷溅到蹲在被害人头部位置的缪新华的衣服、鞋子上。但蹊跷的是，缪新华案发当天穿过的衣服、鞋子（2003 年 5 月 7 日公安机关提取，并经缪新华辨认）上，并未发现和提取到被害人的血迹。说明缪新华关于分尸的相关供述，不具有真实性。

综上，现有证据根本不能证明被害人系在缪新华家中被害、被分尸，所谓杀人、分尸现场显然系子虚乌有、人为杜撰。

（2）认定“菜刀”和“砧板”为作案工具，缪新华等人用“菜刀”分解尸体，依据不足

①作为分尸工具的“菜刀”和“砧板”，在案发后仍放在缪新华家厨房使用，殊不正常

作为本案分尸工具的菜刀和砧板，是公安机关于 2003 年 4 月 24 日在缪新华家中的厨房提取（参见《提取笔录》)。也就是说，在案发后的半个多月里，作为分尸工具的菜刀和砧板未被缪新华或其他原审被告人丢弃，而是一直在厨房用于日常切菜做饭。

如果真是分尸工具，如此便宜的菜刀和砧板，为何不丢弃？还会继续用于日常切菜做饭？更何况，缪新华于2003年4月14日及19日因此案被传讯在前，公安机关提取“菜刀”和“砧板”等证据在后，在传讯后即被释放的时间中，缪新华及其他原审被告人，均有充分的时间和机会丢弃或毁灭作案工具，而他们却一直留于厨房日常使用，这显然不符合犯罪心理和生活常理。

②如果木质“砧板”是作案工具，则不可避免地会渗入血迹

从照片看，作为分尸工具的“砧板”，系木质，中间有一条明显的裂缝。如果真是作案工具，则“砧板”中间裂缝处难免会渗入血迹、肉沫、骨头渣等微量物质。但实际上，在“砧板”中并未检出被害人血迹或其他任何微量物质。

③从尸体检验情况看，分解尸体的手法较为专业，非缪新华及其他原审被告人所能完成

据公安机关2003年4月19日制作的《尸体勘验笔录》，可知被害人尸体被分解的情况：尸体被分解为头面部、双上肢、双下肢、躯干、臀部等七块。颈项部从第一颈椎上端切断，基层创面较整齐；双臂从肩胛骨外侧切到背侧腋下；背部从第六腰椎骨以下切断；臀部从会阴部上方24cm断开；双侧大腿中上段，腹部沟区（距离股骨头8cm）处断开，切面整齐；腹部从中线垂直切开至阴蒂上方。

另据公安机关2003年4月27日制作的《关于杨某辉死亡案的法医学检验鉴定报告书》，可知：死者头面部位于颈部喉结上方被切割，位于第一第二颈椎处分离，断面未见明显骨折及砍痕；躯干部下至第六胸椎下处分离，左右于肩关节处分离，断面未见骨折和砍痕；双臂位于肩关节处切开，

肩关节肱骨头处分离，肱骨头完整未见砍痕和明显切割痕迹；臀部两侧及双侧大腿位于髋关节处切割，于髋关节处分离，股骨头完好未见砍痕及明显切割痕迹。据此，《鉴定报告书》分析认为：该尸体属死后被分解，解尸工具属锐器，即刀类切割。

综合尸体检验情况，可知：尸体被肢解，均从关节连接处或椎骨连接处分离，未见骨折、砍痕及明显切割痕迹。特别是把头颅从第一和第二颈椎连接处分离，未见骨折及砍痕，这是一般人做不到的。因为，根据法医学知识，枢椎和寰椎之间有齿突关节，很小，要想从此处分离，操作者必须具备较为专业的解剖知识、手法和较高的心理素质。而在本案中，缪新华及四名原审被告人并不具备这样的知识、技能条件。

针对上述疑问，公安机关的鉴定人陈某礼、刁某鹏于2003年11月18日出具的《关于宁公刑法技字〔2003〕第A014号鉴定的补充说明》认为:“在手法上犯罪嫌疑人并不完全掌握解剖知识，所有关节分离均完全偏离，位置并不准确，在剥离中再寻找关节。”这一认识，与前述《尸体勘验笔录》、《鉴定报告书》的记载的尸体分解情况并不相符，明显缺乏依据，纯属主观臆断。

④从尸体检验情况看，提取的“菜刀”亦不可能完成分尸

公安机关提取的分尸工具“菜刀”，尺寸为：宽为8.5cm，长30cm。从照片看，该菜刀宽厚、平角、刃钝，与《鉴定报告书》所分析认为“解尸工具属锐器”并不相符。用这把菜刀，实现将头颅从第一和第二颈椎处分离，是不可能做到的事情。依据人体关节骨的凹凸衔接原理，能达到所有关节骨分离的分尸效果，更是这把菜刀所不能胜任的。

要完成尸体的分解，至少还应有一把小型尖刀、匕首或其他类似锐器，但在本案中，缪新华及其他原审被告人的供述中均未提及，事实上在缪家根本就没有找到这样的凶器。相反，在缪新华的供述中，却提到了另外一个凶器——更大型号的柴刀，柴刀的用处是用来帮助砍骨头的："切手臂的时候因为菜刀切不断手臂，我叫缪新容到厨房拿了一把柴刀，新容到厨房把柴刀拿来，我用柴刀的刀背敲菜刀的刀背，把两边手臂切下来"，"当我在割右手的时候，割不下，我对我爸爸说怎么办，我爸就叫我弟弟去厨房拿柴刀，我用柴刀的背面敲菜刀背面，接着把左手也同样的方式砍了下来也用水冲好"，"之后我爸先割尸体的右脚，割到骨头就用柴刀砍了下去，左脚也是同样的方式"。而在缪德树的供述中，也曾供认系用"厨房内的两把菜刀和砧板"分尸的，"我持一把菜刀，新华持一把菜刀进行分尸"。

但是，很显然，缪新华供述的所谓"柴刀砍骨头"，显然与尸检情况不相符；而缪德树曾供述有"两把菜刀"分尸，没有得到缪新华及其他原审被告人口供的印证，因而未被采信。亦说明，缪新华及缪德树相关供述的虚假性。

（3）关于抛尸

从现有证据看，认定缪新华及四名原审被告人去过抛尸现场的证据不足

①抛尸现场没有发现或提取到任何指向缪新华及四名原审被告人的脚印、指纹等证据

根据公安机关2003年4月19日的《现场勘查笔录》，在抛尸现场（柘荣县城郊乡福基岗村石楼坪茶园内的废旧房屋）及周边，并没有发现和提

取到能够指向缪新华及其他四名原审被告人的任何痕迹、物证。既没有发现他们的足迹鞋印、遗留物品，也未发现运尸农用拖拉机的车辙、轮胎痕迹，在包装尸块的塑料袋上也未提取到他们的手印或指纹。亦未在缪进加的拖拉机上，提取到被害人的血迹（躯干部分系用浴巾包裹，浴巾上血污，难免污及车厢），或者四名原审被告人乘车留下的相关痕迹。

根据缪新华及四名原审被告人的供述，他们在分尸、抛尸时，并未采取戴手套、毁灭现场痕迹等反侦查手段，而在抛尸现场却未发现任何能够指向他们的痕迹、物证，这殊不正常。

②据以认定缪新华及四名原审被告人抛尸的证据、五人的关于抛尸现场的有罪供述与现场勘查笔录记载的情况存在诸多不相吻合之处：

第一，缪新华及四名原审被告人在供述中，都提到将尸块及衣服全部装入袋子，丢弃在破旧的屋子内，但并没有将尸块倒出、衣服丢弃的事实。但是根据现场勘查情况，包有尸体躯干的浴巾及躯干并未装在塑料袋中，而是与 8 个塑料袋一起被置于“房间地面靠近东墙下”，“打开浴巾后见其中包有躯干”；被害人的毛质上衣、胸罩、黑色牛仔裤、短裤等衣物，均被丢弃于地面，并非装在塑料袋内。这表明，缪新华及四名原审被告人的供述与客观情况不一致，供述虚假。

第二，抛尸现场发现有两个印有“广州增城挂绿广场”和“温州市商业银行勤奋支行”字样的彩色塑料袋，特征明显。而在缪新华及原审被告人的供述中，都没有人提及这两个特征明显的塑料袋及其来源。也没有证据能够证明这两个袋子与缪新华或其他原审被告人有关联。可见，该塑料袋并非来源于缪新华家中。

第三，抛尸现场的塑料袋有部分（5个或6个）颜色（黑色）、大小（30cm×30cm）一致，显示可能系真凶特意购来装尸的。很有可能是，真凶发现已有的塑料袋不够用，后购买了五、六个黑色塑料袋包装尸块。但在缪新华及其他原审被告人的供述中，均未提及这些黑色塑料袋的来源。

③辨认现场笔录均系违法制作，不能作为定案的依据

首先，据缪新华及原审被告人缪新光一致反映，抛尸现场的辨认笔录，是侦查人员事先制作好后，再带缪新华去现场“辨认”签名的。尤其是原审被告人缪新光的辨认笔录，从辨认录像即可看出，辨认笔录是在辨认活动开始以前已经提前制作完毕。缪新光的辨认记录，“见证人”仍是“陈某涛”（与前文所提及的《现场物证提取笔录》见证人相同），其系公安机关的驾驶员，见证人身份不合法；而且从辨认录像看，缪新华、缪新光在辨认时，实际上并无见证人在场，“见证人”签名应系事后补签。

其次，缪德树、缪新华的《辨认笔录》，在内容上也有明显矛盾，对于缪进加什么时间将车停在城门口处、如何抛尸、抛尸位置等，两人的说法均不一致。例如，缪德树2003年5月7日辨认笔录记载为：缪德树指认“当日（4月6日）晚23时许，由缪进加将拖拉机开至东门路城门处”，“当时抛尸时，其只到该旧棚房的屋脚处，抛弃的尸块由他递给缪新华接过后，由缪新华放置在该房右侧房内地上”。而缪新华2003年5月8日《辨认笔录》则记载：“在东门路城门处，缪新华指认在4月7日凌晨1时多许，其叔叔缪进加的拖拉机就停在该处”，“当时参与抛尸的人均提尸块至该棚房左侧旁门处将尸块抛至该棚房内的地上”。在缪新光的《辨认笔录》里，却将抛

尸细节全部省略了，仅记载缪新光“指出了当时将尸块抛弃在朝东边的一间房间内”。可见，辨认结论的真实性存疑。因此，本案辨认现场笔录，均不具有真实性、合法性，不能用作认定缪新华及其他原审被告人去过抛尸现场的依据。

再次，原审被告人缪进加（被指控和认定为驾驶拖拉机运尸、抛尸的主要实施者），没有对运尸路线、抛尸现场的辨认笔录，殊不正常。而且也没有另一原审被告人缪新容辨认现场笔录。因此对他们而言，除了口供，根本没有任何其他客观证据，可以证明两人去过抛尸现场。

④证人证言反映的运尸车辆，也与拖拉机不符

2003 年 4 月 20 日，公安机关调查了抛尸地点附近福基岗村的村民袁某中，他证称：2003 年 4 月 6 日晚上，听到从城关往长坑方向驶来一辆汽车，好像是桑塔那车的声音，“也可能是汽油车的声音，能听的出来”。袁某中本人是拖拉机驾驶员，完全能够区分拖拉机（柴油车）与汽车（汽油车）发动机的不同声音。而且，原审被告人缪进加驾驶的那种农用拖拉机，声响极大，与汽车声音有着明显的区别，袁某中应该没有听错的可能。

缪进加的那辆拖拉机，平时停放在自己楼房边的空地上，一旦发动起来，声响震耳欲聋。在凌晨前后，夜深人静之际，缪进加发动拖拉机，其周边邻居不可能听不到声响；缪进加驾驶拖拉机，从自己家（615 东路十巷）开到缪新华家（东门路 41 号）附近，在“城门处”停车，装上尸块后再开走，缪新华家有左邻右舍，“城门处”亦有居民和一小店，亦不可能没有人听到声响。相信公安机关对周边居民，应该是全面调查了解过，但为什么没有一人证称当晚听到了声响？

可见缪进加的拖拉机，根本就不是本案运送尸体的交通工具。

（4）被害人随身携带的物品，至今下落不明

根据被害人母亲王某某、胞兄杨某仕等人的证言，被害人杨某辉死亡时配戴有白金项链、金耳环和金戒指，随身携带有一串钥匙、一个电话号码本。对于白金项链、金耳环、金戒指及钥匙、电话号码本的下落，缪新华和原审被告人缪德树的供述，前后有多种版本，相互之间也有不一致，这些物品至今下落不明。

首先，缪新华、缪德树的相关供述前后不一。缪新华在2003年4月27、28日供述："她身上的这些物品，在我分尸的时候，被我放在口袋里了。抛尸回来后，我在房间换衣服时，又取出这些物品，才想到要把这些物品处理掉。之后我在房间里找来一个白色塑料袋，把这些物品装好后，走出家门，沿溪边往医院的方向，到了町步上去的地方，我捡了一块石头装进塑料袋，绑好后扔到溪里了。"而在2003年5月6日之后，又改变供述，供称："并没有扔到溪里"，而是在抛尸回来后，"把白金项链、金耳环、金戒指、钥匙以及现金"，用一个黄白色塑料袋装好后，"给了我后妈吴某英"。其在2003年5月30（自书供述）、7月1日又供称："金项链、金耳环、金戒指"，系用一个"海蓝色的塑料袋（不大的水果袋）装着"，到缪德树、吴某英居住的房间，当着缪德树的面，交给了吴某英；同时，对于电话本、钥匙、现金，他补充供称：电话本是在4月7日凌晨4点多时他拿到家外面烧掉了，钥匙是在8点多时扔进了外面的垃圾桶，现金（70多元）是他自己带上去上网了。

缪德树在2003年5月6日（缪新华改供的当日），亦开始供称："缪

新华交给我一包报纸包的东西说先放到我的房间。后来我们到福基岗的山上抛尸回来之后，我把那包东西还给缪新华后回到房间，吴某英当时躺在床上还没有睡。后来缪新华叫我到他房间交给我一个塑料袋装的东西，他叫我把这些东西交给吴某英。”“缪新华交给的这个塑料袋是白色的，我透过塑料袋看到里面是一条金项链和耳坠，但具体是什么样式的我看不清楚”。“ 我从缪新华的房间出来后回到自己的房间，就把这一包东西交给吴某英”。根据此供述，缪德树是去了缪新华的房间，缪新华交给他这些物品，然后他转交给吴某英的。在 2003 年 7 月 2 日，缪德树改变了供述：在抛尸回家后，“新华推开我的房门，跟吴某英说‘阿姨，这个东西给你’。我见到新华交给吴某英的是有点黄黄的塑料袋装着的东西，新华讲是项链，吴某英把这个袋子接过去后，放在枕头下面，新华就回房睡觉了”。此后，在缪新华被抓的第二天（4 月 20 日），吴某英的女儿张某斌来，吴某英就把装有死者物品的塑料袋给了张某斌。然后到 2003 年 7 月 27 日，缪德树又改口供称：吴某英不愿意保管，他把这些东西放进床头柜的抽屉里，第二天又把这些东西放在放衣服的皮箱底层，这些情况都没给缪新华、吴某英讲。到了 4 月 19 日缪新华被公安局叫进去，他心里非常怕，想着应该把这些东西处理掉，4 月 20 日晚 7 时左右，他自己骑自行车到街上，在县委桥头往十字街方向的路上，把装有杨某辉物品的塑料袋扔在地上，然后骑自行车走了。

其次，根据缪新华及缪德树的供述，公安机关自始至终未查获赃物。根据缪新华及缪德树的供述，公安机关全力查找赃物，翻遍缪新华的家，还组织人员先后在上城桥下溪中（2003 年 4 月 28 日）、新荣溪东岔潭（2003

年4月30日、5月1日）进行搜寻打捞（参见《搜寻记录》），均一无所获。又将吴某英羁押了10个多月，但吴某英始终予以否认。公安机关还对柘荣县及周边地区的金银首饰加工店进行布控查找（参见《补充侦查报告书》），亦无所获。为此事，还羁押吴某英的女儿张某斌一个月，询问了张某斌的丈夫陈尔杰等证人，最终查明2003年6月27日从陈尔杰家中提取的“金首饰”与本案无关。公安机关在2005年8月1日出具的《关于“2003.4.19”故意杀人案侦破情况的说明》中，最终承认“经多方寻找，至今无法找到”。

从逻辑上讲，若缪新华及其他原审被告人果为真凶，在其已被公安机关完全制服，对杀人、分尸、抛尸均已供认不讳的情况下，断无隐瞒赃物下落的必要和可能。因此，结论只有一个：缪新华及其他原审被告人并非真凶，根本不知道赃物下落，相关供述纯属胡编乱造。

（二）原审被告人供述的合法性、真实性存在严重问题，依法不能作为定案的根据

1. 缪新华等五人的有罪供述系侦查人员以刑讯逼供、诱供、指供等非法手段获取，依法应予排除

（1）原审被告人缪新容曾向法院提交过一份录音证据。该录音系缪新华在案件终审前后，在看守所内借同监仓人的MP3，偷录下看守所民警魏某某、陆某某、卢某某、江某某和缪新华之间的谈话，谈话内容证明缪新华及缪德树等原审被告人在看守所内、外均遭受过严重的刑讯逼供，供述违心，供述内容虚假。

（2）缪新华及其他原审被告人在审查起诉、法院审判阶段，均向提讯的检察官、法官作无罪辩解，并称有罪供述系在遭受刑讯逼供、诱供、指供的情形下作出的。刑事上诉状及两次一审开庭审理笔录，也记载有缪新华及其他四名原审被告人的相关辩解和陈述。

（3）辩护律师介入后，缪新华向辩护人（吴敬楚律师）辩称无罪，并称有罪供述均系被侦查人员刑讯逼供、诱供、指供后作出的虚假供述。

（4）根据缪新华的二审辩护人（詹晚春律师）于2004年12月3日递交给法院的《辩护词》，辩护律师当时会见时，仍看到缪新华双腿有10多处伤痕未愈。

（5）有证据显示，其他四名原审被告人，同样遭受了严刑逼供、诱供、指供。缪德树出狱后的CT检查单显示：其右侧第8、9及左侧第8、10后肋骨陈旧性骨折。另据证人卓陈美、袁德成、缪进旺、袁承清等四人证称，当年缪德树被抓后不久，曾被送到柘荣县医院抢救，他们去给他送衣服，“公安局的人守着病房不让进去，只能站在门口看”，看到“缪德树躺在床上已经不醒人事，腿肿得跟水桶一样，裤角都被剪掉，脸色呈黑紫色”。缪新容、缪新光的上下肢、缪进加的左眼睑处，至今都留有陈旧性疤痕。

（6）缪新华及四名原审被告人的供述均前后不一，先供后翻。其口供分为三个阶段：

①第一阶段，被传唤到公安机关之初，均否认作案。缪新华是2003年4月14日被公安机关传讯，而后于4月19日再次被公安机关传讯，此后被“留置”讯问达4天4夜，未见供述。缪德树是4月21日被公安机关传讯，此后至4月23日16时前，均否认犯罪。缪新容于4月21日上午被传

讯，此后至 4 月 24 日凌晨 1：45 之前，均否认犯罪。缪新光 4 月 21 日随父亲缪德树一起去公安局，亦被关押讯问，此后至 24 日凌晨 1 时前，均否认犯罪。缪进加于 4 月 23 日下午接侦查人员电话后，主动前往公安机关接受讯问，在 4 月 24 日 4：24 之前，均否认犯罪。

②第二阶段，4 月 23 日以后，陆续开始供认作案，但供述前后不一、相互之间也矛盾重重。从讯问笔录记载看，最先供认的是缪德树，他于 4 月 23 日下午 16 时供认参与分尸、抛尸。随后，缪新华于 4 月 23 日晚被转移到“城郊派出所”强化讯问，于当晚 20：45 至次日 2 时 10 分，公安机关获得了两份认罪供述后，才将其送进柘荣县看守所。此后，缪新光于 4 月 24 日凌晨 1 时供认，缪新容于 4 月 24 日凌晨 1：45 供认，缪进加于 4 月 24 日 4：24 供认。从供述内容看，从一开始矛盾百出，后来逐渐趋于一致（仍有大量矛盾），在部分内容（例如被害人物品的去向）出现变化时，往往同步起伏（缪新华改口后，缪德树随之改口），人为炮制的痕迹十分明显。而且，在侦查终结前，缪新容、缪进加两人已经翻供。

③第三阶段，进入审查起诉、法院审判阶段后，缪新华及其他四名原审被告人均否认作案（缪新容、缪进加在侦查阶段已翻供，缪德树、缪新华在进入审查起诉阶段后即翻供，未成年人缪新光在审判阶段翻），翻供的理由是在侦查阶段被刑讯逼供、诱供、指供。

2. 缪新华等五人的供述不仅前后不一，而且相互之间存在诸多矛盾，且与尸体检验、现场勘查等客观性证据之间不相吻合，虚假性明显

（1）缪新华的供述前后不一，反复无常。矛盾之处主要表现在被害人如何到缪家、如何分尸、抛尸、抬尸、被害人物品去向等方面。对杨某辉

如何到缪家的，缪新华在 2003 年 4 月 23 日供述是在从“e 时代”网吧回来的路上，在杨某辉家住的屿北路三巷巷口，刚好碰到杨某辉，然后一起去缪家；但在 4 月 24 日晚缪新容供述是杨某辉来缪家楼下喊缪新华，缪新华让他去开门后，缪新华遂于 4 月 27 日改口供称是杨某辉来缪家楼下喊他的名字，他让缪新容去开门接她来自己房间的。对于分尸、抛尸，2003 年 4 月 23 日、24 日缪新华供称分尸是他自己完成，分尸地点是在卫生间、浴室外面的空廊上，抛尸他没参与，是他父亲缪德树一人完成的；4 月 27 日开始供述分尸有缪德树、缪新容一起参与，三人分尸，地点是卫生间的“浴池内”，是他提议叫叔叔缪进加的车来送，不知道他怎么通知缪进加的；5 月 30 日又改称分尸地点是在卫生间的“浴池外”，是缪德树提议叫缪进加的车子拉，并让缪新光去叫的缪进加。就被害人的物品去向，缪新华在 4 月 27、28 日供述将这些物品扔到溪里，5 月 6 日又供述全部交给了吴某英，5 月 30 日（自书供述）、7 月 1 日又供称“金项链、金耳环、金戒指”交给了吴某英、现金自己带去上网用了，等等。

（2）缪新华与四名原审被告人的供述之间，也存在诸多矛盾。五人对于被害人因何种原因死亡、谁提议抬尸体到楼下和分尸，装尸块的塑料袋以及浴巾由谁、从何处拿来，浴巾的颜色，菜刀和砧板由谁拿来，参与分尸的人数以及如何切割和分装尸块，抛尸时每个人在车上的位置，抛尸时谁负责看车等事实和情节的供述，均存在明显矛盾。

3. 缪新华平时用力时习惯性用左手，而其供述中称系用右手掐死被害人杨某辉，供述真实性存疑。缪新华小时候摔跤导致右手脱臼，由于没有得到及时的治疗，导致右手残疾，肘关节变形，且不能伸直。平时右手不能使劲，用力都用左手。原判判决书采信缪新华的供述，认定其用右手掐住被害人脖子 5~6 分钟，致杨某辉机械性窒息死亡，这与缪新华使用左手的习惯明显不符，供述的虚假性明显。

（三）原判认定原审被告人具备作案动机和时间，依据不确实、不充分

1. 关于作案动机

原判认定缪新华的杀人动机是："因缪新华不满被害人杨某辉介绍女孩外出的生意没有让其合伙，两人便发生争执"，进而杀人、分尸。

（1）认定缪新华因"不满被害人杨某辉介绍女孩外出的生意没有让其合伙"而争执、杀人，实为牵强。两人关系特殊，曾经谈过多年恋爱，有良好的感情基础，因这种并无较大利害的琐事而杀人，实在不合常理。

（2）并无证据证明有"杨某辉介绍女孩外出的生意没有让缪新华合伙"，因而缪新华不满的事实。相反，证人王某某（被害人杨某辉母亲）在 2003 年 4 月 19 日的证言证称：在 4 月 6 日中午，缪新华来其家时，"我女儿有叫缪新华说叫他找两个女孩，我女儿带去南昌外面的宾馆做事"。另据刘某荣在 2003 年 4 月 22 日的证言：他和杨某辉邀缪新华同去下村，缪新华"说不去"。可见，关于叫女孩子一起外出打工的事，杨某辉并未隐瞒缪新华，而是主动邀请缪新华去叫女孩子，但被缪新华拒绝。本案中，并无任何证据或迹象，可以证明缪新华曾有"合伙"参与"找女孩子外出打工"生意的意愿。

（3）法医学检验报告显示，被害人杨某辉怀有 8 周左右的身孕，其下腹部被垂直剖开、子宫外现、刀口直到阴部。这一刀并非分尸的必要，是

多余的动作，推测：真凶对被害人怀孕可能心怀怨恨，以此泄愤或者被害人有可能遭受性侵，凶手划这一刀是想处理、毁灭证据（精液等）。从尸体勘验笔录看，警方尸检时提取了“子宫”作为检材备用，但却未见对子宫内胎儿(“毛绒组织”）的DNA进行鉴定，亦未提取、检验死者阴道内容物，是何原因？是未做鉴定，还是鉴定后另有发现？鉴于被害人社会交往较为复杂，此点确有深究查明的必要。但无论如何，假设缪新华具备该心理动机，则其在侦查阶段的供述中必有涉及，但实际上从未涉及，说明他对这一刀并不明了，真凶并非缪新华。

可见，原判认定的杀人起因、动机，缺乏证据支持，亦不符合常理，不能成立。就缪新华而言，实无杀人动机可言。

2. 关于缪新华的作案时间

现有证据能够证明：2003 年 4 月 6 日晚，缪新华在阳光网吧看他人上网，21 时后（具体不详）离开，实际到家应在 22：30 之后。

（1）证人陈某铃的证言证明：2003 年 4 月 1 日后，在阳光网吧遇到过缪新华一次，具体哪天记不清了。当天，吴某华、林某、陈某铃、缪新华一起在阳光网吧，林某用 26 号机上网，缪新华看林某上网；陈某铃用 27 号机上网，吴某华在旁边看，大约在 21 时多陈某铃离开阳光网吧，27 号机就由吴某华上网。

（2）证人吴某华的证言证明：4 月初的一天，吴某华、缪新华、林某在阳光网吧，当时林某用的是 26 号机上网，我用铁金的名字开了一台机，缪新华当时坐在林某旁边看。21 时许以后，陈某铃离开，将 27 号机给吴某华上网至次日 7 时许离开。陈某玲走后不久，缪新华才离开阳光网吧。吴某华还证称，四五天后缪新华找他，向他询问缪新华当晚离开的时间，他回答缪新华“可能是当晚22时许走的”。

（3）证人林某的证言证明：林某和缪新华、陈某铃在阳光网吧，陈某铃先走，缪新华才离开，林某用缪新华的网号打游戏，打了一个通宵，林某母亲叫他回去的时候，缪新华当时还在，缪新华离开比较迟。

（4）林某的母亲缪某梅的证言证明：2003年4月4日或5日，晚21时前后她到网吧叫林某回家。

（5）阳光网吧的上网人员登记表证明：林某用“铁金”的名字登记上网的那天，就是2003年4月6日。2003年4月6日阳光网吧“上网人员登记表”显示：铁金，上机时间17：50，下机时间00：12，用时6小时22分，上网费9.5元。后有补记“12.5”元，说明还有继续上网时间未记录，仅补记了费用。

（6）缪新容的供述证实：2003年4月6日晚9点多关店门，与吴某霞一起回到东门路41号，回来时缪新华不在家。同时，吴某霞的证言证明：缪新容于10:30回到房间。可见，在晚10:30之前，缪新华并没有回到家中。

（7）缪新华在2003年4月14日询问笔录、检察院的提审笔录，以及辩护人的会见笔录中，均称2003年4月6日在阳光网吧看到林某上网，当时在场的还有吴某华、陈某铃，当晚11点多才回家睡觉。

上述证据，可以证明陈某铃离开的时间是21：00之后，其离开时，缪新华仍然在阳光网吧看林某上网，具体离开时间无法确定。但结合缪新容、吴某霞的证言，能够证明：缪新华在4月6日晚上10：30之后才回到东门路41号家中，不具备作案时间。

3. 关于其他四名原审被告人的作案时间

（1）缪新容没有作案时间。缪新容的女友吴某霞的证言，可以证明：4月6日晚9点多，近10时，与缪新容一起回到东门路41号，缪新容去别的房间看新闻，10:30左右（离开20分钟左右）回到房间，在10:45之前，缪新容没有离开房间。当晚及第二天早上，没发现任何异常。

（2）缪新光没有作案时间。缪新光供称：其于2003年4月6日晚21时30分回到家中睡觉，一直到在自己房间看电视，直到24时许才睡觉。22时许，缪新容与吴某霞回到家中。

（3）缪德树没有作案时间。其妻子吴某英的证言证明：2003年4月6日晚约10时回到房间，此时缪德树已经在房间看电视，他们一起看电视看到11~12时就睡觉了。当晚，没有听到缪新华房间有什么声音，也没有听到有女孩喊缪新华的声音。

（4）缪进加没有作案时间。其妻子魏某滨的证言证明：2003年4月6日晚7点缪进加回家，晚饭后去看别人打麻将，10时左右回家，关电视睡觉，她中途醒来两次，缪进加都躺在她身边。

（四）本案应当另有真凶

根据从案卷中获取的信息分析，本案应当另有真凶。相关嫌疑对象的线索，辩护人已整理递交人民法院，供公安机关重启侦查时参考。

综上所述，辩护人认为：原判认定缪新华犯故意杀人罪、其他四名原审被告人犯包庇罪，主要证据是五人在侦查阶段的认罪供述，但这些认罪供述系侦查人员通过刑讯逼供、诱供、指供等非法手段获取，其合法性和真实性均存在严重问题。除口供外，本案缺乏客观证据能够证明缪新华及其他四名原审被告人实施了杀人、分尸、抛尸的犯罪事实。且有证据证明，案发时缪新华及其他四名原审被告人均无作案时间。综合分析，原判事实不清、证据不足，不能认定缪新华及其他四名原审被告人有罪。希望法院能够尽快宣告五名原审被告人无罪！

法院认定

福建省高级人民法院〔2017〕闽刑再4号刑事附带民事诉讼判决书认为：原判认定原审被告人缪新华杀害被害人杨某辉，并伙同原审被告人缪德树、缪新容、缪新光、缪进加分尸、抛尸的事实缺乏客观性证据证实，原审被告人的有罪供述相互之间、前后之间，有罪供述与现场勘查笔录之间均存在无法合理排除的矛盾和疑点，有罪供述得不到其他证据的佐证，且其他定案证据亦存疑。故原判认定缪新华犯故意杀人罪，缪德树、缪新容、缪新光、缪进加犯包庇罪的事实不清，证据不足，不能认定五原审被告人有罪，依法应予纠正。辩护人、出庭检察员所提原判认定犯罪事实不清、证据不足的意见成立，予以采纳。缪新华依法不承担民事赔偿责任，原审附带民事诉讼原告人的诉讼请求，依法不予支持。原审附带民事诉讼原告人暨被害人的诉讼代理人关于本案可能存在过失杀人的意见亦不能成立，不予采纳。依照《中华人民共和国刑事诉讼法》第二百四十五条第一款和《最高人民法院关于适用〈中华人民共和国刑事诉讼法〉的解释》第三百八十九条第二款的规定，判决如下：

一、撤销本院〔2005〕闽刑终字第644号刑事附带民事判决和宁德市中级人民法院〔2005〕宁刑初字第22号刑事附带民事判决。

二、原审被告人缪新华、缪德树、缪新容、缪新光、缪进加无罪。

三、原审被告人缪新华不承担民事赔偿责任。

法律规定

《中华人民共和国刑法》

第二百三十二条 故意杀人的，处死刑、无期徒刑或者十年以上有期徒刑；情节较轻的，处三年以上十年以下有期徒刑。

第三百一十条 明知是犯罪的人而为其提供隐藏处所、财物，帮助其逃匿或者作假证明包庇的，处三年以下有期徒刑、拘役或者管制；情节严重的，处三年以上十年以下有期徒刑。犯前款罪，事前通谋的，以共同犯罪论处。

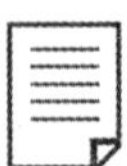

法律解析

（一）关于故意杀人罪

根据立法及刑法原理，故意杀人罪的犯罪构成要件如下：

1. 主体要件

故意杀人罪的主体是一般主体，即我国刑法分则规定的达到法定刑事责任年龄、具备刑事责任能力的一般身份的犯罪主体。

2. 主观要件

故意杀人罪在主观上须有非法剥夺他人生命的故意，包括直接故意和间接故意。即明知自己的行为会发生他人死亡的危害后果，并且希望或者放任这种结果的发生。

3. 客观要件

首先，必须有剥夺他人生命的行为，作为、不作为均可构成。以不作为行为实施的杀人罪，只有那些对防止他人死亡结果发生负有特定义务的人才能构成。

其次，剥夺他人生命的行为必须是非法的，既违反了国家的法律。执行死刑、正当防卫均不构成故意杀人罪。

最后，直接故意杀人罪的既遂和间接故意杀人罪以被害人死亡为要件，但是，只有查明行为人的危害行为与被害人死亡的结果之间具有因果关系，才能断定行为人负罪责。

4. 客体要件

故意杀人罪侵犯的客体是他人的生命权。法律上的生命是指能够独立呼吸并能进行新陈代谢的活的有机体，是人赖以存在之前提。

（二）包庇罪

根据刑法的规定，包庇罪的犯罪构成要件如下：

1. 主体要件

包庇罪的主体是一般主体，即我国刑法分则规定的达到法定刑事责任年龄、具备刑事责任能力的一般身份的犯罪主体。

2. 主观要件

本罪主观上必须出于故意，即明知是犯罪的人而实施窝藏、包庇行为。

3. 客观方面

实施了包庇犯罪人的行为。所谓包庇，是指向司法机关提供虚假证明掩盖犯罪人。

4. 客体要件

本罪所侵害的客体是司法机关正常的刑事诉讼活动。犯罪对象是各种依照刑法规定构成犯罪的人。

办案手记

十四年沉冤终昭雪 律师掩卷感悟深

北京市尚权律师事务所 毛立新律师

2017 年 9 月 12 日上午 9 时许，福建省高级人民法院在南平市建阳区人民法院宣判，改判缪新华、缪德树、缪新容、缪新光、缪进加等五人无罪。至此，这起一家五口蒙冤达 14 年之久的重大冤案，终于获得平反。

宣判后，福建省高级人民法院召开了有院领导、合议庭法官、原审被告人、被害人亲属、诉讼代理人、辩护人参加的座谈会。座谈会一开始，福建省高级人民法院的一名副院长，代表法院向原审被告人郑重致歉。

原审被告人、被害人亲属在发言中，对法院积极复查、依法纠正这起错案表示感谢和赞赏，双方还互致问候、握手言和，表示要尽释前嫌、共同协助公安机关追查真凶。诉讼代理人、辩护人在发言中，充分肯定了法院和合议庭法官在复查、再审此案中，所表现出的高度负责的工作态度、严谨扎实的工作作风及崇高的法治精神、百姓情怀。法官们对诉讼代理人、辩护人的代理、辩护工作，也给予了高度赞扬。

大家一致认为，通过此案再审开庭，不仅查明了缪家系无辜被冤的事实真相，消除了人们对此案的种种疑惑，而且促使原审被告人、被害人亲属和睦如初，达到了案结、事了、人和的良好效果，开创了冤案平反的新典范。

座谈会结束后，缪家人踏上了回家之路。身陷囹圄达 14 年之久的缪新华，走出了福建建阳监狱，重获新生。2016 年 6 月 13 日因病不幸离世的缪德树，也终于可以瞑目了。

本来，缪家人是想在中午宴请、答谢所有的辩护律师，但考虑到他们急切的返乡心情以及还有几个小时的车程，我代表所有律师婉言谢绝了。中午，几个律师自己吃了午饭，收拾好行李，拖着疲惫的身躯，同样踏上归程。

一路高铁，风驰电掣，看到网络上已经开始刷屏此案，我也浮想联翩。2016 年 1 月起，我和其他 9 名律师一起，成为缪新华的申诉代理律师；2017 年 7 月起，法院启动再审后，我们又成为其再审辩护律师。一年零 8 个月的辛苦劳作，终换得缪家沉冤昭雪，我自己感觉就像完成了一个重大使命，千斤重担卸下来。

一、初识冤情，案件被纳入“蒙冤者援助计划”

最早知道缪新华一案，是在 2016 年 1 月 15 日。那天下午 3 时许，我的 QQ 邮箱里收到一封求助信，标题是：“一宗世纪冤案（死刑案）恳请得你们的关注、重视、援助”，署名是“缪新容”。

信中简要介绍了案情，最后说："蒙冤人数多，案件重大，且推翻定案证据需要技术、科学层面的专业知识，单靠一个律师（备注：是指福州的詹晚春律师）援助力量薄弱、影响力不足。因此恳请得到你们的法律援助"。附件中，发来了一、二审判决书、辩护词等基本材料。

虽然经常收到类似的鸣冤、求助信，大多都是一看了之，但这封信的一些内容还是触动了我。信中说，这起案件导致"一家五口齐冤，堪称满门抄斩，其悲惨境地实在难以言语形容。历经十几年艰难伸冤，伸冤无门，被高院2次驳回"。果真如此，可谓天下奇冤！ 于是，我拨通了邮件中所留缪新容的电话。

电话中，我简单了解了一下案件情况，但并未对案件冤错与否作出判断。作为一个法律人、一个专业刑辩律师，我觉得，要对案件性质作出一个判断，还需要审查更多的案件材料，需要进一步研究分析。我要求缪新容，把他手中所有的与此案有关的案件材料，全部发给我，以便我进一步研究分析，再答复他是否提供援助。

接下来，1月16日、18日、19日，缪新容陆续把他手中的案件材料，包括部分案卷材料，发到我的信箱。通读了这些案件材料后，我逐渐得出了一个基本判断：这是一起高度疑似冤错案件，缪家五口极可能确系蒙冤。我得出这一判断的依据有四：

其一，此案缺乏能够认定缪新华及其他四名原审被告人实施犯罪的客观证据。本案有杀人、分尸、抛尸三个现场，侦查机关收集、提取了一些客观证据，但这些客观证据中，缺乏能够指向五名原审被告人的证据，不能证明五名原审被告人实施了杀人、分尸、抛尸行为。唯一能把原审被告人与分尸现场建立关联的，是在原审被告人家浴室下水道中提取的毛发，公安机关 mtDNA 鉴定认定系被害人杨某辉所留，但送检的毛发来源不明，mtDNA（线粒体 DNA，母系遗传）鉴定只能作排除认定，并不能作同一认定，该证据不能认定缪新华家浴室就是分尸现场。抛尸现场，亦没有发现或提取到任何指向原审被告人的脚印、指纹等证据。被害人随身携带的项链、戒指、耳环、钥匙串等物品下落不明，原审被告人先后交代了多种不同去向，但均被证明不实。

其二，据以定罪的主要证据，是缪新华等五人在侦查阶段的有罪供述，但其合法性、真实性均存在严重问题。这些供述系侦查人员以刑讯逼供、诱供、指供等非法手段获取，不具有合法性，依法应予排除。同时，缪新华等五人进入审查起诉阶段后陆续翻供，供述内容不仅前后不一，而且相互之间存在诸多矛盾，且与尸体检验、现场勘查等客观性证据之间不相吻合，虚假性十分明显，不足采信。

其三，有证据证明缪新华无作案动机和作案时间。认定缪新华的杀人动机是："因缪新华不满被害人杨某辉介绍女孩外出的生意没有让其合伙，两人便发生争执"，进而杀人、分尸，缺乏证据支持，亦不符合常理，缪新华缺乏杀人动机。有证据证明，2003 年 4 月 6 日晚，缪新华在阳光网吧看他人上网，实际到家应在 22:30 之后，无作案时间。其他四名原审被告人，亦有证据证明他们没有作案时间。

其四，从侦查学的角度分析，本案应当另有真凶。缪新华家所处位置及环境，搬运整具尸体也不会被人发现，且有多人合作，并无分尸必要。在这种环境和多人条件下，他们完全有能力搬运出整具尸体，然后再做进一步毁尸灭迹的处理，比如将尸体抛于山涧、深埋地下。在逻辑上，五个人草草将尸块抛于废弃屋，不可理解。

根据我多年的观察，以上几点，是中国大多数冤案的一些共性特征。如果同时具备了这么几条，基本可以判定为高度疑似冤案。得出这一结论后，我毫不犹豫地作出了决定：援助这起案件，推动冤案平反。在与尚权律师事务所的几名合伙人沟通后，大家一致同意，将此案纳入“蒙冤者援助计划”，由尚权律师无偿提供法律帮助，代为申诉。

1 月 22 日，我通过邮件，给缪新容发送了“委托书”电子版，让他下次去监狱会见缪新华时，交给缪新华签署，然后回寄给我，由我来代理缪新华申诉。同时，在尚权律师事务所内部征集志愿律师，代理五名原审被告人申诉，大家踊跃报名，最后确定由陈国庆、刘平、巩志芳、黄湘萍（2017 年 5 月 19 日因病去世）、张旭华、王耀刚、谢燕娜等律师参与代理。

另外，根据缪新容的介绍，他还同时向中国政法大学顾永忠教授求助，并得到了顾教授的关注，顾教授也愿意提供帮助。于是，我联系了早就熟识的顾教授，沟通了相关情况，他对此案的判断和我基本一致。很快达成共识，顾教授愿意和尚权律师一起代理此案申诉，他将亲自担任缪新容的申诉代理人。

随后，我又电话联系了原二审法律援助律师、福建创元律师事务所的詹晚春律师，他在二审定案后一直帮助缪家申诉，亦表示愿意继续代理缪新华申诉。

至此，由京、闽两地 10 名律师组成的申诉团队组建完成，一场拯救蒙冤者的行动，就此拉开。

二、精研案情，对原审定罪证据进行逐一分析，以无可辩驳的逻辑证明此案冤错

援助行动启动后，第一要务，是尽快去法院复制全部案卷材料。任务落到尚权深圳分所的青年律师陈国庆、刘平身上，1 月 26 日，距离 2016 年春节还有 10 多天时间，两人从深圳来到了福州。当天晚上，缪德树、缪新光也从柘荣赶来福州，与两位律师见了面。两律师通过缪德树、缪新光，进一步了解了案件经过及主要案情，并分别为两人制作了询问笔录，签署了申诉代理委托书。

第二天，两位律师去福建省高级人民法院，在负责复查此案的法官刘建明的协助下，以拍照的方式，复制了全部 16 本案卷材料。随后，两位律师立即将案卷整理，打包分发给其他参与此案申诉代理的律师，并约定大家分头阅卷，春节后一上班即组织集体讨论此案。

此后不到一个月的时间，虽然恰逢春节假期，大家放弃休息时间，分头阅卷。阅卷中，每有疑问或者发现，大家就发在尚权律师建的“缪新华案申诉”群里，疑义相与析，难点共研讨。在此期间，陈国庆律师写出了 6 千余字的《刑事申诉状》第一稿。

春节一过，2016 年 2 月 22 日，正月十五，北京总所与深圳分所视频连线，尚权律师事务所举行了第一次缪新华案专题研讨。陈国庆全面介绍了案情和证据情况，然后大家进行了热烈讨论。除了参与代理申诉的律师外，尚权总所、深圳分所的绝大多数律师亦参与了此次研讨。经过研讨，大家提出了需要进一步研究论证的案件事实和重要证据，包括口供的合法性、真实性，死因鉴定和毛发 mtDNA 鉴定，原审被告人在案发当晚的活

动情况等，决定进一步深入研究，继续修改、完善《刑事申诉状》。

一个月后，尚权律师事务所举行了第二次专题研讨会。除尚权律师外，参与此案申诉代理的顾永忠教授也前来参加了研讨，并对该案证据方面存在的问题发表了具体意见。经过研讨，此案存在的问题被归纳为 9 个方面：（1）五名原审被告人有罪供述的合法性、真实性均存在严重问题，依法不能作为定案的根据；（2）认定被害人杨某辉死因系“机械性窒息死亡”的依据不足，不能排除其他可能性；（3）认定“菜刀”和“砧板”为作案工具，申诉人用“菜刀”分解尸体，依据不足；（4）认定被害人杨某辉在申诉人家中被杀害、分尸的证据不足；（5）认定五名原审被告人去过抛尸现场的证据不足；（6）有证据证明，五名原审被告人均无作案时间；（7）缪新华不具有杀人动机；（8）被害人随身携带的物品，至今仍然下落不明；（9）案发后，五名原审被告人无一人潜逃，亦未见任何异常。

根据上述 9 个方面的问题，大家一致认为：原一审、二审判决书在缺乏合法、有效证据的情况下，仅凭五名原审被告人被刑讯逼供后形成的漏洞百出的口供，就认定他们实施了杀人、分尸、抛尸的犯罪事实并判处较重的刑罚，违反了我国刑事诉讼法的相关规定。依法应对本案立案再审，纠正原一审、二审的错误判决，洗清缪家五口的不白之冤。

2016 年 2 月 22 日会议后，我在陈国庆律师起草的《刑事申诉状》初稿基础上，进行了较大幅度的修改、补充，数易其稿，将《刑事申诉状》扩充到近 2 万字。每修改出一稿，均发到“缪新华案申诉”律师群，征求大家意见，此《刑事申诉状》可谓是尚权律师集体智慧的结晶。4 月初，《刑事申诉状》定稿，我决定尽快去建阳监狱，会见缪新华。

4月11日一早，我和巩志芳律师从北京飞往武夷山机场，当天下午来到位于南平市建阳区的福建省建阳监狱，顺利会见了缪新华。缪新华说，这是他被送到监狱服刑后，第一次见到律师，激动得热泪盈眶。会见中，我问他：被害人是不是你杀害的？他斩钉截铁地回答：不是。我又问他：那你为什么在公安侦查阶段屡次供认杀人分尸抛尸？他撸开袖子，拉起裤角，让我去看他身上仍在的斑斑伤痕，痛述了遭受刑讯逼供、诱供、指供的大致经过，言未毕，已泣不成声。我再问他：既然不是你作案，那你案发当晚干什么去了？他说在2003年4月6日案发当晚，他是和三个朋友一起在网吧，看朋友打游戏，直到10半之后才回家，但由于记不清楚具体是哪一天的情况，在公安机关讯问时，他说得有些混乱。

接下来，就案件的一些重要疑点，我逐一进行了询问、核对，包括被害人是否来过他家、他右手能否用力、公安机关带其辨认抛尸现场的经过、其供述的发展变化过程、是否有其他怀疑的真凶等。经过半天的会见交流，进一步坚定了我对本案系冤错的判断。最后，我告诉他：我相信你是被冤枉，你要坚定信心，我们一定会帮你申冤到底。会见临近结束，他在会见笔录和《刑事申诉状》上签完字，我和巩志芳律师准备离开时，他突然跪地不起，我急忙让民警拉起他，再次安慰他：请你放心，我们会竭尽全力为你申冤！

第二天，4月12日，我和巩志芳律师来到福州，前往福建创元律师事务所，专门去拜访了原二审法律援助律师、辩护人詹晚春律师。詹晚春向我们介绍了他参与二审辩护，及在二审定案后继续代理缪新华申诉的情况，表示愿意与尚权律师团队一起，共同代理缪家五口申诉一案。

4 月 13 日，我和巩律师来到福建省高级人民法院，约见了负责此案复查的刘建明法官，递交了《刑事申诉状》，并重拍了现场勘查、尸体检验、菜刀等物证的细目照片，以备下一步求教物证技术及法医专家。在与刘法官的沟通中，刘法官对律师团队的介入表示欢迎，并希望与律师保持良好沟通，律师有什么分析、研究成果，可以直接发给他。临别时，他给我们留下了个人电子邮箱。

离开福建省高级人民法院后，我和巩律师因为各有急事要处理，遂分手离开福州。4 月 15 日，在处理完紧急事务后，我又只身返回了福州，晚上住在了福州火车站附近的一个宾馆，准备第二天一早前往柘荣，走访在柘荣的原审被告人缪德树、缪新光、缪进加，并考察杀人、分尸、抛尸现场。

4 月 16 日早上 7 点半，我登上了福州开往福鼎的动车，1 个半小时后到达福鼎，与前来迎接的缪德树、缪新光、缪进加会合，乘车前往柘荣。经过一个多小时的高速路程，来到了位于柘荣县县城（双城镇）东门路 41 号的缪家。

迈进缪家小院，首先映入眼帘的，是悬挂在院墙上的斗大的“冤”字，触目惊心。在缪德树、缪新光的引导下，我先看了“杀人”现场——位于二楼的缪新容的卧室，然后去一楼，缪新光撬开封门的铁钉，打开了被封闭已久的“分尸”现场——缪家的浴室。我让缪新光进浴室，先站、后蹲，然后拍下照片、视频，用以证明浴室的空间根本不足以容纳一具尸体和三名男子分尸。缪德树身体不太好，经询问，才知道他当年遭受了刑讯逼供，一度被送往医院抢救，出狱后 CT 检查发现有 4 根肋骨

“陈旧性骨折”，导致其身体状况一直不好（后在 2016 年 6 月 13 日因病去世）。

然后来到缪进加的家里，查看了他当年停放农用拖拉机的位置，听他详细介绍了自己被刑讯逼供、被迫认罪的经过，他的妻子也介绍了案发当晚缪进加在家的情况，根本没有出过门。然后，在我的要求下，他带我去县城边缘转一圈，找到了一台和他之前的拖拉机类似型号的农用拖拉机，我们让车主发动起来，那声响简直是惊天动地、震耳欲聋。我拍了视频，用以证明如果真是这台拖拉机在凌晨时分运尸，则缪进加家、缪新华家的左邻右舍不可能没有人听到声响。

中午饭后，我们一起驱车前往 6 公里之外的抛尸现场——福基冈石楼坪的废旧屋。没有想到的是，这几间被废弃多年的旧屋仍在，只是没有了房顶。从砂石路下去，走 20 米左右的泥泞小路，来到抛尸旧屋的门口，只见屋内已经长满了荒草。2003 年 4 月 19 日，被害人被分解的尸体，就是在这里被发现的，尸块被分装在多个塑料袋里，堆放于此屋内。仔细察看路线及周边环境，在大脑里萦绕已久的疑惑再次升起：案发当晚有雨，前往废旧屋的小路泥泞，为何未留下鞋印，原审被告人鞋子上也未发现沾有现场泥土？为何路边亦未发现拖拉机车辙、轮胎痕迹？包装尸块的塑料袋上，为何未提取到原审被告人的手印或指纹？

考察完抛尸现场，同样经由福鼎返回福州，到达福州时，已经是繁星满天。虽然十分疲惫，我仍然把一天的考察情况，写成了《4 月 16 日柘荣案发现场考察情况》一文，连同当天拍摄的照片和视频，发送给其他代理律师共享，同时发送给刘建明法官，供法院复查时参考。

胜 辩

建阳、柘荣一行，进一步确证了我之前对此案的判断，这个案件系冤错案件无疑。而且，一家五口齐被冤，对缪家而言几乎是灭顶之灾，缪家人 10 多年来，一直生活在冤案的阴影之下，惨不忍睹。感叹之余，更加坚定了为缪家申冤到底的决心和信心。

回京后，我开始全力以赴地研究缪案。围绕原审判决书据以定罪的 21 项证据，逐一地开展专项研究。在缪新容和实习律师的帮助下，把所有的重要证据，包括原审被告人的全部讯问、辨认笔录，现场勘查、尸体检验笔录，物证鉴定意见等证据，全部打印整理成电子版，以便进行分析、梳理和比对。特别对于口供，根据时间顺序进行列表整理，清晰地再现了五名原审被告人口供发展变化、同步波动的过程，揭示了侦查人员交叉讯问五人、诱供、指供的严重问题。另外，重点针对关键证据——浴室下水道提取的三根毛发的 mtDNA 鉴定问题，查阅了大量法医学文件，多方请教了法医专家，揭示了检材来源不明、鉴定违背科学原理、结论错误的问题。每完成一项，就及时的共享给其他律师，并发到刘建明法官的信箱，供法官们参阅。

10 月 10 日，我和界面新闻的记者一起，第二次前往柘荣，进一步考察了现场、询问了原审被告人。和上次一样，仍然没有见到原审被告人缪新容，询问他的行踪，他说一直辗转流浪在广东一带打工，一方面赚钱养活自己，另一方面坚持申冤。二去柘荣，缪德树已经不在人世（于 2016 年 6 月 13 日因病去世），原来缪新光居住的一楼房间，已陈设成他的灵堂。据缪新光说，他父亲在去世前叮嘱，倘若没有平反昭雪，不要将其下葬，不然他死不瞑目。

由于复查久无结论，原审被告人也有点着急、焦躁，作为代理律师，我也感受到了身上的压力。于是，再次向媒体求助。之前，在 2016 年 4 月份时，澎湃新闻的记者就去柘荣采访过，但成稿后却发不出来。这次界面新闻的记者回来写成稿，同样没能发出来。案件复查似乎停滞不前，律师和原审被告人一样，感受到了一种巨大的压抑气氛。

2016 年下半年之后，我几乎不再接受新的案件委托，全力以赴地主攻缪新华案。除了求助媒体，我和缪新容还先给最高人民检察院、最高人民法院多次寄送了《刑事申诉状》，以期引起关注。12 月初，在《刑事申诉状》的基础上，不断深化、扩充，又形成了近 3 万字的《申诉代理意见》，再次呈递给法官。另外，撰写了 1 万多字的《缪新华案“另有真凶”相关线索分析》，亦呈递给法官，法院后来正式移交给公安机关了。

参与申诉代理的顾永忠教授在 2016 年 5 月，也前往柘荣县，去缪家察看了所谓“杀人分尸”现场，还坐上所谓的“抛尸的交通工具”——农用拖拉机，到达抛尸现场调查。2016 年 9 月初，顾永忠教授前往福建省高级人民法院，与复查此案的法官进行了沟通，并向法院提交了一份近万字的《申诉代理意见》。

后来才知道，福建省高级人民法院对此案的复查，其实也一直在积极推进，法官们开展了大量的工作，只是不方便向原审被告人、代理律师透露而已。

三、柳暗花明，冤案平反进入快车道

焦灼状态持续数月，直到 2016 年 12 月 7 日，柳暗花明。那一天我来到福建省高级人民法院，本来是想约见刘建明法官，遗憾的是他当天上午不在办公室。于是，去求见在许金龙一案件再审中就认识的审监庭许寿辉庭长，顺利见了面。面谈中，我们讨论了缪新华案，我介绍了对此案的证据分析及基本判断，他表示基本认同，并称高院领导非常关注、重视此案，他也会进一步关注、推进此案复查工作，请律师和原审被告人给一些耐心和时间。

此行，一扫我心中的郁闷，有了一种云开雾散、希望在前的感觉。因为，我知道，一旦案件复查到了审监庭介入的层面，再审平反就正式进入轨道了。后来听说，为了此案，许寿辉庭长曾先后 11 次前往柘荣，走访当年的办案人员，察看现场，协调相关方面，做了大量深入、细致的工作。

一顺百顺。2016 年 12 月 20 日，澎湃新闻压了半年多的新闻稿《福建复查 13 年前杀人分尸疑案，唯一物证被指违背法医学原理》终于发出；12 月 23 日，界面新闻压了两个多月的新闻稿《福建高院复查孕妇分尸案，前男友一家喊冤 13 年》随后发出；2017 年 1 月，《民主与法制》周刊刊发了记者李蒙写的《福建宁德缪新华杀人分尸案调查》。媒体报道后，此案引起了更多人的关注。

此后，案件复查进入快车道。2017 年 3 月 23 日，负责复查此案的合议庭法官去建阳监狱提审了缪新华。6 月 20 日，合议庭法官集体去柘荣缪家，走访了原审被告人，勘查了现场。7 月 17 日，根据福建省高级人民法院通知，我和刘平、詹晚春律师一起前往法院，见到了负责复查此案合议庭五名法官，他们集体听取了代理律师的意见，最后表态赞同律师的意见。另外，据法官们介绍，此前他们均分别、独立完成了审查报告，得出的结论与律师相同：此案系冤错案件，建议尽快启动再审。

听取意见结束后，其他律师离开福州，许寿辉庭长让我留下来，等到第二天，说可能有重要事项相商。第二天，我去法院找他，才知道他在会后就去了柘荣，去做最后的协调沟通工作，当天没有返回福州。打通他的电话，他说沟通比较顺利，让我上午 10 点去法院领取再审决定书。我没等到 10 点，9 点多就来到法院，从沙晶法官手中拿到了再审决定书。当我把这个消息告诉顾永忠教授和其他代理律师时，大家一片欢欣鼓舞，一年多的努力终于修成正果，冤案平反就在眼前了。

返回北京后，我立即召集尚权律师团队，布置大家抓紧准备庭审工作。由于黄湘萍律师已于 2017 年 5 月 19 日去世，蔡华律师主动要求接替她，出庭为缪德树辩护。另外，由于谢燕娜律师正休产假，改由高文龙接替，出庭为缪进加辩护。顾永忠教授继续为缪新容辩护，我和詹晚春律师继续搭档为缪新华辩护。10 名律师组成的辩护团队，整装待发。

7 月 25 日，接到福建省高级人民法院的通知：缪新华再审一案，将于 27 日下午在南平市建阳区法院召开庭前会议，28 日再审开庭，请各位律师克服困难，按时参加。法官还特地给我打来电话，说再审决定书之前已经送达给缪新华，为保证庭审顺利，请律师尽快前往会见缪新华。时间紧迫，开庭通知就是战斗命令，律师们纷纷调整之前的工作安排，通过飞机、高铁等方式，前往建阳汇集。

我在第二天，即 7 月 26 日中午，就紧急赶到了建阳，和从深圳赶来的蔡华律师会合后，一起去建阳监狱会见了缪新华。除了正常的庭审辅导和沟通外，我还有个重要的任务，就是要告诉他一个已经瞒他一年多的噩耗：他父亲缪德树已在 2016 年 6 月 13 日去世。在此之前，无论是家属来会见，还是法官来提审，都没有告诉他这个消息。但开庭在即，如果不及时告诉他，等到庭审时他发现父亲不在，可能会导致情绪失控，影响庭审正常进行。在辅导完庭审事项后，我利用最后几分钟的时间，把这个消息告诉了他，他听了之后，一下就懵住了，脸上一直洋溢着的笑容顿时消失，眼泪夺眶而出，开始抽泣起来。我一面继续安慰他，告诉他冤案即将平反，你父亲九泉之下也可以瞑目，请节哀顺便；同时，与前来陪同会见的狱政科民警沟通，请他们继续安抚缪新华的情绪，防止出现意外。

截至 7 月 26 日晚，10 名辩护律师从四面八方汇聚到建阳，大家连夜开会，沟通了第二天庭前会议可能涉及的事项。第二天上午，庭前会议在建阳法院顺利召开，辩护律师、诉讼代理人、出庭检察员等就庭审程序性事项，很快达成了共识。7 月 27 日中午，缪新容、缪新光、缪进加等三名原审被告人，及他们的 10 多名亲属，也从柘荣赶到了建阳。当天下午和晚上，辩护律师分别与各原审被告人进行了沟通和庭前辅导，大家挑灯夜战，为第二天的庭审做了充分准备。

7 月 27 日，庭审从上午 8 点持续到下午 3 点，10 名辩护人均作无罪辩护，出庭检察员也认为本案证据存在问题，不足以认定。经过一天的庭审，法庭宣布择期宣判。

一个半月之后的 9 月 12 日，终于等来了再审宣判，宣判后缪新华被当庭释放。福建建阳——宋代《洗冤集录》作者宋慈的故里，成为这起重大冤案平反的福地。

一起祸及一家五口的重大冤案，终于平反昭雪。当短暂的欢欣和兴奋褪去，留给我们的应该是更多的反思和检讨；在为法治进步、勇于纠正错的法院点赞的同时，我们还需要进一步总结此案的成因、教训，以镜鉴司法、昭示未来。

CASE 3

历经“七审”终获清白*

——安徽赵世金合同诈骗案

诉讼进程

赵世金，安徽省凤阳县人，大专文化，曾任凤阳县第八届政协委员、凤阳县工商联合会副会长、河北省石家庄市金星保温瓶有限公司董事长。

2007 年 3 月 3 日，安徽省滁州市公安局以贷款诈骗罪对赵世金刑事拘留，同月 5 日，该局指定安徽省定远县公安局侦查。2007 年 3 月 16 日，定远县人民检察院以贷款诈骗罪对赵世金批准逮捕。2007 年 5 月 9 日，定远县公安局又以合同诈骗罪对赵世金立案侦查。

2007 年 9 月 3 日，定远县人民检察院以贷款诈骗罪、合同诈骗罪对赵世金提起公诉。定远县人民法院于 2007 年 11 月 13 日作出〔2007〕定刑初字第 199 号刑事判决，认定赵世金犯贷款诈骗罪，判处有期徒刑十年，并处罚金 5 万元；犯合同诈骗罪，判处有期徒刑十年，并处罚金 5 万元，

* 本案相关事实可参见原载于“中国裁判文书网”的法院判决，网址 :http://wenshu.court.gov.cn/content/content?DocID=ed7f2bb6-b75a-46db-8053-97bdfdb94819&KeyWord=%E5%A4%A9%E6%83%A0%E6%9C%A8%E4%B8%9A%E5%85%AC%E5%8F%B8，最后访问日期：2017 年 9 月 18 日 。

决定执行有期徒刑十五年，并处罚金10万元。

赵世金不服，提起上诉。滁州市中级人民法院于2008年5月8日作出〔2008〕滁刑终字第1号裁定，撤销原判，发回重审。定远县人民法院经重审，于2008年8月29日作出〔2008〕定刑初字第135号刑事判决，认定赵世金不构成贷款诈骗罪，以合同诈骗罪判处有期徒刑五年，并处罚金3万元。

赵世金不服，再次提起上诉，定远县人民检察院也提起抗诉。滁州市中级人民法院于2009年3月26日作出〔2008〕滁刑终字第172号刑事判决，认定赵世金不构成合同诈骗罪，以贷款诈骗罪判处有期徒刑六年，并处罚金3万元，并层报最高人民法院核准。

安徽省高级人民法院按照核准程序审理后，于2009年11月23日作出〔2009〕皖刑核字第002号刑事裁定，撤销原判，发回重审。

滁州市中级人民法院重审后，于2010年6月18日作出〔2010〕滁刑终字第0003号刑事判决，认定赵世金犯合同诈骗，判处有期徒刑三年零六个月，并处罚金2万元。

2010年9月2日，赵世金刑满释放，未再申诉。2012年年初，在北京市尚权律师事务所毛立新律师的鼓励和帮助下，赵世金向滁州市中级人民法院提出申诉。2014年7月14日，滁州市中级人民法院决定再审此案。

2014年11月12日，滁州市中级人民法院开庭再审此案，北京市尚权律师事务所毛立新律师作为辩护人出庭辩护。2014年12月24日，滁州市中级人民法院再审宣判赵世金无罪。此后，赵世金提起国家赔偿，获赔29万余元。

控方观点

直至再审开庭审理，控方坚持指控赵世金构成合同诈骗罪，指控的主要事实、证据和观点如下：

2005 年 6 月 15 日，安徽九略拍卖公司拍卖全椒县国营马厂林场山林，其中含西山营栎树 6 个小班，面积 628 亩，起拍价 165.6 万元。同年 6 月 28 日，赵世金、张某甲以 266 万元的价格竞标买下了该林场的 628 亩山林。投资的 266 万元中张某甲出资 25 万元。

2005 年 7 月 22 日，赵世金以甲方圣凯龙浴场的名义与乙方江苏省溧阳市天惠木业有限公司的法定代表人惠某林、丙方贾某和三方签订了《树木买卖协议》，赵世金将 628 亩山林中部分山林的树木按照不同规格分别卖给惠某林、贾某和。同年 7 月 23 日惠某林支付给赵世金保证金 10 万元，贾某和付保证金 5 万元。截至 2005 年 12 月 24 日惠某林分七次付给赵世金树款 65 万元。

2006 年，赵世金因为忙于在河北晋州与他人合资办企业，加之竞买的全椒县国营马厂林场山林树木中的 24 号班、99 号班计 378 亩树木采伐证未批下来，想把山林树木一次性折价卖给惠某林。赵世金、惠某林经过协商，双方于 2006 年 7 月 22 日在滁州市圣凯龙浴场又一次签订了《树木买卖协议》，赵世金以 102 万元的价格将尚未批准砍伐的 24 号班、99 号班共 378 亩山林树木卖给了江苏省溧阳市天惠木业有限公司。在该份合同中双方约定：扣除赵世金欠惠某林的 15 万元，惠某林还应付赵世金树款 87 万元。合同签字之日惠某林付 50 万元，剩余 37 万元在上述树木第一批合法砍伐手续审批完毕并且能正常砍伐后三天内付清。当日，惠某林付给赵世金树款 51.8 万元。至此，惠某林履行了2006年7月22日双方签订合同中的大部分义务。

2006年10月间，木材价格上涨，张某甲在一次闲谈中，将赵世金已把全椒马厂林场378亩树木卖给了惠某林，以及赵世金曾向惠某林要未到期买树款的经过情况告诉了王某乙、陈某明。由于当年木材价格上涨，王某乙找到张某甲，提出要与陈某明、张某甲共同出资将24号班、99号班的树木从赵手中买下来，张某甲表示同意，并向王某乙提出以其在赵世金处投资的25万元作为与王合伙的投资款的条件，王某乙表示同意。张某甲与赵世金后经多次协商，赵世金同意将24号班、99号班山林树木卖给王某乙、张某甲。2006年11月21日张某甲带王某乙携款赶到凤阳县，在凤阳县农行，赵世金与张某甲、王某乙分别在《马厂林场山场树木转让协议》上签名，将该378亩山林树木以104万元价格又一次卖给了张某甲、王某乙。王某乙当即付购树款67万元，同年12月5日，王某乙又付款8万元，赵世金合计收取王某乙购树款75万元。

2006年11月下旬的一天，张某甲得知安徽省林业厅批复的378亩树木的24、99号班树木《林木采伐许可证》下发后，即赶到马厂林场将《树木采伐许可证》取回并当即交给了陪同前往的王某乙。同年12月1日，张某甲、王某乙、陈某明组织工人对24号班、99号班树木进行砍伐。天惠木业有限公司得知张某甲等人砍伐树木情况后出面制止未果，于2006年12月15日向江苏省溧阳市人民法院提起民事诉讼，并申请财产保全。溧阳市人民法院于2006年12月15日依法裁定对24号班、99号班树木进行查封，并于17日执行。随后于2007年1月8日作出赵世金履行2006年7月22日签订的《树木买卖协议书》，交付树木的判决。后张某甲应王某乙的要求于2007年1月12日从赵世金处要回购树款10万元，同年2月16日又要回20万元。

指控赵世金构成合同诈骗罪的证据主要有：

1. 赵世金的相关供述。其在2006年7月22日将24号班、99号班山林树木以102万元的价格卖给惠某林，并与惠某林签订树木买卖协议，当天收取惠某林的部分树款51.8万。2006年11月，张某甲提出树木行情好转，想买24号班、99号班树木和王某乙等人合伙经营。他让张某甲找惠某协商。2006年11月21日就该批林木他又与张某甲、王某乙签订一份买卖协议，收取王某乙树款75万元，该款大部分用于石家庄市保温瓶厂。2006年10月其和张某甲约惠某谈过不卖树的事情。2006年12月，张某甲、王某乙组织人员砍树与惠某林发生纠纷，后来双方在马厂派出所见证下达成了协议，他委托张某甲代收剩余购树款。案发前退回王某乙30万元，2010年后又退了13万元。

2. 证人惠某林证言。证实2006年7月22日，赵世金将马厂林场24号班、99号班林木以102万元的价格卖给其，当天付给赵世金51.8万元，其履行了合同规定的义务。但赵世金违约将其购买的24号班、99号班树木在2006年11月21日又以104万元的价格卖给了张某甲和王某乙，并将采伐证交给张某甲、王某乙上山砍树。采伐证办下来后，赵世金、张某甲找过其，提出树由张某甲砍，其没有同意。

3. 证人张某甲证言。证实2006年7月22日赵世金以102万的价格将24号班、99号班树木卖给惠某林。由于树木涨价，加之其做树木生意亏本，其出面和赵世金协商要求买下此树，征得赵世金同意后，在2006年11月21

日和王某乙等人合伙以104万元的价格将该批树木买下，并和赵世金签订了《马厂林场山场树木转让协议》。赵世金收王某乙购树款75万元。王某乙、陈某明知道树已卖给惠某林了，其和惠某林谈过要买树的事情。同年12月份，其组织工人砍树，遭到惠某林等人阻止，惠某林的公司遂起诉到法院，后来双方在马厂派出所签订了协议。案发前其替王某乙要回买树款30万元。

4. 证人王某乙证言。证实2006年11月21日和张某甲等人经协商以104万元的价格从赵世金处买下马厂林场24号班、99号班树木，并和赵世金签订了树木转让协议，赵世金收下买树款75万元。其知道树已经卖给别人了，但直到溧阳法院查封后才知道是卖给了惠某林，此后他叫张某甲去找赵世金要回部分购树款。

5. 证人陈某明证言。证实在2006年11月21日和王某乙、张某甲以104万元从赵世金处买树，在买树前听张某甲讲树木卖给惠某林了，没有明确讲定过合同，只讲收过惠某林定金。其记得在王某乙与赵世金订合同之前，有一次他们和张某甲在一起吃饭，他们问张某甲：听讲山场卖给惠某林了，是怎么回事？张某甲讲：山场卖给惠某林了，惠某林没给剩余树款，与赵世金搞翻了。

6. 证人汤某证言。证实其是溧阳天惠木业公司副总经理，2006年7月22日，赵世金将马厂林场24号班、99号班林木以102万元的价格卖给公司，重新签订了合同。到2006年10月，赵世金要求他们补齐剩余购树款，他们称按合同办事。2006年11月，赵世金打电话给惠某林，讲树不卖了，其和惠某林到滁州与赵世金谈，赵称张某甲混得不好，要他们共同拉张某甲一把，树木让给张某甲，他们提出树让给张某甲要补偿损失，张某甲的树不能冲击他们的销售市场，后来没有谈成。到12月份，他们发现张某甲等人在砍树，于是起诉的。2006年12月29日又和赵世金、张某甲在马厂派出所签了一个协议，他们也不想打官司。

7. 书证。赵世金与惠某林于2006年7月22日签订的《树木买卖协议》，赵世金收取惠某林51.8万元的《收条》，赵世金与王某乙、张某甲于2006年11月21日签订的《马厂林场山场树木转让协议》，赵世金、张某甲和汤某于2006年12月29日马厂派出所签订的《协议书》，收取王某乙买树款75万元收条等。

8. 江苏省溧阳市人民法院于2007年1月8日作出的〔2006〕溧民二初字第684号民事判决书。

9. 两份委托书及三张收条。证实赵世金委托张某甲在溧阳法院调解案件以及向溧阳天惠木业公司代收剩余树款。赵世金又退还张某甲、王某乙13万元。

再审庭审中，滁州市人民检察院的出庭检察员认为：赵世金以滁州市圣凯龙浴场名义与溧阳天惠木业公司签订的买卖合同，已经明确约定林木所有权归溧阳天惠木业公司所有，赵世金无权处分该批林木，且赵世金对王某乙隐瞒该批林木已被出售给溧阳天惠木业公司的事实，直至案发尚有45万元购树款未退，其行为构成合同诈骗罪。请求再审法院维持原二审判决。

辩方观点

在两次一审、三次二审及再审阶段，多名辩护人均作无罪辩护。再审开庭时，针对原审判决认定赵世金构成合同诈骗罪，辩护人毛立新认为赵世金主观上不具有非法占有他人财物的目的，客观上没有实施虚构事实或隐瞒真相的诈骗行为，依法不构成合同诈骗罪。

（一）赵世金主观上不具有非法占有他人财物的目的

一审判决（〔2008〕定刑初字第135号）认定赵世金"以非法占有为目的、明知没有履行合同标的物（24、99班树已于2006年7月22日卖给惠某林，溧阳法院已作了判决，赵世金对此树木无处分权）的能力，却又与被害人王某乙以及张某甲签订了一份根本无法履行的'树木转让协议'，骗取王买树款75万元，尚有45万元被其非法占有，其行为符合《最高人民法院关于审理诈骗案件具体应用法律的若干问题的解释》[①]的相关规定，构成合同诈骗罪，数额巨大"。

终审判决（〔2010〕滁刑终字第0003号）也认定赵世金"以非法占有为目的，将其中378亩树木又卖给王某乙，并骗取王某乙买树款75万元"。

辩护人认为，上述认定完全没有事实和法律根据，赵世金主观上并不具有非法占有他人财物的目的。

1. 赵世金虽然已将林木卖给了惠某林，但因标的物尚未交付，而且也未办理林木所有权变更登记手续，赵世金依法对标的物仍享有所有权和实际控制权，并非没有履行能力。

2006年7月22日，赵世金与惠某林签定《树木买卖协议》，以102万元的价格将24号班、99号班的378亩山林卖给惠某林。从合同内容看，双方买卖的标的物，并非已经砍伐的"树木"，而是正在生长的"山林"，

① 已被《最高人民法院关于废止1980年1月1日至1997年6月30日期间发布的部分司法解释和司法解释性质文件（第九批）的决定》废止，全文同。

即“活立木”。在法律上，林木属于不动产，其所有权的转移并不以签订合同或交付为标志，而必须履行相关登记手续。《物权法》第九条第一款规定：“不动产物权的设立、变更、转让和消灭，经依法登记，发生效力；未经登记，不发生效力，但法律另有规定的除外。”《森林法》第三条规定，个人所有的林木，由县级以上人民政府登记造册，发放证书，确认所有权。《森林法实施条例》第六条规定，改变林木所有权的，应当依法办理变更登记。

因此，虽然赵世金与惠某林签订了转让林木协议，但由于买卖的标的物属于“林木”(即“活立木”)，双方尚未办理所有权变更登记手续，因此，24号班、99号班的378亩山林的所有权并未转移，在法律上，赵世金仍是这些林木的所有者。而且，由于双方一直未办理涉案林木的交接手续，24号班、99号班林木仍然实际控制在赵世金和张某甲手中。

即使认为双方买卖的标的物系“树木”，属“动产”，根据《民法通则》第七十二条第二款及《合同法》第一百三十三条的规定，除法律另有规定或者当事人另有约定外，标的物的所有权自标的物交付时起转移。本案中，在2006年11月21日赵世金与张某甲、王某乙签订《马厂林场山场树木转让协议》时，买卖标的物“树木”尚未砍伐，更未交付或办理交接手续，谈不上所有权已经转移给惠某林。而江苏省溧阳市人民法院作出判决的时间，是在2007年1月8日，是在赵世金与张某甲、王某乙签订协议之后数月了。因此，不能以“24号班、99号班树已于2006年7月22日卖给惠某林，溧阳法院已作了判决”，来推定“赵世金对此树木无处分权”。

既然涉案林木的所有权尚未转移，并由赵世金和张某甲实际控制，一、二审判决认定赵世金“没有履行能力”，缺乏事实和法律依据，完全不能成立。

2. 赵世金“一物两卖”，并收取王某乙购树款75万元，实属事出有因，但主观上并无非法占有王某乙购树款的故意。

一、二审判决对相关事实的认定如下：2006年10月间，木材价格上涨，张某甲在一次闲谈中，将赵世金已把全椒马厂林场378亩树木卖给了惠某林，以及将赵世金曾向惠某林要未到期买树款的情况告诉了王某乙、陈某明。由于当年木材价格上涨，王某乙找到张某甲，提出要与陈某明、张某甲共同出资将24号班、99号班的树木班从赵世金手中买下，张某甲表示同意，并向王某乙提出以其在赵世金处投资的25万元作为与王合伙的投资款的条件，王某乙表示同意。张某甲后将赵世金原先打给其投资25万元的收条交给了王某乙。张某甲与赵世金经多次商谈，赵世金同意将24、99号班山林树木卖给王某乙、张某甲。2006年11月21日张某甲带王某乙携款赶到凤阳县，在凤阳县农行，赵世金与张某甲、王某乙分别在《马厂林场山场转让协议》上签名，将378亩山林树木以104万元价格卖给张某甲、王某乙。王某乙当即付购树款67万元，同年12月5日，王某乙又付款8万元，赵世金先后收取王某乙购树款75万元。

可见，在2006年11月21日签订转让协议前，张某甲已将涉案林木已卖给他人的情况告诉了王某乙，但张某甲、王某乙出于利益驱动，仍要求赵世金就同一标的物签约，这才导致了“一物两卖”。而张某甲、王某乙之所以明知涉案林木已卖给惠某林，又刻意要买，是因为树木价格上涨，企图从中渔利。

赵世金在之前的侦查、起诉和审判阶段，对相关情况曾作过详细陈述：2006年10月的一天，张某甲向赵世金提出要把树买回来的要求，当时赵世金没同意他的要求，后经他再三恳求帮忙照顾，才答应在中间协调，并让他们自己协商解决。张某甲多次单独与惠某林协商，赵世金也在电话里与惠某林协商，但未果。2006 年 11 月 21 日，张某甲打电话给赵世金，要来凤阳送购树款，赵世金当即告诉他：“你和惠某林谈成了再说，现在不要钱。”张某甲说：“你不要钱王某乙害怕你不帮忙，买树没希望，万一谈不成，你再把钱退给我们就行了。”当天下午，张某甲、王某乙来到凤阳，赵世金向张某甲提出口头约定三条：“第一，你继续与老惠谈，我可以在中间协调；第二，谈不成归惠某林，不准你擅自砍伐；第三，我退你们款时付 1 分利息。”张某甲表示同意后，赵世金才收取了王某乙的买树款 75 万元。2006 年 12 月 29 日，三方经全椒县马厂派出所协调，达成新的协议，此协议由该所所长签字盖章认定。惠某林考虑到木材价格上涨，主动让利 10 万元给张某甲、王某乙，自己仍然要树。协议签订后，经三方同意，赵世金将惠某林所欠 37 万元购树款以书面形式委托张某甲办理收取，用于偿还张某甲、王某乙的购树款。此后，2007 年 1 月 12 日赵世金又退还张某甲 10 万元，2 月 16 日退还 20 万元，并明确承诺余款在正月十五后全部付清。再加上张某甲、王某乙砍伐出售树木的得款 5 万元，至 2007 年 2 月 16 日止，张某甲、王某乙已得款 72 万元。如果等到当年正月十五后余款 8 万元全部付清，张某甲、王某乙不仅能全部收回 75 万元资金，而且获利 10 万元。但遗憾的是，赵世金于 2007 年 3 月 3 日（正月十四，星期六）凌晨被公安机关刑事拘留，导致还款计划未能如期完成。在再审庭审中，赵世金也作了相同的陈述。

上述事实，不仅有赵世金的供述和辩解，亦有张某甲、王某乙等人的证言予以印证。可以看出，“一物两卖”并非赵世金为骗取他人财物而主动所为，而是张某甲、王某乙主动要求的结果。在收取王某乙 75 万元购树款时，赵世金就作出了“如果谈不成，就退款，并付 1 分利息”的承诺，根本无意非法占有该款项。从事后还款情况看，在 2006 年 12 月 29 日赵世金、汤某、张某甲三方在全椒县马厂派出所签署《协议书》，确认将涉案树木仍然卖给溧阳天惠木业有限公司后，赵世金当天就书面委托张某甲向惠某林收取溧阳市天惠木业公司所欠剩余树款 37 万元，用于抵偿部分欠款；而后，又于 2007 年 1 月 12 日退还张某甲 10 万元，2 月 16 日再退还张某甲 20 万元，加上张某甲、王某乙砍伐卖掉的三车树木价值约 5 万元，案发前已实际归还 72 万元。剩余欠款，赵世金承诺会在 2007 年正月十五后一次还清，孰料 2007 年 3 月 3 日（正月十四）凌晨赵世金被公安机关刑事拘留，导致还款进程被迫中断。

2010 年 9 月，赵世金刑满释放后，仍然积极筹款还款。于 2011 年 1 月 26 日退还王某乙 7 万元、退还张某甲 5 万元。直至再审开庭前，赵世金仍与张某甲、王某乙保持联络沟通，并表示一旦有能力，仍会继续归还剩余款项。

因此，综观案件发生发展过程，赵世金自始至终均无非法占有张某甲、王某乙 75 万元购树款的主观意图，而且一直在积极履行还款义务。

3. 二审法院的终审判决，在赵世金是否具有“非法占有的目的”上，与其之前作出的〔2008〕滁刑终字第 172 号《刑事判决书》相互矛盾。

2009 年 3 月 26 日，滁州市中级人民法院作出的〔2008〕滁刑终字第 172 号《刑事判决书》，明确认定“现有证据亦不足以证明赵世金具有非法占有的目的”。

而在2010年6月18日，二审法院再次作出的〔2010〕滁刑终字第0003号终审判决中，在事实和证据没有出现任何变化的情况下，又反过来认定“在协议履行过程中，上诉人赵世金以非法占有为目的，将其中的378亩树木又卖给王某乙，并骗取王某乙买树款75万元”。

同样的事实，同样的证据，二审法院在自己先后作出的两份刑事判决中，却出现截然相反的认定结论。之所以如此，大概是因为二审法院在作出终审判决时，原来认定的贷款诈骗罪在核准程序中已被安徽省高级人民法院否决，为达到判决赵世金有罪的目的，不惜篡改事实，违背法律，自相矛盾，重新把自己已经否定过的合同诈骗罪捡回来，违法强判。

（二）赵世金客观上没有实施“虚构事实或隐瞒真相”的诈骗行为

合同诈骗罪，除了在主观上必须以非法占有为目的外，在客观上还必须实施了虚构事实或隐瞒真相的诈骗行为。《刑法》第二百二十四条列举了五种诈骗手段：（一）以虚构的单位或者冒用他人名义签订合同的；（二）以伪造、变造、作废的票据或者其他虚假的产权证明做担保的；（三）没有实际履行能力，以先履行小额合同或者部分履行合同的方法，诱骗对方当事人继续签订和履行合同的；（四）收受对方当事人给付的货物、货款、预付款或者担保财产后逃匿的；（五）以其他方法骗取对方当事人财物的。

本案中，终审判决认定赵世金具有《刑法》第二百二十四条第（五）项“以其他方法骗取对方当事人财物的”的行为，主要依据是赵世金“一物两卖”，在将林木已卖给江苏省溧阳市天惠木业有限公司后，隐瞒真相，“将其中378亩树木又卖给王某乙”。但是，根据相关事实和证据，赵世金虽然“一物两卖”，但并没有“虚构事实或隐瞒真相”，骗取他人财物。

1. 本案中，张某甲既是卖方，又是买方，对于涉案林木已卖给惠某林，他一直十分清楚。

作为买方之一的张某甲，本身就是涉案林木的共同所有人，其出资25万元，与赵世金合伙竞标买下涉案林木，并负责林木的具体经营管理。在赵世金将涉案林木转让给江苏省溧阳市天惠木业有限公司的协议中，他和赵世金同为一方当事人，对林木已卖给惠某林一事完全知情。

因此，在本案中，他具有双重身份：既是赵世金的合伙人，属卖方；又是王某乙的合伙人，属买方。如果认定本案系合同诈骗，岂不是他既是犯罪人，又是被害人，自己诈骗自己，这何其荒谬！

2. 张某甲将涉案林木已卖他人的情况，明确告诉了王某乙，王某乙对此一直知情，不存在“受骗”的问题。

对此，张某甲曾有过多次明确陈述。2007年3月21日其接受公安机关讯问时，侦查人员问：“王某乙是否知道你和老赵在这之前把树卖给惠某林？”他回答：“知道，我向老王介绍过已收过惠某林买树款50万元的情况。”2007年4月5日在接受公安机关讯问时，他同样供称：“在接下来的几个月内木材涨价了，涨得很厉害。所以我的朋友王某乙、陈某明等人就想做树生意，他们和我就在一起商量想买24号班、99号班的树。他们也知道这两班已卖给惠某林了，我也曾明白地告诉他们这个事实。”侦查人员问：“在2006年11月21日那份合同之前，陈某明他们可确知24号班、99

号班树已卖给惠某林了？”他回答：“确定知道，他们本来就知道，另外，我也在此之前多次对他们讲。”侦查人员问：“你到底可明白无误地告诉陈某明、王某乙，树已卖给惠某林在你们决定买赵世金树之前？”他再次确认：“我敢用我的人头作担保，我确实讲过，还不止一次。”可见，张某甲确曾将涉案林木已卖给惠某林的情况，明确告诉了王某乙等人。

2009年2月3日，根据二审辩护人的申请，滁州市中级人民法院依法询问了被害人王某乙，并制作了《谈话笔录》。询问中，审判人员问：“你拟定合同时，是否知道这树已经有人买了或交了定金？”王某乙回答：“知道一些，听讲过的。”审判人员问：“卖给谁了，你是否知道？”他回答：“不清楚。但听讲赵世金把树卖给汤某的，后来因为打官司，才知道卖给惠某林的。”审判人员问：“你在与赵世金签订合同的时候，就知道赵世金把树卖给惠某林？”他回答：“我签订合同的时候，知道赵世金把树卖给人家了，但不知道卖给谁的，以后发生了纠纷，才知道是卖给了惠某林。”审判人员问：“你既然知道这树已经卖给人家了，你们还去签合同买树？”他回答：“因为树木涨价，有利润可赚。”可见，王某乙在与赵世金签订转让协议之前，对赵世金已将林木已卖给他人明确知情，只是因为价格上涨、有利可图，才执意要买。

对于上述事实，安徽省定远县人民法院〔2008〕定刑初字第135号《刑事判决书》也予以确认，认定：“2006年10月上旬的一天，张某甲在与朋友王某乙、陈某明在一次吃饭闲谈中，张某甲将赵世金已把树木卖给惠某林，以及赵世金曾向惠某林要未到期买树款的经过情况告诉了王某乙、陈某明。由于当年木材价格上涨，王某乙后找到张某甲，提出要与张某甲、陈某明共同出资将24号班、99号班的树木从赵世金手中买下，张某甲表示同意”。既然已经认定“张某甲将赵世金已把树木卖给惠某林，以及赵世金曾向惠某林要未到期买树款的经过情况告诉了王某乙、陈某明”，王某乙等人对涉案树木已卖给惠某林明确知情，就不存在被害人“受骗”问题，赵世金又何“骗”之有？

3. 二审法院的终审判决，在赵世金是否实施“虚构事实或隐瞒真相”的行为上，与其之前作出的〔2008〕滁刑终字第172号《刑事判决书》相互矛盾。

2009年3月26日，滁州市中级人民法院作出的〔2008〕滁刑终字第172号《刑事判决书》，明确认定“王某乙、张某甲、陈某明明知赵世金已将全椒马厂林场378亩山林树木卖给他人，仍商议共同出资将该树木从赵世金手中买下”，“赵世金在签订、履行买卖合同过程中，虽有‘一物两卖’的行为，以及尚欠王某乙45万元购树款未归还的事实存在，其原因是王某乙及合伙人张某甲明知赵世金已将树卖给他人的前提下，仍要求赵世金就同一标的物签约，不能认定赵世金客观上对被害人实施虚构事实或者隐瞒真相的欺骗行为。”

而在2010年6月18日二审法院再次作出的〔2010〕滁刑终字第0003号终审判决中，在事实和证据没有出现任何变化的情况下，又反过来认定“在协议履行过程中，上诉人赵世金以非法占有为目的，将其中的378亩树木又卖给王某乙，并骗取王某乙买树款75万元”。

同样的事实，同样的证据，二审法院在自己先后作出的两份刑事判决中，却出现截然相反的认定结论。如前所述，之所以如此，是因为其之前认定的贷款诈骗罪已在核准程序中被安徽省高级人民法院否决，为强判赵世金有罪，不得不违背事实和法律，重新捡回之前自己已否定过的合同诈骗罪，违法强判。

（三）本案中，赵世金“一物两卖”，在性质上属于经济纠纷，依法仅应承担民事违约责任，根本不构成刑事犯罪

“一物两卖”是一种常见现象。基于买卖行为的自发性，出卖人为追求最大经济效益，有权决定是否出卖、出卖给谁、以怎样的价格出卖，因此，“一物两买”甚至“一物多卖”就难以绝对避免。在民法上，“一物两卖”是允许的，至多依法承担相应民事责任，但一般不构成诈骗犯罪。“一物两卖”是否构成诈骗，要看其是否符合诈骗罪的构成要件。只有在同时具备“以非法占有为目的”和“虚构事实或隐瞒真相”的主、客观要件时，才会构成诈骗犯罪。如前所述，本案“一物两卖”，系由张某甲、王某乙的主动购买行为造成，被害人王某乙对涉案标的物已卖与他人事先知情，赵世金主观上并无“非法占有他人财物”的故意，客观上也没有实施“虚构事实或隐瞒真相”的诈骗行为，因而，完全不构成合同诈骗犯罪。

1. 赵世金“一物两卖”，系因张某甲、王某乙的主动购买行为而导致。

本案并非赵世金故意隐瞒涉案林木已卖给他人的真相，欺骗被害人王某乙等与其再签协议。恰恰相反，是张某甲、王某乙等人在明明知道涉案树木已卖给他人的情况下，因见树木价格上涨，为谋取利润，主动要求购买。根据张某甲 2007 年 4 月 17 日的证言，他和王某乙之所以明知树木已卖给他人仍执意购买，是因为“树涨价，有利润，有利可图”，而赵世金从中并“不得什么好处”。根据王某乙 2007 年 3 月 27 日的证言，如果购买

24 号班、99 号班树木成功，“两个班能够砍到三千吨，大小树加在一起，净增值有 30 多万，两班树能卖到一百七八十万元。”

可见，是张某甲、王某乙见树木价格上涨，为谋取利润，在明知树木已卖与他人的情况下，再三恳求赵世金将树卖给他们，才导致了“一物两卖”的现象。并非赵世金为骗取他人财物而故意“一物两卖”，更没有对张某甲、王某乙隐瞒“一物两卖”的实情。

2. 鉴于涉案林木的所有权并未实际转移，即使“一物两卖”，也是赵世金享有的权利。

如前所述，赵世金与惠某林签订的《树木买卖协议书》，实际买卖的标的物并非已经砍伐的“树木”，而是生长着的“山林”“活立木”，属不动产。在办理相关产权变更登记手续之前，林木所有权并未转移，仍属于赵世金。因此，赵世金对涉案林木，本身就有处分权，有权决定是否出卖、出卖给谁、以怎样的价格出卖。

在此前提下，赵世金与惠某林所签订的转让协议，以及与王某乙签订的转让协议，都仅具有合同法上的约束力，而不具有物权转移的效力。基于此，赵世金“一物两卖”并不违法，仅需承担民事违约责任即可。

3. 退一步说，即使认为林木所有权已转移，赵世金“一物两卖”，也仅仅是民法上的“无权处分”行为，其后果是导致赵世金与张某甲、王某乙签订的转让协议处于效力待定状态。

即使将买卖的标的认定为“树木”，属动产，且双方已经约定“树木自本协议签订之日，所有权即转归乙方所有”，“一物两卖”也仅仅是民法上的“无权处分行为”。

在民法上，“无权处分”所导致的法律后果，并非合同必然无效，而是合同效力待定。根据《合同法》第五十一条规定：“无处分权的人处分他人财产，经权利人追认或无处分权的人订立合同后取得处分权的，该合同有效。”可见，“无权处分”所导致的法律后果是合同效力待定：如果权利人追认或无处分权的人订立合同后取得处分权的，相关合同仍然有效；只有在权利人不予认可、无处分权的人订立合同后也并未取得处分权时，相关合同才属无效。

根据本案情况，依据《合同法》的上述规定，即使认为涉案林木所有权已转移给惠某林，赵世金“一物两卖”行为属于“无权处分”，赵世金与张某甲、王某乙签订的转让协议也未必一定无效：如果惠某林予以追认，同意赵世金将涉案林木卖给张某甲、王某乙，则该协议仍属有效。虽然，从最终结果看，惠某林并不同意赵世金将涉案林木卖给张某甲、王某乙，但那是经过一段时间协商，特别是经过江苏省溧阳市人民法院判决之后，才最终确认的。在赵世金与张某甲、王某乙签订转让协议时，并不确定惠某林的态度，并不能排除惠某林有同意转让的可能性。因此，即使赵世金“一物两卖”属于“无权处分”，也不能因此否定赵世金与张某甲、王某乙之间的转让协议仍有生效的可能性。一、二审判决认定赵世金与张某甲、王某乙签订的协议“根本无法履行”，缺乏法律根据。

更何况，如前所述，买卖的标的物实际上并非已砍伐的“树木”，而是生长着的“山林”，应属不动产，在办理产权变更登记前，所有权并未转移。因此，并不存在赵世金“无权处分”的问题。

4. 不管赵世金对涉案林木有无处分权，本案中的“一物两卖”行为，所导致的仅仅是民事违约责任，并不涉及刑事责任问题。

根据 2009 年 4 月 24 日最高人民法院颁布的《最高人民法院关于适用〈中华人民共和国合同法〉若干问题的解释（二）》第十五条的规定，“出卖人就同一标的物订立多重买卖合同，合同均不具有合同法第五十二条规定的无效情形，买受人因不能按照合同约定取得标的物所有权，请求追究出卖人违约责任的，人民法院应予支持”。可见，“一物两卖”所导致的是违约责任。

双方签订的《树木买卖协议书》也明确约定了违约责任：“如由于主权问题产生矛盾，则乙方有权拒付剩余的 37 万元树款，造成乙方损失由甲方承担，其产生的费用也由甲方承担。”

对此，江苏省溧阳市人民法院〔2006〕溧民二初字第 684 号《民事判决书》明确认定：“原、被告签订的树木买卖合同合法有效，依法应受法律保护。在合同的履行中，原告依约支付了合同约定的货款，但由于被告人没有履行向原告交付树木的义务，属被告违约，被告应承担违约责任，继续履行交付义务。”

对溧阳市人民法院的上述判决，需要指明的是：（1）该判决并未确认涉案林木的所有权已转移给惠某林一方，理由如前所述；（2）该判决也未认定赵世金“一物两卖”是“无权处分”，而仅仅认定赵世金“违约”。另外，需要指出的是，根据 2012 年最高人民法院颁布的《最高人民法院关于审理买卖合同纠纷案件适用法律问题的解释》第九条之规定，在两个买卖合同均有效的情况下，买受人均要求履行合同的，人民法院区别不同情形，来确定标的物的归属和合同的履行顺序:（一）先行受领交付的买受人请求确认所有权已经转移的，人民法院应予支持;（二）均未受领交付，先行支付价款的买受人请求出卖人履行交付标的物等合同义务的，人民法院应予支持;（三）均未受领交付，也未支付价款，依法成立在先合同的买受人请求出卖人履行交付标的物等合同义务的，人民法院应予支持。本案中，后买受人张某甲、王某乙虽然订立合同在后，但属于"先行受领交付的买受人"或者"先行支付价款的买受人"，江苏省溧阳市人民法院完全可以判决赵世金履行与张某甲、王某乙所签的合同，同时承担违约责任。即，根据合同法及《最高人民法院关于适用〈中华人民共和国合同法〉若干问题的解释（二）》第十五条，《最高人民法院关于审理买卖合同纠纷案件适用法律问题的解释》第九条，江苏省溧阳市人民法院的民事判决，并非绝对、唯一的正确结论。

因此，定远县人民法院〔2008〕定刑初字第135号一审判决书认为:"溧阳法院已作出判决，赵世金对此树木无处分权"，属于对判决书内容及相关法律规定的误读；进而认定赵世金"明知没有履行合同标的物的能力，却又与被害人王某乙以及张某甲签订了一份根本无法履行的'树木转让协议'，骗取王某乙买树款75万元"，纯属主观臆断，完全没有事实和法律根据。

综上，赵世金主观上不具有非法占有他人财物的目的，客观上没有实施虚构事实或隐瞒真相的诈骗行为，依法不构成合同诈骗罪。原一、二审判决在认定事实和适用法律上存在严重错误，且审判程序严重违法。根据《中华人民共和国刑事诉讼法》第一百九十五条第（二）项之规定，请求人民法院改判赵世金无罪。

法院认定

滁州市中级人民法院再审开庭审理后，于 2014 年 12 月 24 日宣判赵世金无罪。

法院再审认为：赵世金与张某甲合伙竞买下全椒县国营马厂林场 628 亩山林后，将其中 24 号班、99 号班山林树木卖给江苏省溧阳市天惠木业有限公司并签订了买卖协议，在协议履行过程中，赵世金又将该批树木卖给张某甲与王某乙，并收取王某乙购树款 75 万元。赵世金虽然有“一物两卖”的行为，但“一物两卖”是赵世金的合伙人张某甲为减少投资损失又以王某乙合伙人的身份促成，且张某甲、王某乙对该批树木已卖给他人知情，现有证据不能认定赵世金客观上对张某甲、王某乙有虚构事实或者隐瞒真相的行为，亦不足以证实赵世金具有非法占有的目的，指控赵世金犯合同诈骗罪的证据尚未达到确实、充分的证明标准，原判认定赵世金犯合同诈骗罪不当，应予纠正。关于赵世金及辩护人提出其不构成合同诈骗罪的申诉理由和辩护意见，本院予以采纳。

经本院审判委员会讨论决定，依照《中华人民共和国刑事诉讼法》第二百二十五条第一款第（三）项，第二百四十五条和《最高人民法院关于适用〈中华人民共和国刑事诉讼法〉的解释》第三百八十四条、第三百八十九条第二款的规定，判决如下：一、撤销本院〔2010〕滁刑终字第 0003 号刑事判决和定远县人民法院〔2008〕定刑初字第 135 号刑事判决对赵世金的定罪量刑部分；二、原审上诉人（原审被告人）赵世金无罪。

法律规定

《中华人民共和国刑法》

第二百二十四条 有下列情形之一，以非法占有为目的，在签订、履行合同过程中，骗取对方当事人财物，数额较大的，处三年以下有期徒刑或者拘役，并处或者单处罚金；数额巨大或者有其他严重情节的，处三年以上十年以下有期徒刑，并处罚金；数额特别巨大或者有其他特别严重情节的，处十年以上有期徒刑或者无期徒刑，并处罚金或者没收财产：

（一）以虚构的单位或者冒用他人名义签订合同的；

（二）以伪造、变造、作废的票据或者其他虚假的产权证明作担保的；

（三）没有实际履行能力，以先履行小额合同或者部分履行合同的方法，诱骗对方当事人继续签订和履行合同的；

（四）收受对方当事人给付的货物、货款、预付款或者担保财产后逃匿的；

（五）以其他方法骗取对方当事人财物的。

法律解析

根据上述规定及刑法原理，合同诈骗罪的犯罪构成要件如下：

（一）客体要件

本罪侵犯的客体是国家对合同的管理制度、诚实信用的市场经济秩序和合同当事人的财产所有权。

（二）客观要件

本罪客观上表现为行为人在签订或履行合同过程中，虚构事实，隐瞒真相，骗取对方当事人数额较大的财物的行为。

虚构事实，是指行为人捏造不存在的事实，骗取被害人信任，其表现形式主要为：假冒订立合同必需的身份；盗窃、骗取、伪造、变造签订合同所必需的法律文件、文书、制造“合法身份”“履行能力”的假象；虚构不存在的基本事实；虚构不存在的合同标的；等等。

隐瞒事实真相，是指行为人对被害人掩盖客观存在的基本事实。其表现形式主要是：隐瞒自己实际上不可能履行合同的事实，隐瞒自己不履行合同的犯罪意图；隐瞒合同中自己有义务告知对方的其他事实；等等。

（三）主体要件

本罪的犯罪主体包括自然人和单位。

（四）主观要件

合同诈骗罪的主观方面表现为直接故意，且具有非法占有他人财物的目的。间接故意和过失行为不构成本罪。

办案手记

行政干预酿冤案，律师接力辩清白

北京市尚权律师事务所　毛立新律师

2014 年 12 月 24 日，赵世金等来了期望已久的无罪判决。这一天，距离他于2007年3月3日被滁州市公安局刑事拘留，已逾7年半之多。此前，他于2010年9月2日刑满释放，总计被羁押3年零6个月、1280天。3年半的牢狱生涯，不仅给他造成了巨额的经济损失，而且给他的身心带来巨大的摧残。

被抓前，赵世金和他的哥哥赵某来，都是安徽省凤阳县知名的农民企业家。赵世金先在其哥哥赵某来创办的凤阳金星实业有限公司担任副总经理，后于2006年7月自己创办了石家庄金星保温瓶有限公司，担任董事长。当时，他还是凤阳县第八届政协委员、凤阳县工商联合会副会长，生意红火，享有良好的社会声望。但冤案的发生，几乎毁掉了他的一切。

他于2006年7月在河北投资创办了“石家庄金星保温瓶有限公司”，投资规模超过1000万元，并于当年11月正式投产，效益非常好。但在2007年3月3日其被公安机关突然拘留后，该公司由于无人管理经营，很快停产倒闭，给他带来直接经济损失1000余万元，欠下数百万元的债务。被羁押前，赵世金身体强健、满头黑发，刑满释放时已是满头白发，身体也出现了高血压等慢性疾病。无辜蒙冤还给他带来严重的心理创伤，即便是在再审宣告无罪之后，他还经常夜半惊醒，梦到自己又被抓起来了。

冤案猛于虎！反思这起冤案，制造冤案易，当地某行政领导的干预，就能让一个企业家遭遇灭顶之灾；平反冤案难，当事人及其亲属、辩护律师和正义人士多方呼吁，不懈接力，才最终赢得再审无罪。

一、行政干预制造冤案

厄运始于2004年3月，赵世金因为看中了洗浴业的前景，遂在安徽滁州市区租赁房屋，与房主合伙开办一家名为“圣凯龙”的浴场。为解决装修改造资金问题，赵世金以房主的房产作为抵押，在安徽全椒县信用联社先后贷款300万元、100万元。经营浴场期间，他和一个叫张某甲的下岗职工合伙承包了全椒县马厂林场的两处山林，共计628亩。为此，赵世金再向全椒县信用联社贷款180万元，全椒县信用联社将该款直接汇入了马厂林场的账户，作为购树款。在办理贷款过程中，为完善手续，赵世金使用了一份伪造的某商贸公司的贷款承诺书(复印件)，这为此后被他人举报、被非法追诉埋下了祸根。

在经营“圣凯龙”浴场过程中，赵世金与合作伙伴发生了纠纷。对方为了达到某种目的，向公安机关举报赵世金涉嫌诈骗。案卷材料中的一份询问笔录显示，2007年2月13日，一位姓谈的女性向公安机关报案，举报赵世金诈骗，该举报人正是赵世金经营的圣凯龙浴场的合作伙伴。让人不解的是，负责问询的侦查人员在笔录的最后备注：“谈某某拒绝在笔录上签名”，也就是说，举报人在询问笔录上根本没有签字。而滁州市公安局的“接受刑事案件登记表”显示，当天即“2007年2月13日”公安机关正式立案了，“案件来源”为“侦查发现”。

2007年3月3日，公安机关一个负责“打黑”的“专案组”将赵世金从河北石家庄带回滁州，对外宣称赵世金“涉黑”。据曾经担任滁州市政法委书记、后来担任滁州市人大常委会副主任的吴庭美回忆，他在人大工作期间，一直在关注此案的进展。最初他曾向滁州市公安局的主要领导询问，为何要抓赵世金？对方回答：“先是聚众赌博，后来又是涉黑。”此后，他多次与当地公安、法院等部门的主要领导进行沟通，均无功而返。

背后的操纵力量在哪里？根据2008年7月《中国青年报》的报道，赵世金的哥哥赵某来曾回忆，在赵世金被抓后，滁州市一名主要领导曾特意将赵某来找到市长办公室谈话，直接过问了赵世金案，并给定远县有关领导打了电话。赵某来说，该领导还告诉他，是举报人谈某某最先把举报材料给他的。该领导还说，赵世金要想立功赎罪，只有举报其他人才可以减刑。赵世金和全椒县信用社不熟识，是他的姓沈的合作伙伴介绍的（沈某家人在滁州市政府任重要职务），赵世金可以举报沈某。他给定远县领导打电话要求重判。赵某来对这位市领导说，赵世金仍在看守所，他很难和赵世金见面，无法把这个消息告诉赵世金。该领导就建议赵某来在书信中暗示赵世金举报合伙人沈某，如果不举报，赵世金还可能有新的罪名，会遭受更重的刑罚。《中国青年报》记者与该领导电话联系后，他说确实曾将赵某来找去谈话，谈话过程中提及了自己曾给定远县打电话过问该案的情况，但他是要求定远县依法办案，而不是从重处理。

现在已经无法查明这位市领导拿赵世金“开刀”的真实动机何在，但可以肯定的是，正是这位领导的干预，才使这起案件连闯侦查、起诉、一审、二审数道关口，最终酿成冤案。

据了解，2008年4月，滁州市中院在定远县法院开庭审理时，中院审判委员会的11名委员除1人值班外，其余全部到庭，吴庭美也受邀参加旁听。“这是多年来前所未有的”。在他看来，滁州市中院之所这么做，“就是希望，用集体的力量抵抗住外来的压力，平掉这个案子”。

定远法院、滁州中院在案件裁判上的进退失据、自相矛盾，也凸显此案背后的干预因素。在同样认定合同诈骗成立、涉及金额不变的情况，该罪的刑期由 15 年降至 5 年，又升至 6 年，再降至 3 年半。滁州中院在第二次二审判决时，明确否定了合同诈骗罪，后来因为贷款诈骗罪在报请核准程序中被安徽省高级人民法院否决，重审时又不得不把合同诈骗罪捡回来，重新认定赵世金构成合同诈骗罪，前后自相矛盾。

而且，滁州中院在重审后，对赵世金以“合同诈骗罪”仅判处有期徒刑 3 年零 6 个月，明显是“在法定刑以下判处刑罚”。根据我国《刑法》第 63 条第 2 款的规定，在程序上应尽报请最高人民法院核准。而奇怪的是，滁州中院却不再逐级上报核准，而是自行宣布判决生效。

种种违法、蹊跷的背后，都在昭示一个事实：有一只“黑手”在操纵案件，公检法都成了“木偶”和“工具”。试想，在侦查、起诉、一审、二审等任何一个环节，只要有一个机关能守住法治底线，冤案就不会酿成。但遗憾的是，在行政领导的干预之下，所有的办案机关和环节竟然全面失守，溃不成军。此案也昭示了一个司法常识：没有司法独立，就难有司法公正！而如何维护和保障司法的独立性，将是中国法治面临的一个长期而艰巨的任务。

二、不懈接力平反冤案

面对错误追诉，当事人及其亲属并未束手就擒。赵世金的哥哥是知名的农民企业家，也是安徽省、滁州市两级人大代表。他利用各种机会，向有关部门和领导反映弟弟的冤情，但由于那位市领导的强力干预，不仅未见效果，而且他自己也受到了种种威胁，他经营的企业也经受了被银行提前收贷、停贷等种种遭遇。

该案在一开始，就得到了已经退休的安徽省人民检察院原副检察长陈绪德的关注。在他的召集下，安徽省司法厅原副厅长杜非、时任安徽省高院审判委员会委员的邢常柱、安徽省人民检察院反贪局原局长曹铎等一批安徽司法界的老同志，仔细研讨了赵世金的案情，最终认定这是一起错案，决定集体为赵世金鸣冤。

该案第一次一审，由安徽高速律师事务所张鹏、安徽其力律师事务所黄其荣担任辩护人，为赵世金作无罪辩护。第一次二审，除了张鹏律师继续担任辩护人外，安徽省司法厅原副厅长杜非亲自上阵，出庭为赵世金做无罪辩护。发回重审及第二次二审，张鹏律师继续做无罪辩护。被安徽省高级人民法院发回重审后，北京市凯亚律师事务所律师朱定祎也加入进来，与张鹏律师一起继续做无罪辩护。

但遗憾的是，这么多辩护律师、正义人士的共同努力，仍然没有扭转案件的走向。滁州市中级人民法院于 2010 年 6 月 18 日作出〔2010〕滁刑终字第 0003 号刑事判决，最终认定赵世金犯合同诈骗，判处有期徒刑三年零六个月，并处罚金 2 万元。这基本上是个实报实销的判决，宣判两个多月后，2010 年 9 月 2 日，赵世金刑满释放、重获自由。

走出高墙的赵世金，已经心灰意冷，未再向法院提出申诉。2011 年底，笔者通过法院系统的一个朋友，偶然得知这个案件，当即判断这可能是一起冤错案件。随后，笔者通过另外一个在滁州市公安局挂职的朋友，找到了赵世金的电话号码，与赵世金取得了联系，建议他申诉，并答应帮助他申冤。2012 年年初，借春节返回合肥过年之机，笔者前往安徽高速律师事务所，在张鹏律师的协助下，复制了该案的主要案卷材料。与张鹏律师见面后，才知道他是笔者安徽大学法律系毕业的师弟，从此建立了深厚的友谊。

2012 年春节期间，笔者大体研究了该案的案卷材料，最终断定这是一起明显的冤错案件。春节后，笔者加班加点，为赵世金撰写了一份《刑事申诉状》，发给他，让他年后就递交给滁州中院，启动申诉程序。就这样，本来不抱希望的赵世金，被笔者推上了申诉之路。

此后，赵世金无数次前往滁州中院催促、交涉，并向滁州市人大常委会等机关反映此案。笔者也通过微博、博客等自媒体呼吁该案平反，并通过自己在法院系统的友人关注此案进展。不知不觉中，三年多时间过去了，始终未见滁州中院作出再审决定。到 2014 年上半年时，笔者几乎要放弃对滁州中院的希望了，多次让赵世金去催促滁州中院干脆给个驳回申诉的决定，以便继续申诉到安徽高院。

幸运的是，随着当年的滁州市公、检、法机关的主要领导退出历史舞台，滁州中院最终还是不负所望，于 2014 年 7 月 14 日作出了再审决定。决定再审后，笔者从申诉代理人，转为再审辩护律师，与滁州中院审监庭的办案法官进行了良好、愉快的沟通，并邀请安徽华人律师事务所苗春健律师参与辩护，为再审开庭做了充分准备。

2014 年 11 月 12 日，滁州市中级人民法院开庭审理此案，我们出示了重新梳理的能够证明赵世金无罪的一系列证据，并对赵世金不构成合同诈骗罪，在事实、证据和法律方面，做了充分、透彻的论证和说理。虽然出庭的检察员，仍然坚持认为赵世金构成合同诈骗罪，并请求法院维持原判，但在论据和论证上，都遭到了辩方的强力反驳。案件结果，已无悬念。

2014年12月24日，滁州市中级人民法院再审宣判：赵世金无罪。此后，赵世金提起国家赔偿，获赔29万余元。

此案的平反历程，也昭示我们：冤案平反，是一场正义的接力，需要很多人参与其中，付出不懈努力。面对冤错案件和司法不公，为人辩冤白谤，是法律人不可推卸的神圣义务。冤案申诉，无论多么艰难，都要坚持下去，相信中国法治、中国司法会有美好的未来！

CASE 4

公权私用陷无辜，律师力辩解冤情

——深圳喻某琴合同诈骗案

诉讼进程

喻某琴，女，江西省新余市人，大学文化，案发前挂靠于中国对外西北建设工程集团有限公司。

因涉嫌合同诈骗，喻某琴于2012年2月24日被深圳市公安局福田分局刑事拘留，2012年3月22日，福田分局向福田区人民检察院提请逮捕喻某琴，2012年3月29日，福田区人民检察院作出不批准逮捕决定书，喻某琴于同日被取保候审。2012年12月15日，福田分局再次向福田区人民检察院提请逮捕喻某琴，2012年12月28日，福田区人民检察院作出批准逮捕决定书，2014年1月23日喻某琴被执行逮捕。

深圳市福田区人民检察院以深福检刑检刑诉〔2014〕1161号起诉书指控被告人喻某琴犯合同诈骗罪，于2014年5月4日向深圳市福田区人民法院提起公诉。

福田区人民法院依法组成合议庭，于2014年5月21日、2014年6月18日、2015年3月19日公开开庭审理本案。

2015年5月4日，福田区人民法院作出〔2014〕深福法刑初字第699号刑事判决，被告人喻某琴无罪。

福田区人民检察院提起抗诉，后被深圳市人民检察院撤回抗诉。

控方观点

控方指控被告人喻某琴构成合同诈骗罪的主要事实、证据和观点如下：

2011年11月初，被告人喻某琴以中国对外西北建设工程集团有限公司（以下简称中外建）副经理的身份，与佛山市南海区道路建设管理处联系，代表中外建与佛山市南海区道路建设管理处洽谈南海红沙道路和樵山大道BT项目，并于同年11月25日代表中外建与佛山市南海区环境运输和城市管理局签订《投资合作意向书》，载明中外建有意通过竞争方式获得四个有关BT项目的投资主体资格。

2012年1月，被告人喻琴和自称为中外建常务副总经理的刘某柱（男，另案处理）与深圳市绿奥建设事业有限公司（以下简称绿奥公司）洽谈，被告人喻某琴向绿奥公司谎称已中标取得佛山市南海区西樵锦湖片区市政工程樵山大道BT项目施工权，并于2012年1月15日由被告人喻某琴代表中外建与绿奥公司签订了佛山市南海区西樵锦湖片区市政工程樵山大道BT《项目施工总承包协议书》等文件。2012年1月17日、20日，绿奥公司按照上述协议书约定，分两次向中外建建设银行账户（该账户由刘某柱于2011年12月23日开设，由被告人喻某琴控制使用）共汇入人民币400

万元的工程保证金，按照约定 ，其中100万元为民工工资保证金，300万元为工程进度保证金。被告人喻某琴在收到第一笔人民币200万元后，于2012年1月19日将该笔款项转入佛山市南海区道路建设管理处的银行账户作为谈判保证金；将另外200万元汇至多个不同个人及公司的银行账户，其中以劳务费的名义向刘某柱的个人银行账户汇款人民币50万元，被告人喻某琴个人支配人民币60万元用于偿还个人债务等。

2012年2月3日，佛山市南海区道路建设管理处向中外建发出《关于进一步核实主体资格和资质的函》，就中外建的主体资格和资质提出核查要求。中外建在2012年2月6日回复《公函》称因总公司在改制及变更法人、增资等，暂无法查询企业信息。经查实，被告人喻某琴代表中外建与佛山市南海区道路管理处洽谈樵山大道BT项目，但喻某琴只向该管理处缴纳了人民币200万元的谈判保证金，并未开始与管理处就樵山大道BT项目进行任何实质谈判工作，也不存在中外建中标樵山大道BT项目的情况。被告人喻某琴和刘某柱在与绿奥公司谈判过程中所持的中外建的营业执照、建筑业企业资质证书、安全生产许可证、组织机构代码证、税务登记证等一系列证书及文件均系伪造。

指控喻某琴构成合同诈骗罪的证据主要有：

（1）物证：印章等；（2）书证：被告人身份材料及前科查询信息、通话记录、银行账户交易明细、协议书、投标协议、《扣押物品清单》《移交物品清单》等；（3）证人证言：证人刘某某、窦某某、郑某某、田某某、王某、罗某的证言；（4）被害人陈述：被害单位诉讼代理人辜某某的陈述；（5）被告人的供述与辩解：被告人喻某琴的供述与辩解。

公诉机关认为：被告人喻某琴无视国家法律，以非法占有为目的，伙同他人在签订、履行合同过程中骗取被害单位财物，数额特别巨大，其行为触犯了《中华人民共和国刑法》第二十五条、第二百二十四条，犯罪事实清楚，证据确实、充分，应以合同诈骗罪追究其刑事责任。

辩方观点

辩护人认为，公诉机关的指控没有事实依据，喻某琴的行为不构成合同诈骗罪。

1. 公诉机关认定“被告人喻某琴和刘某柱在与绿奥公司谈判过程中所持的中外建的营业执照、建筑业企业资质证书、安全生产许可证、组织机构代码证、税务登记证等一系列证书及文件均系伪造”证据不足。

在案证据除“安全生产许可证”有广东省住房和城乡建设厅证明没有申领过以外，其他证书均没有相关机构的鉴定，因此，公诉机关认定“均系伪造”没有相应的证据支持。

本案确实存在查询不到中外建公司工商登记的情形，但这并不能证明中外建公司不存在。就在 2013 年 1 月 15 日，中外建公司还在天津市滨海新区工商部门注册了一家分公司。根据公司法的规定，分公司不具有法人资格，其民事责任由公司承担。因此，工商部门在审核分公司时，一定要审查中外建公司是否存在，否则，一旦分公司对外造成损失，将会无人承担民事责任。据此可以推断，中外建公司《公函》所称“因总公司在改制及增资等，暂无法查询企业信息”的解释是成立的，中外建公司是合法注册的法人单位。

2. 公诉机关认定“被告人喻某琴向绿奥公司谎称已中标取得佛山市南海区西樵锦湖片区市政工程樵山大道 BT 项目施工权”不符合事实。

2012 年 1 月 15 日，中外建公司与绿奥公司同时签订了《联合体共同投标协议》《协议书》《项目施工总承包协议书》三份法律文件，其中《联合体共同投标协议》第一句便是中外建公司与绿奥公司“自愿组成联合体，参加南海区西樵锦湖处警市政工程樵山大道 BT 项目的投标”。第 2 条第（5）项为“如中标，联合体内部将遵守以下规定”。

从这些内容可以看出，中外建公司在与绿奥公司签订上述三份协议时，被告人喻某琴并没有向绿奥公司隐瞒没有中标的真相，辜某成也非常清楚签订合同的目的是联合进行项目投标。

3. 公诉机关认定“绿奥公司按照协议书约定，分两次向中外建建设银行账户共汇入人民币 400 万元的工程保证金，按照约定，其中 100 万元为民工工资保证金，300 万元为工程进度保证金”不符合事实。

《项目施工总承包协议书》第 6 条第 1 款明文约定：“本协议签订的同时，乙方支付定金肆佰万元人民币给甲方，工程开工后肆佰万元定金其中壹佰万元转为民工工资保证金，叁佰万元转为工程进度保证金。”

按照这一约定，绿奥公司汇入中外建公司账户的 400 万元首先是担保所签各项协议履行的“定金”。该协议第十条乙方责任第（6）项明确约定：“本协议签订后乙方中途放弃项目所付的定金归甲方所有，乙方不得有异议，放弃一切抗辩权利”。

该协议还明确约定，“工程开工后肆佰万元定金其中壹佰万元转为民工工资保证金，叁佰万元转为工程进度保证金”。这就说明了只有绿奥公司与中外建公司联合中标取得项目后，所支付的定金才能转为保证金，公诉机关的认定完全是歪曲事实。

4. 公诉机关认定“被告人喻某琴代表中外建与佛山市南海区道路管理处洽谈樵山大道 BT 项目，但喻某琴只向该管理处缴纳了人民币 200 万元的谈判保证金，并未开始与管理处就樵山大道 BT 项目进行任何实质谈判工作”不符合事实。

事实上，喻某琴除缴纳 200 万元谈判保证金外，还做了以下实质性工作：

2011 年 11 月至 12 月，喻某琴个人为佛山 BT 项目投标垫付数十万元，有票据的就有 38 万余元。从票据发生的时间来看，喻某琴 2011 年 11 月至 12 月基本都在佛山进行投标活动。

2012 年 1 月 30 日，喻某琴向验资银行缴纳了 14.4 万元，该款用于设立樵山大道 BT 项目公司的验资费，证明喻某琴认为项目中标在即，因此按照招标文件要求着手设立项目公司。

5. 公诉机关认定“被告人喻某琴以非法占有为目的，伙同他人在签订、履行合同过程中骗取被害单位财物，数额特别巨大”不符合事实。

从喻某琴在进行投标过程中一系列的行为表现来看，其主观上没有非法占有绿奥公司财物的目的，客观上没有骗取绿奥公司巨额财物的行为。其所实施的所有行为，都是为了履行与绿奥公司签订的三份协议，特别是为了履行《联全体共同投标协议》，因为只有该项目中标，其他两份协议才有履行的条件。

综上，喻某琴的行为不构成合同诈骗罪。

胜 辩

鉴于在审理被告人喻某琴被控合同诈骗一案的过程中，法庭告知有可能认定被告人喻某琴构成挪用资金罪，下面对挪用资金罪提出辩护意见：

辩护人认为，被告人喻某琴不构成挪用资金罪。

为查明喻某琴有没有挪用本单位资金，有必要厘清资金使用情况。在案证据证明，中外建公司收到绿奥公司的400万元定金后，作了如下支出：

1. 汇入佛山市南海区道路建设管理处200万元作为谈判保证金，这属于公司的正常支出；

2. 刘某柱以办理公司变更法定代表人、变更注册资本以及协调公司主体资格为名向喻某琴要100万元，喻某琴认为刘某柱是为办理公司业务需要，于是汇给刘某柱50万元，这50万元应当认定为公司的正常支出，至于刘某柱是否确实将其用于公司业务，应由刘某柱负责；

3. 刘某柱为开具验资证明协调贵州银行的关系向喻某琴要了10.5万元，应当认定为公司业务支出；

4.30万元用于注册项目公司，应当是公司的正常支出；

5. 喻某琴为中外建公司参加红砂大榄涌和樵山大道两个项目投标，向亲友借钱几十万元垫资，能够提供票据的达38万多元，这些费用应认定为公司的业务支出。喻某琴将收到的定金用于归还借款，应属于向公司报销业务开支，不应认定为归还个人欠款。

此外，截至案发时，公司账户余额为60万元。

以上各项合计约390万元，只有约10万元不能证明使用情况，但不能因此即认定这10万元为喻某琴挪用，也不能以此认定喻某琴构成挪用资金罪。

1. 喻某琴挪用资金数额多少，公诉机关并没有作出认定，法庭审理中也无法查明这一事实。据了解，刘某柱、宣某高还有一些票据没有提供，现在一个已经去世，一个瘫痪在床，喻某琴又被限制人身自由，客观上已无法提供。因此，关于喻某琴挪用资金的问题属于事实不清，证据不足。

2. 即便法庭一定要认定这 10 万元为喻某琴个人使用，也不应认定为挪用资金罪。

参照《最高人民法院关于审理挪用公款案件具体应用法律若干问题的解释》，10 万元属于数额较大的范围，在排除用于营利活动及非法活动的情况下，构成挪用资金罪应超过三个月没有归还。

喻某琴使用公司资金后一个月便被采取强制措施，公司账户和个人账户全部被侦查机关冻结。在喻某琴被以合同诈骗罪立案侦查并被刑事拘留时，挪用资金罪的构成要件并不具备。虽然在法庭审理时已远远超过三个月，但这是因为侦查机关错误对喻某琴立案侦查造成的。法庭发现合同诈骗罪不能成立，为了照顾公诉机关就要认定喻某琴构成挪用资金罪，将侦查机关对喻某琴错误立案侦查所造成的不能及时归还的不利后果由喻某琴承担，这显然是不公正的。

辩护人认为，认定挪用资金归个人使用是否超过三个月，应当以喻某琴被立案侦查的时间为计算结点，而不应以审判的时间为计算结点。如果以审判时间计算的话，侦查机关想把谁办成挪用资金罪都可以。因为只要侦查机关发现某人有挪用本单位资金归个人使用的情况，都可以另外不成立的罪名对其立案侦查并采取强制措施，提起公诉后由法庭改变罪名将其判刑，这将是多么可怕的情形啊！

综上所述，被告人喻某琴的行为不构成合同诈骗罪，也不构成挪用资金罪，希望法庭依法作出公平、公正的判决。

法院认定

深圳市福田区人民法院于 2015 年 5 月 4 日作出一审判决，宣判被告人喻某琴无罪。

法院审理认为：被告人喻某琴非法占有的目的不能认定，同案犯罪嫌疑人刘某柱虽已死亡，但其生前曾在侦查阶段笔录中供述中外建的证书及文件均系其伪造，并未提及喻某琴有参与，而喻某琴一直否认对此知情，故应采纳喻某琴的辩解，喻某琴挂靠于中外建公司可以确认，但其对中外建公司并未进行工商登记也确有可能不知情，其以中外建公司名义签订合同并不能推断出其以非法占有为目的的结论。

关于绿奥公司所称喻某琴称项目已经中标，经查，三份协议中项目施工总承包协议书多次用到“中标工程”的字眼，而协议书提到由中外建公司负责“联系、洽谈、签订项目合同”，绿奥公司负责“支持、配合招投标等相关的工作”，联全体共同投标协议中确定组成联合体参加投标，绿奥公司称后两份协议是补签作为给道管处的文件，喻某琴辩称并未告知绿奥公司已经中标，而是在协商共同投标，双方各执一词，故以此也不宜认定被告人喻某琴主观上具有非法占有的目的。

至于对四百万定金的使用，虽协议中明确约定工程开工后转为保证金，但喻某琴在此过程中对资金使用并不能推断出其据为己有的结论，喻某琴转入道管处的保证金 200 万元、应刘某柱要求转账的 50 万元、作为佛山市南海正力市政工程有限公司验资款的30万元、中外建账户剩余的60余万元，均可以认为是用于该项目的正当支出。而其个人支配的人民币60万元是否用于前期项目投入，因辩方提供的38万元的票据，且证人余某鹤也证实前期确有投入，虽无法确定投入该项目的明确金额，但一个造价3.6亿元的项目有此费用产生也属合理，从存疑有利于被告人的原则出发，即使绿奥公司否认与喻某琴有口头约定支付前期投入，也不宜认定该60万元喻某琴用于个人挥霍。喻某琴挪用专项资金的行为确违反合同约定，但因中外建公司实际并未进行工商登记，不符合挪用资金罪的客体要件。

被告人喻某琴在得知佛山市南海区有该工程项目后，积极寻找有资质的公司洽谈，进行工程的前期运作，目的是承接该工程获取利润，其在开展业务的过程中确有失当甚至是故意违反诚信原则的行为，但仅凭现有的证据不宜认定其具有犯罪的目的，更不宜上升至刑法层面进行惩处，公诉机关据以认定被告人喻某琴以非法占有为目的，伙同他人在签订、履行合同过程中骗取被害单位财物，数额特别巨大的事实不清，证据不足，无法排除被告人喻某琴的相关辩解及合理怀疑，本案结论不具有排他性，公诉机关对被告人喻某琴合同诈骗罪的指控不能成立。经本院审判委员会讨论决定，本着疑罪从无的原则，依照《中华人民共和国刑事诉讼法》第一百九十五条第（三）款之规定，判决被告人喻某琴无罪。

法律规定

《中华人民共和国刑法》

第二百二十四条 有下列情形之一，以非法占有为目的，在签订、履行合同过程中，骗取对方当事人财物，数额较大的，处三年以下有期徒刑或者拘役，并处或者单处罚金；数额巨大或者有其他严重情节的，处三年以上十年以下有期徒刑，并处罚金；数额特别巨大或者有其他特别严重情节的，处十年以上有期徒刑或者无期徒刑，并处罚金或者没收财产：

（一）以虚构的单位或者冒用他人名义签订合同的；

（二）以伪造、变造、作废的票据或者其他虚假的产权证明作担保的；

（三）没有实际履行能力，以先履行小额合同或者部分履行合同的方法，诱骗对方当事人继续签订和履行合同的；

（四）收受对方当事人给付的货物、货款、预付款或者担保财产后逃匿的；

（五）以其他方法骗取对方当事人财物的。

法律解析

根据上述规定及刑法原理，合同诈骗罪的犯罪构成要件如下：

（一）客体要件

本罪侵犯的客体是国家对合同的管理制度、诚实信用的市场经济秩序和合同当事人的财产所有权。

（二）客观要件

本罪客观上表现为行为人在签订或履行合同过程中，虚构事实，隐瞒真相，骗取对方当事人数额较大的财物的行为。

虚构事实，是指行为人捏造不存在的事实，骗取被害人信任，其表现形式主要为：假冒订立合同必需的身份；盗窃、骗取、伪造、变造签订合同所必需的法律文件、文书，制造具有“合法身份”或“履行能力”的假象；虚构不存在的基本事实；虚构不存在的合同标的；等等。

隐瞒事实真相，是指行为人对被害人掩盖客观存在的基本事实。其表现形式主要是：隐瞒自己实际上不可能履行合同的事实，隐瞒自己不履行合同的犯罪意图；隐瞒合同中自己有义务告知对方的其他事实。

其表现形式有如下五种：

1. 以虚构的单位或者冒用他人名义签订合同。

2. 以伪造、变造、作废的票据或者其他虚假的产权证明作担保。

3. 没有实际履行能力，以先履行小额合同或者部分履行合同方法，诈骗对方当事人继续签订和履行合同。

4. 收受对方当事人给付的货物、货款、预付款或者担保财产后逃匿。

5. 以其他方法骗取当事人财物。

（三）主体要件

本罪的犯罪主体包括自然人和单位。

（四）主观要件

合同诈骗罪的主观方面表现为直接故意，且具有非法占有他人财物的目的。实践中，在本罪的主观方面应注意到：间接故意和过失行为不构成本罪。

办案手记

恶人先告状，无辜陷囹圄

北京市尚权律师事务所　王耀刚律师

年近半百的江西人喻某琴，多年在外打拼。

2011 年 11 月，喻某琴得知广东佛山市南海区有两个市政工程项目对外招标，便挂靠中外建参与投标。第一次招标失败后，喻某琴于 2011 年 11 月 25 日参与第二次投标。此前虽未中标，但喻某琴给招标方留下了很好的印象，12 月 7 日，招标方向中外建发出了谈判邀请函，邀请喻某琴参与“樵山大道 BT 项目”谈判。

在这个时候，绿奥公司的负责人主动找到喻某琴，要求与中外建组成联合体，共同投标“樵山大道 BT 项目”。而此时的喻某琴也需要找一个合作伙伴，因为一旦中标，将需要巨额的资金投入。

2012 年 1 月 15 日，中外建和绿奥公司签订了《联合体共同投标协议》《协议书》《项目施工总承包起诉书》三份法律文件，明确约定，由中外建和绿奥公司组成联合体，参加“樵山大道 BT 项目”投标。如中标，联合体主办人和成员共同与招标人签订合同书，并就中标项目向招标人负有连带的和各自的法律责任。协议签订的同时，乙方（绿奥公司）支付定金肆佰万元人民币给甲方（中外建），工程开工后肆佰万元定金其中壹佰万元转为民工工资保证金，叁佰万元转为工程进度保证金。项目协调费 3600 万元，工程开工后至第一个月内起每月支付陆佰万元人民币给甲方，以此类推，到第六个月止全部付清。乙方带资肆仟万元施工。乙方组织项目施工所需的资金保证项目能按进度如期施工。因乙方资金不足造成停工或中途无法施工下去，甲方有权指定其他施工队进场施工，并有权终止乙方的施工协议。由此造成的经济和法律责任由乙方承担。乙方中途放弃项目所付的定金归甲方所有，乙方不得有异议，放弃一切抗辩权利。

可是就在喻某琴按照约定积极办理招标准备，该项目投标就要成功之际，绿奥公司负责人突然报案了，理由是，喻某琴明知中外建没有工商登记，谎称已中标“樵山大道 BT 项目”，骗取保证金 400 万元。绿奥公司还给深圳市政法委写报告，要求保护本地企业，打击中外建继续危害社会的行为，尽快安排有关部门立案侦查。

深圳市政法委领导和市公安局领导分别作出批示后，深圳市公安局福田分局对绿奥公司被骗案立案侦查，喻某琴被刑事拘留。

在福田区检察院作出不予批准逮捕喻某琴的决定后，福田分局只好将喻某琴变更强制措施为取保候审。在此期间，办案人员多次要求喻某琴将保证金退还给绿奥公司，承诺只要退还保证金，就不再追究她的刑事责任，如果退还 400 万元有困难，可以退还一部分。但喻某琴坚决不答应，理由很简单，她没有诈骗绿奥公司，绿奥公司是因为一旦招标成功，就要承担工程投资数千万元，如果违约，所交定金不退。他们是因为无力承担工程款，又不想白交了定金，才利用公安机关采取刑事手段解决经济纠纷。

僵持到 2012 年 12 月 15 日，福田分局再次对喻某琴提请逮捕，不知什么原因，这次福田区检察院批准了。在这个阶段，办案人员还是要求喻某琴退还定金，喻某琴的家人怕她被判刑，愿意替她还钱。但喻某琴宁可坐牢也不同意还钱，并且说只要有一口气就要同他们斗争到底。五个月后喻某琴被以合同诈骗罪提起公诉。

法庭审理中，控辩双方交锋激烈。

经过法庭调查，证据明显对被告人有利，指控被告人犯合同诈骗罪很难成立，于是法庭要求公诉人变更起诉，被公诉人拒绝，后法庭告知被告人和辩护人作挪用资金的辩护准备。

二次开庭审理中，辩护人除继续对合同诈骗作无罪辩护外，对挪用资金也出示了大量无罪证据，认为喻某琴的行为不构成挪用资金罪。

庭审中，审判长就中外建收到绿奥公司400万元定金的使用情况对喻某琴进行讯问，特别是追问喻某琴是否将所收取的“樵山大道BT项目”的资金挪用于前期进行的“红砂大榄涌”项目，喻某琴焦急地向法庭解释，但审判长仍在不停地追问。这时辩护律师意识到审判长可能认为将A项目资金用于B项目也是挪用资金，于是向审判长解释刑法规定挪用本单位资金归个人使用或者借贷给他人，才可能构成挪用资金罪，而将此项目的资金用于彼项目并不触犯刑法规定。经辩护律师提醒，审判长不再就此问题追问。

在最后陈述时，喻某琴提到被无辜关押两年多，不能在年近九旬的养父母身前尽孝，失声痛哭，要求法庭主持公道。

一审就得到了无罪的判决结果，还是有些意外。虽然笔者坚信喻某琴是无辜的，但因为见多了司法乱象，对一审解决问题并没有抱太大的希望。

最尴尬的是福田区检察院，本来一开始没批准逮捕喻某琴，坚守住了法律底线。但是福田分局二次提请逮捕，他们不但批准了，还将喻某琴提起公诉了。没想到福田区法院没有支持这一起诉，在提请抗诉后又没得到上级检察院的支持。

这一案件的判决，对于公安机关滥用刑事手段插手经济纠纷，办关系案、人情案、公权私用起到了警示作用，同时对净化法治环境、推动诚信体系建设具有积极意义。

CASE 5

“维权过度”不是“敲诈勒索”

——北京律师张某敲诈勒索案

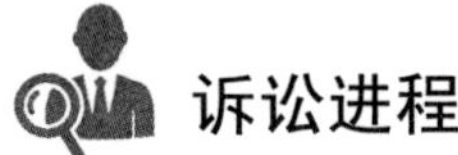

诉讼进程

2010年5月2日晚22时，邹某酒后驾车，在北京市西城区真武庙附近的一条单行道上逆行，与蔡某驾驶的捷达车相遇对峙，邹某下车持改锥威胁蔡某，随后开车撞抵蔡车，致使蔡车被撞变形，蔡某也被撞伤（此后，蔡某陆续花去修车费、医疗费等9000余元）。蔡某当即报警，交通民警赶到现场，依交通事故认定邹某负全责。事后，蔡某找其律师朋友张某帮助处理此事。两人认为此事不简单是一个交通肇事案件，邹某是故意撞车，已涉嫌故意毁坏公私财物罪、故意伤害罪（未遂）等罪名，依法应承担刑事责任，遂商议向邹某索赔10万元，否则就向公安机关告发，追究邹某的刑事责任。

肇事人邹某的妻子桂某主动联系蔡某，答应私了赔偿，要求别再追究邹某的刑事责任。蔡某提出必须赔偿10万元，否则就追究邹某的刑事责任。经双方多次协商，最终于2010年5月25日达成协议，邹某赔偿蔡某

8万元，先付5万元。当晚21时许，蔡某、张某、桂某相约在北京市宣武区（现已改为西城区）枣林前街一咖啡厅内，桂某支付蔡某现金5万元，并写下一张3万元的欠条。双方还签了一份协议书，蔡某承诺"就本次交通事故，不再追究邹某刑事责任"。其间，桂某以蔡、张二人涉嫌敲诈勒索为由报警，北京西城公安分局民警将蔡、张二人当场抓获，5万元现金亦被扣押。第二天，蔡、张二人被取保候审。

2011年9月21日，北京市西城区人民检察院以蔡、张二人犯敲诈勒索罪，向西城区人民法院提起公诉。同年10月11日，西城区人民法院开庭审理此案，北京市尚权律师事务所毛立新律师作为张某的辩护人出庭，为其作无罪辩护，控、辩双方争论激烈。2011年12月20日，西城区人民检察院以"事实、证据有变化"为由，申请撤回起诉，西城区人民法院裁定准许。撤诉后，西城区人民检察院对蔡、张二人作不起诉处理。

控方观点

起诉书指控：被告人张某伙同蔡某，2010年5月25日21时许在北京市西城区枣林前街星蓝咖啡厅内，以将向公安机关告发并追究被害人的丈夫邹某的刑事责任相威胁，敲诈被害人桂萍人民币5万元，后被查获，赃款已起获。认定上述事实的证据，有被害人陈述、证人证言、书证、视听资料及被告人供述等。公诉机关认为，被告人张某、蔡某无视国法，敲诈勒索他人钱财，数额巨大，侵犯了公民的财产权利，其行为触犯了《中华人民共和国刑法》第二十五条第一款及第二百七十四条之规定，犯罪事实清楚，证据确实充分，应以敲诈勒索罪追究其刑事责任。

开庭审理时，公诉人发表公诉意见，坚持认为两被告人构成敲诈勒索罪。其主要理由：一是张、蔡二人主观上具有“非法占有他人财物”的故意。二人索赔 10 万元，明显超出了其实际物质损失，于法无据，因此具有“非法占有他人财物”的主观故意；二是张、蔡二人客观上实施了敲诈勒索罪所要求的“威胁或要挟”行为。两被告人声称“要追究邹某刑事责任”，并以此迫使对方多赔偿，属于“威胁和要挟”。

辩方观点

辩护人作无罪辩护，认为被告人的行为至多属“维权过度”，并不构成敲诈勒索罪。

（一）关于被告人是否具有“非法占有他人财物”的主观目的

作为侵犯财产罪的一种，敲诈勒索罪要求必须“以非法占有为目的”。在此类维权索赔案件中，该如何判断被告人是否具有“非法占有他财物”的主观故意？辩护人认为，首先，不能仅凭被告人自己的供述或辩解来认定，不管有无供述，都应主要依据案件的客观情况来认定。其次，认定的依据主要有二：一是看索赔主张是否有客观事实根据，二是要看索赔主张是否有法律依据。所谓“事实根据”，是指索赔主张的提出，必须以索赔人的人身、财产等权利遭受实际侵害为前提，而非虚构事实进行敲诈；所谓“法律依据”，是指索赔人所提出的索赔项目和金额，有相应法律依据。有此两项，则无论索赔金额多高，都不应认定为具有“非法占有他人财物”的主观故意。

具体到本案，被告人蔡某、张某向邹某、桂某索赔，是一种行使民事赔偿请求权的合法行为，并不具有“非法占有他人财物”的故意。

1. 被告人蔡某、张某向邹某、桂某索赔，是基于邹某“故意撞车”这一先行侵权行为，具有明确的事实和法律根据，是行使其合法权利，并非敲诈。

此案的“前因”，是2010年5月2日晚发生的邹某“故意撞车”事件，此后直至5月25日案发，双方曾有过多次电话沟通和见面协商。2010年5月25日晚双方见面前，已就“赔偿8万元”达成了一致意见，然后才约定当晚见面签署协议。

因此，本案是一个有“前因”的特殊案件，案件的发生、发展也经历了一个较长时间过程，只有完整地审视全部案件事实，才能正确判断本案性质。本案中，被告人之所以向邹某、桂某索取赔偿，是因为邹某在2010年5月2日晚有一个“故意撞车”的先行行为。邹某酒后驾车，故意撞击蔡某驾驶的车辆，并给蔡某造成人身、财产和精神损害，这是两被告人向被害人索赔的事实根据。这一事实，是真实存在的，并无任何虚构成分。基于该事实，在双方之间，形成两个法律关系：一是邹某已涉嫌刑事犯罪，其“故意撞车”行为可能涉嫌“故意毁坏公私财物”或“故意伤害（未遂）”等罪名，作为被害人的蔡某有权进行控告，包括向公安机关告发或向人民法院提起刑事自诉；另一个是基于邹某的侵权行为，形成一个明显的民事法律关系，蔡某有权要求邹某赔偿因其行为而给他造成的人身、财产和精神损害赔偿。因此，无论是蔡某要告发邹某刑事犯罪，还是向邹某、桂某索取赔偿，都是其行使合法权利的体现，谈不上“非法”，也不是要“占有他人财物”。

仅就侵权行为产生的民事赔偿责任而言，邹某2010年5月2日晚的“故意撞车”行为，的确给蔡某造成了人身、财产和精神上的损失。我国《民法通则》第一百一十九条规定，侵害公民身体造成伤害的，应当赔偿医疗费、因误工减少的收入、残废者生活补助费等费用。第一百一十七条第二、三款规定损坏国家的、集体的财产或者他人财产的，应当恢复原状或者折价赔偿。受害人因此遭受其他重大损失的，侵害人并应当赔偿损失。另外，《最高人民法院关于审理人身损害赔偿案件适用法律若干问题的解释》第一条规定：“因生命、健康、身体遭受侵害，赔偿权利人起诉请求赔偿义务人赔偿财产损失和精神损害的，人民法院应予受理。”因此，基于邹某的侵权行为，在双方当事人之间，产生了一个明确的民事法律关系：蔡某依法享有了对邹某的民事赔偿请求权，邹某有义务赔偿因自己的行为给对方造成的人身、财产和精神损害。

总之，被告人向邹某、桂某索赔，具有明确的事实和法律根据，是行使其合法权利的体现，并非虚构事实进行“敲诈”，也不是意图“非法占有他人财物”。

2. 被告人向邹某、桂某索赔10万元，同样也有事实和法律根据，并非漫天要价。

在双方就民事赔偿进行协商的过程中，蔡某向邹某、桂某索赔10万元，并最终以8万元达成协议。这10万元、8万元的索赔金额，固然超出了蔡某所遭受的实际物质损失（修车费、医药费等9000余元）。但要认识到：上述9000余元物质损失并非蔡某所遭受各项损失的全部，另外还有误工费、交通费等没有计入；此外，作为人身权、财产权遭受侵害的一方，蔡某还有权主张“车辆价值减损费”“精神损害赔偿”等。

虽然“车辆价值减损费”“精神损害赔偿”两项，在立法及司法层面，未必一定能够得到支持。但并不能因此而否定蔡某有提出该主张、要求对方进行赔偿的权利。而且，从司法实践看，也有法院支持赔偿“车辆价值减损费”的案例。至于精神损害赔偿，虽然根据《最高人民法院关于确定民事侵权精神损害赔偿责任若干问题的解释》第八条的规定，“因侵权致人精神损害，但未造成严重后果，受害人请求赔偿精神损害的，一般不予支持……”，但根据其第一条“自然人因下列人格权利遭受非法侵害，向人民法院起诉请求赔偿精神损害的，人民法院应当依法予以受理:(一）生命权、健康权、身体权……”，及《最高人民法院关于审理人身损害赔偿案件适用法律若干问题的解释》第一条的规定，“因生命、健康、身体遭受侵害，赔偿权利人起诉请求赔偿义务人赔偿财产损失和精神损害的，人民法院应予受理”，受害人仍然享有提起诉讼、提出索赔主张的权利，人民法院也应当受理。也就是说，不能以立法及司法上是否会实际支持，来判断被害人索赔主张的合法性、正当性；即使立法及司法上不予支持，受害人仍然享有索赔的主张权。

从本案情况看，蔡某提出较高的索赔要求，包括精神损害赔偿，也是事出有因，有合理的事实根据和心理因素。在 2010 年 5 月 2 日晚撞车发生时，蔡某深夜正常驾车从车库驶出，遇到醉酒驾车的邹某，无端遭到其手持“改锥”相威胁和故意开车顶撞，以致后来“心脏不舒服，想起当天的事就害怕”，精神上遭受了很大痛苦。而且，当时蔡某的母亲正身患癌症住院治疗（随后于 2010 年 6 月去世），蔡某每天都要去看护，恰在此时，蔡某的车因被邹某撞坏，蔡某无车可用，不仅多花了很多打车费，而且耽误了很多事情，造成其对母亲的愧疚和遗憾。因此，蔡某在实际物质损失之外，多提出一些赔偿金额，以弥补其精神损害赔偿，完全具有正当性、合理性。

如此，考虑“精神损害赔偿”等项目，则蔡某向邹某索赔 10 万元，并最终达成协议赔偿 8 万元，显然有事实和法律根据，并非漫天要价，更不是恶意敲诈。

3. 不管现行立法和司法是否支持 10 万元的索赔请求，蔡某都依法享有提出该主张的权利，不能以索赔数额的大小，来判断被告人是否具有非法占有的目的。

作为人身、财产权被侵害的一方，被告人根据自己所遭受的各种损害情况，提出相应的赔偿数额，这是当事人行使其请求权、主张权的体现，是维护自身合法权益，索要自己应得的赔偿。至于立法或司法层面，是否会、多大程度上会支持这一索赔请求，这是不同层面的另外一个问题。如前所述，无论现行立法及司法是否实际支持，作为权利受侵害的一方，都有提出索赔主张的权利。对于具体赔偿金额，双方完全可以自行协商，也可以通过诉讼、仲裁等途径解决。根据民法上的意思自治原则，无论权利受侵害一方提出多少赔偿数额，只要对方自愿接受，就不违反任何法律规定。

本案中，双方当事人共同选择了自行协商、“私了”的解决方式。既然是协商，就会有一个反复交涉、讨价还价的过程。在双方协商交涉的过程中，一方提出要求，对方可以接受，也可以不接受，或者通过讨价还价、压低金额后再接受，这也是对方当事人享有的合法权利。不能因为现行立法和司法不支持10万元的索赔要求，就认为权利受侵害的蔡某提出10万元索赔请求，就不具有合法性、正当性。同理，不能说索赔金额超出了立法和司法实际支持的范围，就属于“非法占有他人财物”。如果这样认定，则实践中出现的大量索赔金额高于法定标准的维权案例，都可以被扣上“敲诈勒索”的帽子，都可以因而被刑事责任，这岂不荒唐？

这一点，还可以从“黄某敲诈勒索华硕公司”一案得到验证。黄某因所购电脑被置换了测试版CPU问题，向华硕公司提出500万美元的“惩罚性”赔偿要求，并声称如果华硕公司拒绝这一条件，将向媒体将此事公开。协商过程中，华硕公司报警，黄某被北京市海淀区公安分局以涉嫌敲诈勒索罪刑事拘留，后被北京市海淀区检察院批准逮捕。2007年11月9日，海淀区人民检察院向黄某作出不起诉决定书（京海检刑不诉〔2007〕154号）。2008年9月22日，海淀区人民检察院进一步作出刑事赔偿确认书：“黄某采取向媒体曝光、将华硕公司使用测试版CPU公之于众的方式与华硕公司谈判索赔的方式，虽然带有要挟的意味，但是与敲诈勒索中的胁迫有质的区别。黄某在自己的权益遭到侵犯后以曝光的方式索赔，并不是一种侵权行为，反而是一种维权行为，所要500万美元属于维权过度但不是敲诈勒索。”海淀区人民检察院的上述认定，对于区分“维权过度”与“敲诈勒索”提供了典型范例。如果说黄某索赔“500万美元”都不是敲诈勒索，而是“一种维权行为”，那么本案被告人索赔“10万元”更不应定性为“敲诈勒索”。

（二）关于本案被告人是否实施了敲诈勒索罪意义上的“威胁或要挟”行为

敲诈索罪的客观方面，是采用威胁或者要挟的方法，使被害人产生惧怕，逼使对方交出财物的行为。这里需要指出的是，并非所有的“威胁或要挟”行为都构成敲诈勒索犯罪。敲诈勒索罪所要求的“威胁或要挟”，不仅要求行为人主观上必须具有“非法占有他人财物”的故意，而且要求必须达到相当严重的程度。否则，就无法区分刑法上的“威胁或要挟”与民法上的“胁迫”。在民法上，因“胁迫”而订立的合同属于可变更、可撤销的合同，仅需承担民事责任。

敲诈勒索罪所要求的“威胁或要挟”，应具备以下特征：一是具有非法性，即缺乏法律依据；二是具有强制性，迫使对方不得不接受其条件。如果“威胁或要挟”行为不具有非法性和强制性，就不构成敲诈勒索罪所要求的“威胁或要挟”，而仅构成民法上的“胁迫”。

具体到本案，被告人虽然一再声称“向公安机关告发”邹某，但该行为并不具有非法性和强制性，因而不属于敲诈勒索意义上的“胁迫或者要挟”。

1. 邹某的行为确实涉嫌刑事犯罪，蔡某作为被害人有权进行控告，这是其合法权利，不具有非法性

如前所述，邹某 2010 年 5 月 2 日晚的“故意撞车”行为，已涉嫌刑事犯罪，有可能构成“故意毁坏公私财物”“故意伤害（未遂）”等罪名。作为刑事案件被害人的蔡某，依法享有控告权，既可以向公安机关控告，也可以直接向人民法院提起刑事自诉。因此，无论其以何种方式“告发”邹某的犯罪行为，都是蔡某的合法权利，没有违法性。

至于邹某具体涉嫌何种罪名，不同的人完全可以有不同的理解，两被告人对刑事法律并不熟悉，不能要求他们对法律的理解和认识与立法精神或司法认定完全吻合。因此，两被告人即使说过“邹某涉嫌刑事犯罪，应承担刑事责任”之类的话，也是有事实和法律根据的，并非凭空杜撰。

2. 被告人向邹某、桂某承诺“不再追究邹某刑事责任”，体现了轻微刑事案件可以自行和解的相关规定，具有合法性、正当性

对于一些轻微刑事案件，允许当事人自行和解，是相关立法规定、司法文件和刑事政策的一致要求。最高人民检察院 2011 年 1 月印发的《最高人民法院关于办理当事人达成和解的轻微刑事案件的若干意见》，明确规定轻微刑事案件当事人可以和解，其第三条规定“当事人双方可以就赔偿损失、恢复原状、赔礼道歉、精神抚慰等民事责任事项进行和解，并且可以就被害人及其法定代理人或者近亲属是否要求或者同意公安、司法机关对犯罪嫌疑人、被告人依法从宽处理达成一致”。最高人民法院 2010 年 2 月印发的《最高人民法院关于贯彻宽严相济刑事政策的若干意见》第四十条也规定，对于可公诉也可自诉的刑事案件，检察机关提起公诉的，人民法院应当依法进行审理，依法定罪处罚。对民间纠纷引发的轻伤害等轻微刑事案件，诉至法院后当事人自行和解的，应当予以准许并记录在案。人民法院也可以在不违反法律规定的前提下，对此类案件尝试做一些促进和解的工作。可见，对于轻微刑事案件，相关司法文件不仅不反对当事人自行和解，而且大力提倡和解，并要求司法机关促进和解工作。

对于自诉案件的和解，刑事诉讼法和相关司法解释也有明确规定。我国 1997 年起施行的《刑事诉讼法》第一百七十二条规定：“人民法院对自

诉案件，可以进行调解；自诉人在宣告判决前，可以同被告人自行和解或者撤回自诉……”另据1998年《最高人民法院关于执行中华人民共和国刑事诉讼法若干问题的解释》[①]第一百九十七条规定：“人民法院对告诉才处理和被害人有证据证明的轻微刑事案件，可以在查明事实、分清是非的基础上进行调解。自诉人在宣告判决前可以同被告人自行和解或者撤回起诉。”虽然这是对已经提起的自诉案件自行和解的规定，但从中可以看出立法对自诉案件和解的态度：双方当事人在起诉前或起诉后，均可以自行和解。

本案中，邹某所涉嫌的故意毁坏公私财物罪、故意伤害（未遂）罪，属于可公诉也可自诉的轻微刑事案件。既然在性质上属于“可自诉”的案件，那么在公安司法机关立案之前，双方当事人不仅可以就“民事赔偿问题”进行和解，还可以就“是否追究对方刑事责任”达成一致。因此，被告人向邹某、桂某承诺“在赔偿8万元之后，不再追究邹某刑事责任”，是自愿放弃其刑事告诉权的体现，完全具有合法性和正当性。综观本案全部事实，从5月2日“撞车”发生至5月25日报警案发，双方当事人其实一直在进行刑事案件的自行和解工作：一方面就民事赔偿问题进行协商，另一方面就是否追究邹某刑事责任达成一致。这种自行和解工作，完全是在现行立法和相关司法文件所规定的框架下进行的，具有合法性和正当性。

3.“向公安机关告发”只是被害方维权的手段和技巧，并不具有强制性，最终的赔偿数额仍是双方自愿协商的结果，并非被告人逼取

敲诈勒索罪所要求的“威胁或者要求”，不仅要具有非法性，而且必须强制性。所谓强制性，是指被害人一方无可选择，只有接受对方提出的一

① 已失效。相关规定请参见《最高人民法院关于适用中华人民共和国刑事诉讼法的解释》。

切条件。而在本案件中，邹某、桂某一方并非无可选择，他们可以完全不接受蔡某一方的要价，转而让对方通过诉讼等途径解决纠纷。即使他们愿意通过协商方式解决，也完全可以不接受蔡某一方的要价，而提出一个自己认为可以接受的赔偿金额。事实上，在5月9日晚双方第一次见面协商时，是桂某首先提出“可以多赔一点钱”，以求私了。而且，从最终情况看，8万元赔偿金也是邹某、桂某一方在不接受10万元的赔偿金额的前提下，通过讨价还价得来的，双方还当场签署了《协议书》。这显然是双方合意的产物，并非被告人“逼取财物”。

另外，从5月25日晚被害人一方主动报警的情况看，被告人的所谓“向公安机关告发”，实际上也不具有强制性。如果被害人一方果真“害怕邹某被追究刑事责任”，他们就不会选择主动报警。他们应该想到：一旦报警，邹某涉嫌犯罪的行为也就可能被对方告发，就可能真的会被追究刑事责任。

综上，由于本案被告人主观上不具有“非法占有他人财物的故意”，客观上没有实施敲诈勒索意义上的“威胁或要挟”，因而，不构成敲诈勒索罪。因此西城区人民检察院最终撤回起诉，并对被告人作不起诉处理。

法院认定

2011年12月20日，辩护人收到北京市西城区人民法院的《刑事裁定书》，主要内容如下：“北京市西城区人民检察院以被告人蔡某、张某犯敲诈勒索罪，于2011年9月21日向本院提起公诉。本院受理后，在诉讼过程中，北京市西城区人民检察院以‘事实、证据有变化’为由，申请撤回起诉。本院认为，北京市西城区人民检察院撤诉理由正当、应予准许。

依据《最高人民法院关于执行〈中华人民共和国刑事诉讼法〉若干问题的解释》第一百七十七条之规定，裁定如下：准许北京市西城区人民检察院撤回起诉。”

撤诉后，西城区人民检察院对蔡、张二人均作不起诉处理。

法律规定

《中华人民共和国刑法》

第二百七十四条 敲诈勒索公私财物，数额较大或者多次敲诈勒索的，处三年以下有期徒刑、拘役或者管制，并处或者单处罚金；数额巨大或者有其他严重情节的，处三年以上十年以下有期徒刑，并处罚金；数额特别巨大或者有其他特别严重情节的，处十年以上有期徒刑，并处罚金。

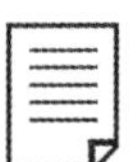

法律解析

根据上述规定及刑法原理，敲诈勒索罪的犯罪构成要件如下：

（一）主体要件：本罪的主体为一般主体。

（二）主观要件：本罪在主观方面表现为直接故意，必须具有非法强索他人财物的目的。

（三）客体要件：本罪侵犯的客体是复杂客体，不仅侵犯公私财物的所有权，还危及他人的人身权利或者其他权益。

（四）客观要件：本罪在客观方面表现为行为人采用威胁、要挟、恫吓等手段，迫使被害人交出财物的行为。

办案手记

辨法析理，厘清罪与非罪边界

北京市尚权律师事务所　毛立新律师

这是继“黄某敲诈勒索华硕公司案”之后，又一起因为民事维权而被追诉敲诈勒索的典型案件，也是一起罕见的民事律师被追究刑事责任的案件。在黄某一案中，北京市海淀区人民检察院最终作出不起诉决定，并认定：“黄某在自己的权益遭到侵犯后以曝光的方式索赔，并不是一种侵权行为，反而是一种维权行为，索要500万美元属于维权过度但不是敲诈勒索。”该认定，对于如何区分“维权过度”与“敲诈勒索”，开创了良好的司法范例，对本案的顺利解决也起到了推动作用。

对于如何区分维权过度与敲诈勒索的界限，相关司法解释缺乏明确规定。本案中，通过控、辩双方的法庭辩论，辩方对这一问题进行了深入辨析，澄清了相关法律问题。

控、辩双方的争论焦点，主要集中在两个问题：

一是蔡、张二人主观上是否具有“非法占有他人财物”的故意。控方认为，蔡、张二人索赔10万元，明显超出了其实际物质损失，于法无据，因此具有“非法占有他人财物”的主观故意。辩方则认为，蔡某的人身、财产确实遭受邹某的不法侵害，依法享有索赔权，包括物质损失和精神损害赔偿，被告人索赔10万元有事实和法律根据，最终赔偿数额是双方协商而定的，因此，被告人是合法索赔，不具有“非法占有他人财物”的目的。

二是蔡、张二人客观上是否实施了敲诈勒索罪所要求的“威胁或要挟”。控方认为，两被告人声称“要追究邹某刑事责任”，并以此迫使对方多赔偿，就是“威胁和要挟”。辩方则认为，“要追究邹某刑事责任”是被告人依法享有的控告权，也是被告人“维权”的手段，不具有非法性和强制性，不应属于敲诈勒索意义上“威胁或要挟”。另外，根据相关法律和政策，对于轻微刑事案件，双方当事人可以自行和解，不仅可以就“民事赔偿问题”进行和解，还可以就“是否追究对方刑事责任”达成一致。因此，被告人承诺“不再追究邹某刑事责任”，也具有合法性和正当性。

从检察机关最终撤回起诉的决定及人民法院的裁定看，控方最终放弃了其最初的立场，认为本案并不构成敲诈勒索罪。

司法实践中，此类因“维权过度”而被追究“敲诈勒索”犯罪的案件，并非罕见。通过办理此案，笔者深切地认识到，鉴于此类案件情况复杂，涉及刑法、民法、诉讼法、刑事政策等多个方面，司法实务部门在处理此类案件时，应秉承刑法的谦抑精神，谨慎介入，不应轻易入罪。

对于这种有“前因”的维权索赔案件，权利遭受侵害的一方以“威胁或要挟”手段索取高额赔偿，是否构成敲诈勒索罪，应围绕敲诈勒索罪的犯罪构成从严掌握：

一是看被告人主观上是否具有“非法占有他人财物”的故意。判断的标准主要看其索赔主张和索赔金额是否具有客观事实根据和法律依据，如果具有事实和法律根据，则无论索赔数额多少，都不应认定为具有“非法占有他人财物”的故意；

二是看被告人客观上是否实施了敲诈勒索罪所要求的“威胁或要挟”

行为。判断的标准主要是看该“威胁或要挟”行为是否具有非法性、强制性，如果“威胁或要挟”行为是索赔人行使其合法权利的体现，最终赔偿结果也是双方协商确定的，则“威胁或要挟”属于必要的维权手段。

归纳而言，以“威胁或要挟”手段索取高额赔偿的案件，只有在同时具备上述主、客观要件时，才可能构成敲诈勒索罪。缺少其中任何一个要件，均不构成敲诈勒索罪。

CASE 6

一起蹊跷的涉外受贿案

——广东东莞叶某受贿案

诉讼进程

被告人叶某，男，汉族，广东省东莞市人，原系东莞市大岭山镇对外贸易经济合作办公室主任（副科级）。因涉嫌受贿，经广东省人民检察院交办，东莞市人民检察院于2013年11月22日对叶某立案侦查，同月25日将其刑事拘留。2013年12月7日，东莞市人民检察院对叶取保候审。

2013年12月30日，最高人民检察院通过司法部向日本法务省提出刑事司法协助请求。2014年10月10日，司法部收到日方提供的相关证据，10月14日，司法部将上述材料转给东莞市人民检察院反贪局。该局于10月27日委托东莞市翻译中心对上述材料进行翻译，因发现新犯罪事实，东莞市人民检察院于2014年12月6日再次对叶某刑事拘留，同月23日，经广东省人民检察院决定，对叶某决定逮捕。

2015年2月15日，东莞市人民检察院反贪局侦查终结，移送公诉部门审查起诉。2015年2月28日，东莞市人民检察院指定东莞市第一市区人民检察院审查起诉。2015 年 6 月 19 日，东莞市检第一市区人民检察院向东莞市第一人民法院提起公诉。

2015 年 7 月 31 日，东莞市第一人民法院开庭审理此案，北京市尚权律师事务所毛立新律师、北京市尚权（深圳）律师事务所蔡华律师作为辩护人，出庭为叶某作无罪辩护。经多次延期审理后，2016 年 5 月 17 日，东莞市第一市区人民检察院以“本案证据发生变化”为由撤回起诉。2016 年 5 月 18 日，东莞市第一人民法院裁定准许撤回起诉。

撤回起诉后，东莞市第一市区人民检察院于 2016 年 6 月 20 日，对叶某作出不起诉处理决定。

控方观点

起诉书指控被告人犯受贿罪，有两起受贿犯罪事实：

（一）受贿 30 万港币

被告人叶某于 2000 年至 2013 年 7 月担任东莞市大岭山镇外经办主任，全面负责该镇外经办工作。东莞大岭山双叶机械厂（以下简称双叶机械厂）和东莞双叶金属制品有限公司（以下简称双叶金属公司）分别系位于大岭山镇内的“三来一补”企业和外资企业，由大岭山外经办负责（审）核颁发企业的《加工贸易企业经营状况及生产能力证明》（以下简称《生产能力证明》）以及协调企业与相关职能部门关系。

2006 年 11 月，双叶机械厂因擅自将 37 台保税设备交付双叶金属公司使用等问题，被黄埔海关长安办事处调查，上述保税设备可能要被查封，工厂可能要停业，该两家企业的董事长寺某（日本人）意识到这将影响到该两家企业的存亡以及双叶品牌在制造业的信誉。同年 12 月 21 日上午，寺某、双叶金属公司总经理天某（已死亡）、朴某（另案处理）一起来到大岭山镇政府外经办被告人叶某的办公室。寺某通过朴某翻译向叶某陈述了双叶机械厂和双叶金属公司被海关调查的问题，请求叶某继续为该两家企业审批颁发《生产能力证明》等许可文件，并请叶某协调黄埔海关长安办事处不要查封双叶机械厂和双叶金属公司涉嫌违法挪用的保税设备以及希望得到减免处罚，使企业不要降级，叶某承诺尽力帮助。寺某将事先准备好用信封装好的港币 30 万元放入一个礼品袋交给叶某。叶某当场收下。事后，叶某明知双叶机械厂因擅自将 37 台保税设备交付给双叶金属公司使用等问题被海关查封，仍默许双叶金属公司继续使用该 37 台保税设备进行生产，并为其核实颁发《生产能力证明》。

（二）受贿 3 万港币及一个古奇女包

2007 年 12 月 17 日晚，寺某在东莞市寮步镇金凯悦酒店二楼桃源轩中餐厅 VIP 包（房）宴请叶某，朴某在现场翻译。期间，寺某向叶某表示感谢其对双叶机械厂和双叶金属公司被海关调查处理的帮忙，并请求叶今后继续帮忙，协调海关不要给予双叶机械厂过重的处罚，以及在处罚决定做出之前不要再来查厂等，然后寺某将事先准备好的港币 3 万元，一个女装皮包（价值人民币 9700 元）以及一瓶威士忌洋酒送给叶某，叶某当场收下。

起诉书认为，叶某身为国家工作人员，利用职务上的便利，为东莞双叶金属、双叶机械厂谋取利益，收受港币 33 万元和价值人民币 9700 元的女装皮包，其行为触犯《中华人民共和国刑法》第三百八十五条第一款之规定，应当以受贿罪追究刑事责任。

一审开庭时，公诉人认为本案事实清楚、证据确实充分，被告人叶某构成受贿罪。

辩方观点

毛立新律师、蔡华律师出庭，为叶某作无罪辩护。辩护人认为：起诉书指控叶某构成受贿罪，事情不清、证据不足，依法不能成立，请求法院宣告被告人叶某无罪。

（一）关于 2006 年 12 月 21 日受贿港币 30 万元

该指控事实，必须同时有确实、充分的证据证明两点，才构成受贿罪：一是叶某确实收受了寺某给予的 30 万元港币；二是叶某利用职务之便，为双叶公司谋取利益。但在本案中，公诉机关提供的证据，并不能证明上述两点。

1. 关于叶某是否收受了寺某给予的 30 万元港币

对此，叶某始终予以否认，朴某的证言也不能予以印证。实际上，支持这一指控事实的证据，只有寺某一人的证言。

（1）叶某始终予以否认

叶某的陈述，详见检察机关对其历次讯问笔录，均明确否认收受该 30 万元港币。庭审接受公诉人讯问和辩护人发问时，叶某也作了相同陈述。

（2）朴某的相关证言也不能证明寺某是否送钱、叶某是否收钱

朴某涉及该30万元港币的证言，共有5次调查笔录、讯问笔录。第一次是在其被拘留之前的2014年12月6日，询问地点是在“东莞市人民检察院”，朴某明确否认他曾和寺某一起去过叶某的办公室。此后，在2014年12月7日进入东莞市第二看守所之后，检察机关对其有4份讯问笔录，朴某改称：曾陪同寺某去过叶某的办公室，寺某送了一个礼品袋，寺某说是日本土特产，但没有看到钱。

审查朴某的四次讯问笔录可知，朴某在其证言中，虽然证称其带寺某、天某一起去过叶某的办公室，寺某从提包里拿出一个纸袋送给了叶某，但对纸袋里究竟装的是什么，他并不知道，寺某说是土特产，他就按“土特产”翻译给叶某。另外，他明确证称：没有看到“寺某向叶某送钱”，“在去叶某办公室拜访叶某之前，寺某没有向我说过送什么给叶某”。

因此，即使朴某的证言属实（其实，朴某证言的真实性亦存疑），也只能证明寺某曾经去过叶某的办公室，并不能证明寺某向叶某送了钱，更不能证明送的就是“港币30万元”。

另外，值得注意的是，朴某在另案[①]中的供述，与在本案中的供述也存在明显矛盾。在另案证据材料中，朴某在接受检察机关讯问中，多次证称：“我一开始推荐通过顾问公司TJCC或镇政府协调的途径去解决，但寺某不信任这间公司和镇政府，所以就没有同意。寺某问我能否通过送钱疏通海关人员关系的方法来解决，我就推荐找我的朋友朴某红去疏通海关人员的

① 即朴某等人行贿李某等海关人员受贿案，案号：〔2015〕东一法刑初字第388号。

关系，寺某同意了我的意见。于是我就带寺某找朴某红见面商谈商谈怎么处理。”

朴某在另案中的供述，可以证明：寺某根本不信任顾问公司 TJCC 和镇政府，然后才让朴某通过朴某红行贿海关人员来解决问题。既然寺某“不信任顾问公司和镇政府”，又何来去镇政府找叶某并行贿呢？！ 朴某的相关供述，不仅前后（2014 年 12 月 6 日与 12 月 7 日之后）不一，而且在两案中也相互矛盾，真实性存在严重疑问，依法不能采信为定案的证据。

（3）浅某匡对此事不知情，其证言没有证明力

双叶公司职员浅某匡在 2013 年 11 月 1 日给东莞市人民检察院的《回答书》中证称：“寺某送钱给大岭山外经办主任的事情，我也是通过这次日本警方立案才知道，在此之前完全不知情。”可见，浅某匡对寺某是否行贿叶某，原本毫不知情，后来根据日本警方提供的信息才之知此事，因此，其证言对起诉书指控的受贿事实没有证明力。

另外，浅某匡的证言还证实了寺某阻止双叶机械厂双叶、金属公司外派人员前往香港，以达到对香港双叶科技有限公司（以下简称双叶科技公司）对内地公司财务支出的单渠道控制。浅某匡在《回答书》中证称：他于 2006 年 12 月 21 日被借调到双叶科技公司，2012 年 6 月底回国。借调当时，寺某告诉我他，“不用你到香港来”，所以他实际上的办公地点不是在香港，而是在双叶科技公司的来料加工委托工厂，即双叶机械厂（东莞）。这印证了双叶公司在《调查报告》中的结论：“寺某还曾明确要求日本双叶外派到中国的人员不要来香港，所以不难推测，寺某擅自指示了特别是双叶科技公司（香港）的款项支出，而且上述款项还很有可能落入了寺某本人的腰包。”

（4）寺某的证言系孤证，且合法性真实性存在严重问题

用以证明寺某送、叶某收“港币30万元”的证据，只有寺某一人的所谓“证言”，系孤证，且其“证言”的合法性、真实性存在严重问题，依法不能采信。

前已阐明，对于起诉书指控的寺某送、叶某收“港币30万元”，叶某始终予以否认，朴某、浅某匡的证言也不能证明，剩下的唯一证据就是寺某的所谓“证言”。对于寺某的所谓“证言”，其合法性（证据资格）、真实性（证明力）均存在的问题，辩护人在质证环节发表了详细意见，现概述如下：

第一，关于合法性问题。

在合法性上，寺某的所谓“证言”存在以下问题：

①根据《人民检察院刑事诉讼规则（试行）》第六百七十九条，司法协助中移交证据的范围，并不包括移交证人证言，证人证言只能办案机关自行调取。该条规定：“人民检察院司法协助的范围主要包括刑事方面的调查取证，送达刑事诉讼文书，通报刑事诉讼结果，移交物证、书证和视听资料，扣押、移交赃款、赃物以及法律和国际条约规定的其他司法协助事宜。”

②寺某的所谓“证言”，不符合我国《刑事诉讼法》中规定的“证人证言”的特征，也不符合获取证人证言的程序要求。该“证言”，既不是中国司法机关及其工作人员亲自询问获取，也不是中国司法机关委托日本国司法机关及其工作人员代为调取，而是寺某在其自身涉嫌犯罪的案中，对其涉嫌侵占的公司财物去向所做的供述和辩解，其在什么环境、状态下作出这些陈述，均不得而知，合法性、真实性难以判断。

因此，一方面，在性质上，寺某的陈述材料，至多只能作为办案线索使用，不能在我国刑事诉讼中直接作为“证人证言”使用；另一方面，该陈述材料系寺某个人对其涉嫌侵占的公司财物去向所作的解释，主观性极强，真实性存在严重疑问。公诉机关直接将寺某的上述陈述材料，作为指控叶某受贿犯罪的证据使用，这是缺乏法律依据的，也是极其不严肃的。

辩护人认为，仅从证据资格上讲，寺某的陈述材料，在我国刑事诉讼中，均不能作为“证人证言”使用。如果检察机关及人民法院认为寺某的证言对于查明本案事实至关重要，应派员前往日本向寺某本人调查取证，或者传召寺某到庭作证，接受控辩双方的交叉询问，其证言方能采信。

③寺某的案件，系通过日本简易命令（略式命令）程序处理，其相关陈述未经法庭调查和质证，真实性缺乏保障。

对寺某涉嫌犯罪的案件，在日本适用的是简易命令（又叫略式命令或处刑令）程序。适用该程序的要件是:（1）案件属于简易法院管辖;（2）可以处以 50 万日元以下罚金或罚款的案件;（3）犯罪嫌疑人、被告人对适用该程序没有异议。简易命令程序不进行证据调查和质证，仅以非公开的书面审理方式进行。检察官在向简易法院提起公诉的同时，应以书面提出简易命令的请求，并应在书面中明确犯罪嫌疑人对适用该命令无异议。法院认为作出简易命令合法并适当时，可以用简易命令处以 50 万日元以下的罚金或罚款。[①]

---

① 参见［日］田口守一：《日本刑事诉讼法》，宋英辉译，中国政法大学出版社 2010 年版，第 21 页。

日本简易命令程序，是一种迅速处理轻微刑事案件的特别程序，只要被告人认罪，检察官觉得罪行比较轻，控辩双方可以进行协商，被告人对于检察官建议的罪名及量刑予以认可，检察官向简易法院径直提出一个书面的处刑请求，主审法官直接对于该请求予以盖章认可，并不经过公开的开庭审理。因此，简易命令程序所认定的证据的证明力，显然要低于正式庭审程序中经过法庭调查、当庭质证之后所认定的证据的证明力。

在寺某涉嫌犯罪的案件中，寺某为了免遭侵占公司财产（日本《刑法典》第253条："侵占在业务上由自己占有的他人财物的，处十年以下惩役。"[①]）的追诉，而自认"行贿外国公务员"，名古屋区检察厅及名古屋简易法院径直从轻判处。可见，寺某的所谓"证言"根本没有经过严格的法庭审理、质证程序，其自认"行贿外国公务员"，动机极有可能是避重就轻，逃避被追究更为严重的罪名——"职务侵占"。因此，寺某"证言"的真实性无从保证，证明力也极低下。

东莞市人民检察院在《补充侦查说明》里认为，寺某的证言经由中日刑事司法协助取得，程序合法，并经外国法院审判认定。暗含之意，是说我国司法机关应认可日本法院判决所认定之事实，而这明显不符合我国司法主权原则，也不符合相关法律规定。尽管《人民检察院刑事诉讼规则（试行）》第四百三十七条规定，在法庭审理中，对于"人民法院生效裁判所确认的且未经审判监督程序重新审理的事实"，不必提出证据予以证明。但必须指出的是，该法条所称"人民法院"是指我国法院，并不包括日本简易

① 参见张明楷译：《日本刑法典》（第2版），法律出版社1998年版，第93页。

法院在内的任何外国法院。我国与日本之间的刑事司法协助条约，并没有涉及对他国刑事裁判文书所认定事实的免证问题。根据国家主权原则，我国侦查机关、公诉机关和审判机关都需要独立行使侦查权、公诉权和审判权，对于外国司法机关提供的证据，同样必须经过法庭调查查证属实，才能作为定案的根据。

④来自境外的证据材料，必须符合中国刑事诉讼法规定，且查证属实，才能作为定案根据使用。

根据《最高人民法院关于适用〈中华人民共和国刑事诉讼法〉的解释》第四百零五条的规定，“对来自境外的证据材料，人民法院应当对材料来源、提供人、提供时间以及提取人、提取时间等进行审查。经审查，能够证明案件事实且符合刑事诉讼法规定的，可以作为证据使用，但提供人或者我国与有关国家签订的双边条约对材料的使用范围有明确限制的除外；材料来源不明或者其真实性无法确认的，不得作为定案的根据。”

根据该规定，对于来自境外的证据材料，不管是外国司法机关移送的，或者中国司法机关的办案人员自行调取的，均应予以审查，只有“能够证明案件事实且符合刑事诉讼法规定”时，才可以作为证据使用；如果不符合《刑事诉讼法》规定，或者“真实性无法确认”，不得作为定案的根据。

综上，鉴于寺某的证言不符合我国刑事诉讼法关于证人证言的相关规定，因而不能作为定案的根据使用。至于其“真实性”问题，接下来进一步分析阐明。

第二，关于真实性问题。

退一步说，即使将寺某陈述视为“证人证言”予以审查，也会发现，其证言漏洞百出，与客观事实及本案其他证据（包括另一关键证人朴某的证言）存在种种矛盾，虚假性十分明显。

①关于寺某行贿之前的行程

寺某证称：“……然后就指示天野安排与叶某会面，因约好安排在下周左右，急切地变更原定在日本的取缔役会等，调整预定中国的出差，确保去见叶某的日程。”

根据寺某的说法，他在行贿前一周，即 2016 年 12 月 15 日左右，尚在日本，先与朴某等人沟通好，再推掉在日本的一些活动，才来中国向叶某行贿。但是，根据出入境记录记载：寺某于 2006 年 12 月 7 日由浦东入境，12 月 8 日由罗湖去香港，12 月 11 日再由文锦渡入境，12 月 14 日从罗湖出境去香港，12 月 16 日再次从罗湖入境，12 月 19 日又由罗湖去香港，12 月 20 日再由皇岗入境……可见，寺某在“行贿”之前，即 2006 年 12 月 7 日至 20 日之间，一直在中国香港及内地之间往返，根本不在日本，其相关陈述明显虚假。

②关于行贿金额是由朴某提出建议

寺某证称：“对叶某的贿赂金额，当时按照中国职员朴某的建议，朴是作为与政府相关人员等沟通职位雇用为机械厂的管理部长的，决定 30 万港币。”“关于给叶某的贿赂金额，我认为给十万港币就够了，但是从这次的情况和当地的行市来看是否妥当，指示朴部长帮我确认。当时作为朴部长的意见，是这样报告的如下：‘由于这次事件是非常大的问题，叶某也许要拜托其他什么人，认为需要30万港币。’虽然有点高，但是考虑到拜托叶某解决困境是优先的，还是尊重了解当时事件的朴部长的意见，决定向叶某贿赂30万港币。”

而朴某在其历次供述，及今天的当庭陈述中，均明确否认这一点。朴某在接受检察机关询问时证称：在去叶某办公室拜访叶某之前，寺某没有向其说过送什么给叶某。其在当庭陈述中，更是明确否定了寺某所称的他建议向叶某行贿30万元港币的说法。

③关于寺某何时知道海关查厂

寺某证称："当我知道长安海关来检查的事已经是2006年12月中旬了。突然金属的总经理天某打电话对在日本的我报告了一个月之前受到海关的检查……" 即，寺某是在海关查厂（2006年11月8日）后一个月，即2006年12月中旬才知道查厂的事。

寺某的说法，与朴某的证言明显不相符。朴某在接受检察机关讯问中证称：寺某是"在海关查厂后的大概一个星期就过来处理该事情"。并证称：双叶机械厂的总经理天某在第一次查厂后马上向公司的董事长寺某汇报此事。在今天出庭作证时，朴某再次确认：查厂后两三天，寺某就来到中国处理此事。

朴某的说法，与寺某的出入境记录（显示：寺某2006年11月11日由罗湖入境，11月12日由罗湖去香港，11月14日再由皇岗入境，11月16日由罗湖去香港等）相吻合，较为可信，而寺某的说法明显虚假。

寺某为什么在此问题上撒谎？很大的可能，是为了掩饰其于2006年12月20日从双叶科技公司（香港）支取80万元港币的真实意图（个人私吞）。试想，如果他承认查厂（2006 年 11 月 8 日）后很快就得到了报告，则应及早去解决问题，为什么是在一个半月后的 12 月 20 日才支取 80 万元港币去行贿？他把知道查厂的时间故意说成一个月后（即 2006 年 12 月中旬），就是为了与支取 80 万元港币的时间基本相吻合，企图掩人耳目。

④关于 80 万元港币的入境和去向

寺某证称：他是在 2006 年 12 月 20 日在香港机场，从双叶科技公司（香港）的财务人员 Adios 手中拿到 80 万港元现金。

首先，从出入记录看，寺某出入香港与内地，并不经过香港机场，为什么让 Adios 把 80 万元港币送到香港机场，殊为反常。

其次，他并未供称是如何从香港带入内地的，是否向海关申报。根据国家外汇管理局、海关总署颁布的《携带外币现钞出入境管理暂行办法》第三条的规定，入境人员携带外币现钞入境，超过等值 5000 美元的应当向海关书面申报，当天多次往返及短期内多次往返者除外。因此，寺某携带 80 万元港币入境，依规必须向海关申报，但并未见有其申报的记录。东莞市人民检察院在《补充侦查说明》中认为，寺某可能走“无申报”通道，并且未被抽查到，因而海关没有发现。但这只是检察机关办案人员的一种推测，实际情况如何，应由寺某本人作出解释。因为，未见 80 万元港币的入境申报记录，亦未由寺某作出解释，则不能排除存在另外一种可能：这 80 万元港币根本没有进入内地，而是被寺某在香港侵吞。

再次，对于 80 万元港币的去向，寺某的说法：一是在 2006 年 12 月 21 日或 22 日送给叶某 30 万元港币；二是在 2007 年 2 月中下旬在高级餐厅请叶某吃饭，在以前赠送的 30 万港币之上又追加了 5 万港币给叶某；

三是将10万港币和高级点心交给了海关职员周某，拜托他交给海关关长；四是剩余的“35万港币补充了深圳金属的启动准备的费用和寺某个人的差旅费”。

根据寺某的说法，他除了向叶某行贿30万元港币外，还在2007年2月下旬再次向叶某追加行贿5万元港币，另外还通过海关工作人员周某向海关关长行贿10万元港币。但这些说法，均无其他任何证据予以印证，纯属捕风捉影，因而并未被纳入侦查、起诉范围。这也说明，寺某的所谓“证言”，极有可能是他为了避免被追究职务侵占犯罪，编造虚构了80万元港币的去向，实际上这些钱款可能全部被其个人侵吞。这一点，寺某所在的双叶产业株式会社，也提出了合理怀疑，公司的《调查报告》也明确指出“上述款项还很有可能落入了寺某本人的腰包”。

而且，对于2007年2月向叶某追加行贿5万元港币，寺某在“证言”中称：2007年2月10日去大岭山镇政府座谈，朴某告诉他叶某出差香港，不能参加座谈会。因而他指示朴某特意约叶某，于2007年2月中下旬在高级餐厅吃饭，在以前赠送的30万港币之上又追加了5万港币。

这与朴某的证言直接矛盾。朴某在历次询问、询问笔录中，均证称：大岭山镇政府主管副镇长叶某某、外经办主任叶某、副主任林某、黎某、何姓副主任、翻译张某某等，均参加了该次座谈会。证人张某某（朴某的妻子，大岭山镇外经办翻译）、叶某某等人的证言，印证了朴某的说法：叶某确实参加了2007年2月10日大岭山镇政府和双叶公司的座谈会。显然，寺某关于追加行贿5万港币给叶某的原因（叶某未参加座谈会），完全系其编造。

⑤关于向叶某行贿30万元港币

寺某在日本供称：2006年12月与天某、朴某一起到叶某的办公室，向叶某送了一个纸袋，里面有30万元港币。但寺某的上述供述，与客观事实及证人朴某的证言、被告人叶某的供述等其他证据之间，均存在明显矛盾：

第一，关于谁驾车去镇政府

寺某在其供述中称："朴部长开车到大岭山镇政府。"对此，朴某在出庭作证时，明确予以否认，并且声称他根本不会开车。可见寺某所供明显虚假。

第二，关于送钱的包装方法

寺某供称，他递给叶某一个纸袋，里面还有一个A4纸大小的浅蓝色信封，把30万元港币，每10万元一捆，分三排装进大信封里，并用透明胶把口封好，然后把信封和点心一起放进大纸袋里。同时，他还供称：在把纸袋递给叶某的时候，还专门把装有现金的信封掏出来给叶某看过，再次放回装有点心的纸袋，交给叶某。

而朴某则证称，送钱时寺某从包里拿出一个纸袋交给了叶某，对叶某称是日本土特产，纸袋里面有什么东西他完全不知情。朴某的证词中，不存在掏信封出来给叶某看的情节。朴某在书面证言及出庭作证时均证称：他个子比寺某高，寺某将礼品袋送出去的时候，他看到礼品袋里有一个纸袋。此时，果如寺某所言"递给叶某一个纸袋，里面还有一个A4纸大小的浅蓝色信封"，及"在把纸袋递给叶某的时候，还专门把装有现金的信封掏出来给叶某看过，再次放回装有点心的纸袋"，朴某不可能看不到这个细节。

而且，朴某在出庭作证时，称寺某拿的纸袋，大小比 A4 纸还要小一些。试想，比 A4 纸还小的纸袋，如何能够装下 A4 纸大小的信封，而且信封里还装有 30 万元港币？ 寺某的说法，显然不符合经验和逻辑。

第三，关于送钱的地点

寺某说是在镇政府二楼叶某的办公室，且有接待窗口和接待员、向导员。具体为："镇政府一楼有各个部门的房间，在入口的接待窗口告诉接待员我们与外经室的叶某有约，向导员将我们带到二楼叶某房间的接待座位上，叶某马上就过来了……"

庭审中，辩护人出示了镇政府办公楼一、二、四层的照片，及辩护人调取的外经办后勤工作人何某云的证言，能否证明叶某在 2005 年之后一直在镇政府办公楼 4 层 408 室办公，镇政府办公楼也从未设接待窗口和接待员、向导员。

第四，关于见到叶某的情形

寺某称："向导员将我们带到二楼叶某房间的接待座位上，叶某马上就过来了……"即寺某他们先到，叶某后进办公室。

但朴某的证言则是："当天上午大概 9 点 30 分左右来到大岭山镇政府外经办主任办公室，当时只有叶某一人在他办公室，他招呼我们坐下喝茶。"即，是叶某已经在办公室，寺某他们后进去的。

两人的说法，明显不一致。

第五，关于叶某的体貌特征

寺某描述叶某的体貌特征时，证称：叶某"身高 165cm"。而实际上，叶某身高 174cm ，与寺某的描述差异甚大。

⑥寺某所供向叶某行贿30万元港币的事实，在日本亦未被追诉

从寺某在日本所作的供述内容看，涉及两次向叶某：一次是行贿30万元港币，另一次行贿3万元港币和价值1万港币的女包一个。而日本国名古屋区检察厅及名古屋简易法院，最终仅认定后一起事实，处罚款50万日元（约合人民币2万余元），草草结案了事，并没有对寺某交代的“行贿30万元港币”予以起诉和裁判。

虽然东莞市人民检察院在《补充侦查说明》中，引用双叶公司法务仲座德彦的说法称，认为寺某向叶某行贿30万元的事实，是因为过了日本法律5年的诉讼时效而未被起诉、审判。但辩护人查阅日本《刑事诉讼法》，根据该法第250条之规定，对于“对于相当于最高刑期为未满5年的惩役监禁，或者相当于罚金的犯罪”，公诉时效为3年，也不是仲座德彦所说的“5年”。因此，对于寺某供述的行贿30万元港币事实，究竟是什么原因未被起诉、审判，迄今并不明了。不排除是因为日本司法机关也对寺某的陈述持怀疑态度，不予采信，才不予起诉。

⑦寺某故意作虚假陈述的可能性极大

寺某之所以供述称将钱送给了叶某，完全有可能是避重就轻，避免自己被追究职务侵占犯罪。他是因为在双叶公司期间有大量资金异常被查，如果他供称上述款项装进了自己腰包，那么按照日本《刑法典》，他的行为涉嫌日本《刑法典》第253条规定的“职务侵占罪（业务上横领罪）”，可能被判处十年以下有期徒刑的刑罚，且追诉时效亦未过期。而一旦他选择自认“向外国公务员行贿”，在司法机关无法查清资金实际去向的情况下，只能对他从轻处罚。

因此，为避免被追究职务侵占，而选择自认“向外国公务员行贿”，符合寺某的利益，系其理性选择的结果。

综上，对于寺某是否送、叶某是否收“港币30万元”，目前仅有寺某一人的所谓“证言”，孤证不能定案。如果仅凭寺某的所谓“证言”就可以定案，就会出现十分荒唐的局面：寺某说送给谁，就是送给谁了；说送了多少，就是送了多少，一切唯“寺某”说了算！果真如此，不仅会颠覆我国基本的刑事证据立法和理论，而且有违司法主权原则、有辱国格。更何况，如前所述，寺某的所谓“证言”，其合法性、真实性均存在严重问题，在中国司法机关既未向其调查取证，其本人亦未出庭接受控、辩双方询问的情况下，这种“证言”根本不能作为定案的根据使用。

因此，起诉书指控叶某收受了寺某给予的港币30万元，事实不清、证据不足，依法不能认定。

2. 关于叶某是否利用职务之便，为双叶公司谋取利益

对这一构成要件，同样缺乏确实、充分的证据予以证明：

（1）对此，叶某始终予以否认

详见检察机关对叶某的历次讯问笔录，其今天在法庭上也作了相同陈述。大致为：“双叶金属2007年3月的《生产能力证明》是我经手审核的。当时是李某某负责办理，他下厂之后拿表格给我审批，我问他有没有下厂核对清楚，他回答说核对无误，我再在审核人处签名。大岭山有200多家外资企业，自己没办法一家一家核实，也信任李某某，所以没有下去企业审核就签名确认了。”

叶某的上述辩解，有其他证据加以印证，真实可信。

（2）证人李某某（外经办办事员）的证言，印证了叶某的说法

2014 年 12 月 11 日，李某某接受检察机关询问时证称：当时以我为主负责审查企业生产能力证明，李某辉有时会协助。副主任何某明和正主任叶某都可以签名，报关员看到谁在就找谁签名。如果是新企业，我会大概看看资料，如果是老企业，我就只是看看厂是否还在经营生产，可以说是走过场，没有认真去核实。双叶的《生产能力证明》是我办的。2006、2007 年，由于我大哥病重，经常请假，工作不能兼顾，又怕耽误时间企业投诉，所以就偷懒没有去企业核查而直接签名。双叶是做了比较久的工厂，我没有下去核查，直接签名了。领导不知道我偷懒没有下去核查的事情，没有领导指示我不用下去核查双叶公司。办理《生产能力证明》的时候我不知道双叶公司被海关调查，我是在 2013 年的时候才听说双叶被海关查处过。

李某某的证言可以证明：双叶公司 2007 年的取得的《生产能力证明》系他办理，未去企业核查系他的责任，叶某未给他打任何招呼。

（3）证人叶某某的证言，也印证了叶某的说法

叶某某（时任副镇长、分管外经办）在 2015 年 5 月 12 日接受检察机关询问时，证称：“我开始分管外经办的时候，外经办主任是叶某，副主任有何某明、林志谦、黎贺增，叶某负责全面工作……我记得大岭山之前有几家工厂被海关查过厂，但不记得双叶厂是否在我分管外经办的时候也被查厂了……在我分管外经期间，没收到过海关有关查厂情况的通报……”

叶某某的证言可以证明：海关查双叶公司的事，大岭山镇政府确实未曾收到过海关的通报，镇政府对此并不知情。

（4）黄浦海关驻长安办事处出具的《情况说明》

该《情况说明》内容为：黄埔海关长安办事处保税监管外勤科分别于2006年11月8日和11月13日对东莞大岭山双叶机械厂和东莞双叶金属制品有限公司进行保税监管核查，并于同年12月份对上述企业违反海关监管的情事移交缉私部门作进一步处理。核查下厂当天外勤人员并无邀请大岭山外经部门共同核查；在核查行动结束后，外勤部门也无将核查结果通报大岭山外经部门。

该《情况说明》印证了叶某和叶某某的说法，海关确实未将去双叶查厂的情况通报给镇政府。

（5）长安分局查私科关于“双叶厂案件”的情况说明

该《情况说明》内容：“我科一般情况下查厂不需要外经办人员带路，查厂结果也不需要向外经办反馈。”

这也与前述叶某、叶某某的说法，及黄浦海关驻长安办事处出具的《情况说明》相互印证，共同证明：海关并未将双叶公司被查厂一事告知镇政府。

（6）其他相关证据，能够确实、充分地证明：双叶公司被从轻处罚，系该公司向海关人员行贿所致，根本与叶某无关

本案其他证据，包括朴某、李某芬、朴某红、朱某、李凯等人的供述、证言，均清楚地证明：双叶公司之所以能得到海关的从轻处罚，完全是双叶公司行贿海关人员所致，与叶某没有任何关联，叶某没有找任何海关人员帮助对双叶公司从轻处理。这一事实，在另案处理的朴某等人行贿李某

等海关人员受贿案（案号:［2015］东一法刑初字第388号）中，亦有确实、充分的证据予以证明。

因此,《起诉书》指控叶某在双叶机械公司、双叶金属公司得到海关的从轻处理程序中，为双叶机械公司、双叶金属公司提供帮助，缺乏证据支持，依法不能成立。

综上所述，本案现有证据，既不能证明被告人叶某收受了寺某给予的30万元港币，也不能证明叶某利用职务之便为双叶公司谋取利益。因此，起诉书指控的该起受贿事实，依法不能认定。

（二）关于2007年12月17日收受港币3万元及价值人民币9700元的女装皮包

起诉书指控的该笔受贿事实，更是缺乏证据支持，完全不能成立。

1. 叶某始终予以否认

对该笔受贿事实，无论是在侦查、审查起诉阶段，还是在庭审中，叶某均明确予以否认。

2. 朴某亦始终予以否认

在场的另外一个人，即翻译朴某，无论是在侦查、审查起诉阶段，还是出庭作证之时，对该起诉书指控该笔事实，亦明确予以否认。

朴某在侦查一开始，2014年12月6日接受检察机关询问时，就证称：从来没有（和寺某一起约叶某吃过饭）。在2006年年底，日本双叶产业株式会社社长来时，双叶金属公司及双叶机械厂副科级以上干部过来东莞，公司在寮步金凯悦酒店聚餐，寺某在场，其参加了这次吃饭。除此之外，其没有和寺某在金凯悦吃过饭。

2014 年 12 月 9 日接受讯问时，再次证称：没有（和寺某、叶某一起吃过饭）。

可见，寺某所称当时在场的三个人，其中有两人，叶某、朴某均明确予否认。

3. 支持上述指控的证据，只有寺某一人的证言

寺某在日本的供述材料中称：2007 年 12 月 17 日，在东莞市寮步镇教育路 1 号金凯悦大酒店二楼高级中华料理店，与朴某一起招待叶某。……将准备好的贿赂金，即装在信封里的 3 万现金港币，和价值 1 万港币的古奇黑色包，及当场买的 1 瓶 1000 元左右的威士忌，装入放土特产点心的纸袋里交给了叶某。请求叶某继续帮忙，协调海关不要给双叶公司过重的处罚，及在处罚决定作出之前不要再来查厂等。

寺某的上述供述，不仅没有得到叶某、朴某供述的印证，系孤证，而且与书证等客观证据不相吻合。例如，黄埔海关的行政处罚决定书显示：黄埔海关在 2012 年 12 月 17 日，已经作出了对双叶金属制品有限公司的《行政处罚决定书》（埔关缉违字［2007］1060581 号），寺某又如何还去请托叶某“协调海关不要给双叶公司过重的处罚？”

4. 本案其他证据，能证明寺某的陈述明显虚假

（1）有诸多证据可以证明，2007 年 12 月时朴某已经离开双叶公司，不可能参加这次聚会。寺某无中生有，编造了该行贿事实。

在另案处理的朴某行贿朱某等人受贿一案中，朴某在 2014 年 5 月 27 日接受检察机关询问时，证称 :2006 年 3 月至 2007 年 8 月，其在双叶机械厂工作，任管理部部长。即：2007 年 8 月后，已经离开双叶公司。对此，

朴某在今天出庭作证时，也再次予以确认：他在 2007 年 8 月离开双叶后，没有再见过寺某。

证人邓某某（2003 年 3 月开始任双叶机械厂厂长）在 2013 年 10 月 17 日证称："但在 2007 年海关联系不到朴部长（朴某），经总经理确定他辞职不在机械厂工作，浅某匡总经理要求报关课长和我接手结案最后程序。2007 年 9 月接到海关通知我们带备公章到海关领取罚款通知单两厂合同约 30 万至 40 万元。"

本案中，浅某匡的回答书证称："朴自 2006 年秋天起，突然不来公司了。我们跟他再联系，他也未接电话，所以就是否继续支付他的工资，公司内部曾有议论……"

上述证据相互印证，可以证明：在 2007 年 9 月之前，朴某已经离开了双叶公司，此后未再见到寺某。因此，朴某不可能再在 2012 年 12 月 17 日陪同寺某行贿叶某。更兼之，朴某也始终否认参加过这次聚会。这表明，寺某在日本所作的相关供述，完全虚假，不能采信。

（2）寺某供称："他之前几次送过给叶某太太的礼品，是给他太太用的珍珠项链等，听朴部长说叶某也非常高兴……"对此，朴某在出庭作证时，明确予以否认。另外，辩护人调取的叶某的太太叶某桂的证言，亦证明：她从未收受、使用过珍珠项链、高档女装皮包。这也表明，寺某在说谎。

5. 相关证据能够证明，双叶公司被从轻处罚，系该公司向海关人员行贿所致，根本与叶某无关

《起诉书》指控叶某在双叶机械、双叶金属得到海关的从轻处理程序中，为双叶机械、双叶金属提供帮助，无证据支持，依法不能成立。

综上所述，起诉书指控叶某于 2007 年 12 月 17 日收受寺某给予的港币 3 万元，及价值人民币 9700 元的女装皮包，缺乏起码的证据支持，完全不能成立。

（三）本案涉及的 33 万元港币及价值人民币 9700 元的女装皮包，完全有可能被寺某个人私吞

如前所述，寺某为掩饰涉案资金被其侵吞的事实，逃避被追究职务侵占犯罪，具有编造“向外国公务员行贿”的动机。

对于涉案资金可能被寺某个人侵吞，双叶公司出具的《调查报告》，明确提出了合理怀疑：“……上述款项是寺某未经公司同意擅自支出的，对于寺某实际支付给了谁、出于什么目的支付或者寺某是否将其放入自己腰包等情况，我司进行了调查，也向日本警方进行了多次确认，但尚未能发现新的信息或资料。补充说明一下，当年，寺某在双叶中国业务方面具有很大的权限，还经常单独行动，所以我司基本上未能掌握寺某在中国的具体行踪。而且，寺某还曾明确要求日本双叶外派到中国的人员不要来香港，所以不难推测，寺某擅自指示了特别是双叶科技公司（香港）的款项支出，而且，上述款项还很有可能落入了寺某本人的腰包。”

双叶公司根据种种迹象，推断“上述款项还很有可能落入了寺某本人的腰包”，是有合理依据的，现有证据不能排除这种可行性的存在。连寺某所在的双叶公司，都对寺某的说法持有合理怀疑，我国司法机关难道不该有所警觉？

从该案起源看，寺某被追诉，是因为双叶公司内部发现了一些无法证明、不合逻辑的款项支出，这些款项均以“税务当局的通关问题对策费”

的名义被寺某使用。事后，双叶公司对该笔费用展开调查时，寺某交代了行贿中国官员（包括叶某）的事实，随后日本名古屋区检察厅对寺某以违反 2011 年《不正当竞争防止法》第 21 条第 2 项和第 18 条第 1 项予以起诉，认为被告人寺某“为获得国际商务交易相关营业上的不正当利益，使外国公务员进行或不进行其职务相关行为，或利用该外国公务员的地位，让其从中进行斡旋，使其他外国公务员进行或不进行其职务相关行为，为实现上述目的，向该外国公务员提供现金或者物品”。随后名古屋简易法院直接认定了《起诉书》记录的公诉事实，对被告人处以 50 万日元（相当于人民币 2 万余元）的罚款。在该判决生效后，根据我国司法机关的请求，日方通过刑事司法协助程序将相关材料（包括起诉书、判决书和口供等）移交给我方。

前已指出，日本简易法院对寺某的判决，是根据简易命令程序，书面审理作出的，未经法庭调查、质证，是控辩双方协商、交易的结果，无论其认定的事实，还是判决结论本身，并不要求达到“排除合理怀疑”、排除其他的可能性的程度，并不能否定另外一种可能性存在：寺某将涉案财物私吞。从人的理性角度分析，寺某主动供述将该两笔财物，送给了远在中国的叶某，更容易获取较为轻的刑罚（最终，简易法院以违反了日本《不正当竞争防止法》，处以 50 万日元的罚款），并且涉案财物亦不会被追缴。反之，如果寺某承认，或被查明两笔财物系其私吞，则根据日本《刑法典》第 253 条之规定，必然会被判处更重（十年以下惩役）的刑罚，而且该 33 万元港币亦将作为赃款被追款。因此，综合审查判断，至少无法彻底排除以下可能性：所谓送 33 万元港币及一个女装皮包给叶某，极有可能是寺某编造的谎言，目的是掩盖其职务侵占的犯罪事实，避重就轻，逃避更为严厉的惩罚。

也就是说，本案现有证据，并不能确实、充分、排除合理怀疑地证明，叶某确实收受了寺某给予的33万元港币及价值人民币9700元的女装皮包。本案还存在另外一种可能性：本案涉及的33万元港币及价值人民币9700元的女装皮包，完全有可能被寺某个人私吞。

法院认定

2016年5月18日，东莞市第一人民法院作出《刑事裁定书》，主要内容为："东莞市第一市区人民检察院于2016年5月17日以本案证据发生变化为由向本院撤回起诉。本院认为，东莞市第一市区人民检察院撤回起诉的理由符合法律规定，依照《最高人民法院关于执行〈中华人民共和国刑事诉讼法〉的解释》第二百四十二条的规定，裁定如下：准许东莞市第一市区人民检察院撤回起诉。"

撤回起诉后，东莞市第一市区人民检察院于2016年6月20日，以"本案证据发生变化，不符合起诉条件"为由，对叶某作出存疑不起诉处理决定。

法律规定

《中华人民共和国刑法》

第三百八十五条 国家工作人员利用职务上的便利，索取他人财物的，或者非法收受他人财物，为他人谋取利益的，是受贿罪。

国家工作人员在经济往来中，违反国家规定，收受各种名义的回扣、手续费，归个人所有的，以受贿论处。

法律解析

根据《刑法》规定及刑法原理，受贿罪的犯罪构成要件为：

（一）主体要件

本罪的主体是特殊主体，即国家工作人员。

另据《刑法》第九十三条规定，本法所称国家工作人员，是指国家机关中从事公务的人员。国有公司、企业、事业单位、人民团体中从事公务的人员和国家机关、国有公司、企业、事业单位委派到非国有公司、企业、事业单位、社会团体从事公务的人员，以及其他依照法律从事公务的人员，以国家工作人员论。

（二）主观要件

本罪在主观方面是由故意构成，只有行为人是出于故意所实施的受贿犯罪行为才构成受贿罪，过失行为不构成本罪。

（三）客体要件

本罪侵犯的客体是复杂客体。主要客体是国家机关、国有公司、企事业单位、人民团体的正常管理活动；次要客体是国家工作人员职务行为的廉洁性。

（四）客观要件

本罪在客观方面表现为行为人利用职务上的便利，索取他人财物，或者非法收受他人财物，为他人谋取利益。利用职务上的便利是指利用本人职务上主管、负责或者承办某项公共事务的权利所形成的便利条件。

办案手记

涉外刑事案件辩护，境外证据审查是关键

北京市尚权律师事务所　毛立新律师

本案是一起涉及境外、曾经引起广泛关注的案件。本案由广东省人民检察院交办，于2013年11月22日由东莞市人民检察院立案侦查。2013年12月6日，广东省人民检察院审查后认为“事实不清、证据不足”，对叶某作出不予逮捕的决定，第二天对叶某取保候审。

时隔一年后，2014年10月10日，司法部经由刑事司法协助途径，收到日本名古屋区检察厅、名古屋简易裁判所提供的相关证据材料，于是检察机关重启侦查。但从日方提供的证据内容看，证据材料主要是“行贿人”寺某与日本检察机关达成辩诉交易后所作的认罪供述。而且，该供述中的主要内容（向叶某行贿30万元港币）未被日本检察机关采信（未起诉），亦未被受害单位认可（双叶公司认为“上述款项还很有可能落入了寺某本人的腰包”）。寺某在日本的认罪供述，完全有可能是避重就轻，逃避公司对其职务侵占行为的追究，合法性、真实性均存在严重问题。

北京市尚权律师事务所毛立新、蔡华律师，是在案件进入一审后，介

入该案辩护的。经对全案证据进行审查分析，发现起诉的主要依据，是“行贿人”寺某、翻译朴某的证言。于是，对二人证言合法性、真实性的审查，就成为辩护的关键。

首先，对“行贿人”寺某所谓“证言”的合法性予以质疑。寺某的所谓“证言”，既不是中国司法机关及其工作人员亲自询问获取，也不是中国司法机关委托日本司法机关及其工作人员代为调取，而是寺某在其自身涉嫌犯罪的案件中，对其涉嫌侵占的公司财物去向所作的供述和辩解，其在什么环境、状态下作出这些陈述，均不得而知，合法性、真实性难以判断。因此，在性质上，寺某的陈述材料，至多只能作为办案线索使用，不能在我国刑事诉讼中直接作为“证人证言”使用。公诉机关直接将寺某的上述陈述材料，作为指控叶某受贿犯罪的证据使用，这是缺乏法律依据的，也是极其不严肃的。

其次，对寺某、朴某证言的真实性予以质疑。一方面，通过证言前后的变化、相互之间的出入及与本案其他证据、客观事实之间的矛盾，论证了两人证言存在的虚假性；另一方面，通过分析寺某主动向日本名古屋检察厅自认“行贿”的情势和心理动机，论证其作出虚假供述的可能性很大。

否定了寺某、朴某的证言，控方指控叶某构成受贿罪的证据体系，就失去了基础和支撑。最终，在经过近一年的延期审理后，检察机关撤回起诉，人民法院裁定准许，检察机关最终对叶某作不起诉处理决定。叶某重获自由，开始了本应属于他的闲适的退休生活。

CASE 7

反复审查，终于不诉

——环保大V董良杰寻衅滋事案

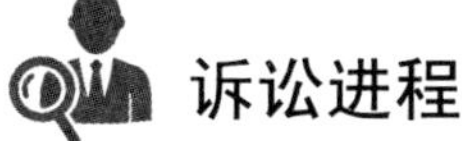

诉讼进程

董良杰，男，新浪微博网名：环保董良杰。1966年1月27日出生，汉族，研究生文化，被捕前系北京微陶环保技术研究中心有限公司股东、苏州微陶重金属过滤科技有限公司股东。

2013年9月11日，因涉嫌寻衅滋事，董良杰被XX市公安局刑事拘留，同年10月10日，经XX市人民检察院第三分院批准，XX市公安局对董良杰执行逮捕。2014年1月9日，XX市公安局将案件移送至XX市人民检察院第三分院审查起诉。XX市人民检察院第三分院受理后，于2014年1月17日将案件移送XX市YY区检察院审查起诉。2014年6月6日，YY区人民检察院决定对董良杰不予起诉。

控方观点

侦查机关认为，2012年4月以来，董良杰使用昵称为“环保董良杰”

的新浪微博账户，多次捏造事实，编造虚假信息，在其微博中原创发布，致相关虚假信息被大量评论、转发，严重扰乱了社会秩序。

侦查机关认定董良杰涉嫌寻衅滋事罪的证据有：

1. 预审受案登记表、拘传证、延长拘留期限通知书、逮捕通知书、延长侦查羁押期限通知书，搜查笔录、董良杰本人户籍材料及表现材料、护照复印件、出入境记录、学历档案、干部档案等。

2. 北京市工商局朝阳分局提供北京微陶环保技术研究有限公司相关材料，北京微陶环保技术研究中心有限公司营业执照，苏州微陶重金属过滤科技有限公司营业执照，发明专利证书，有关公司情况照片、银行记账、验资报告、人员任职及电话联系表等。

3. 博文材料：董良杰以环保董良杰微博大 V 认证号发送的第一篇《自来水里的避孕药》、第二篇《南京猪肉里含铅超标》、第三篇《六味地黄丸里的铅》、第四篇《沿海人头发里的汞》、第五篇《惠州猪肝铜超标》等博文截图。

4. 董良杰供述。

5. 北京新浪互联信息服务有限公司出具的环保董良杰新浪微博用户相关信息的查询证明，包括每篇微博发布的网址、IP 地址、更新时间、内容、转发微博内容及相关评论信息等。

6. 鉴定结论显示："在送检的苹果 iPad2 平板电脑内检测出日历记录、上网记录、新浪微博账户、新浪微博私信等信息。"

7. 环保董良杰与薛某某微博私信聊天记录截图。

8.2011 ~ 2012 年南京市城市集中式饮用水水源地水质检测情况、浙江省卫生厅卫生监督局出具的证明、北京市自来水集团调取光盘及光盘内容。《中国沿海居民头发样本中汞含量研究》中文版、原版及工作说明，水产品中汞及甲基汞测定的情况说明及相关材料，浙江省舟山海洋生态环境监测站简介及近海岸海域生态环境相关材料，北京市公安局网络安全保卫总队提供的“舟山汞超标”辟谣相关材料。

9. 中共南京市委宣传部新闻处提供“南京猪肉铅含量超标”相关材料，南京市农业委员会提供“南京猪肉含铅超标”相关材料，南京市工商行政管理局提供“南京猪肉铅含量超标”相关材料，南京市食品安全委员会办公室“猪肉含铅超标”相关材料，南京市公安局网络安全保卫总队“猪肉含铅超标”相关材料，南京市政府新闻办提供“猪肉含铅超标”相关材料，食品肉类相关国家标准，食品安全法规文件汇编。

10. 惠州市农业局提供相关材料，惠州市工商行政管理局提供的相关材料，现代食品科技杂志复印件，“惠州猪肝铜超标”谣言的辟谣情况及其影响。

11. 六味地黄丸中四种重金属元素的含量分析及其健康风险评价相关材料，《现代食品科技》编辑部提供《六味地黄丸中四种重金属元素的含量分析及其健康风险评价》说明及相关材料，北京市公安局网络安全保卫总队提供“六味地黄丸”辟谣的相关材料。

辩方观点

针对侦查机关认定董良杰涉嫌寻衅滋事罪，辩护人认为董良杰主观上没有捏造事实，编造虚假信息，客观上没有造成社会秩序的严重混乱。

胜 辩

（一）董良杰在微博上发布的信息，均有学术论文作为依据，并非捏造事实，编造虚假信息

1. 董良杰在微博上发布的信息，都有学术论文作为依据。

《最高人民法院、最高人民检察院关于办理利用信息网络实施诽谤等刑事案件适用法律若干问题的解释》第五条第二款规定：“编造虚假信息，或者明知是编造的虚假信息，在信息网络上散布，或者组织、指使人员在信息网络上散布，起哄闹事，造成公共秩序严重混乱的，依照刑法第二百九十三条第一款第（四）项的规定，以寻衅滋事罪定罪处罚。”起诉意见书认定，董良杰多次捏造事实，编造了“自来水里的避孕药”等虚假信息，严重扰乱了社会秩序。对此认定，辩护人认为不能成立，理由如下。

（1）本案中，董良杰在微博上发布的、被起诉意见书认定的虚假信息，全部都有相关学术论文作为依据，董良杰在其微博上也标注了消息来源。在提到发布《自来水里的避孕药》（第一篇）的微博时，董良杰说，当时他在科学数据网站上搜索到一篇有关中国自来水水源中干扰素的文章，他就根据这些消息编写了一篇微博并发布在网上；在提到发布《南京猪肉里含铅超标》（第二篇）的微博时，董良杰说，他是在网上看到南京农业大学的老师和学生写了一篇文章，其中对南京和潍坊两地的猪肉中含铅的情况进行了测量、分析，并得出结论，南京市场上的猪肉30%铅含量超标，根据这些内容，董良杰编发了微博；提到发布《六味地黄丸里的铅》（第三篇）的微博时，董良杰说，他是看到广东医药大学一个博士写的一篇文章，里面提到六个产地的六味地黄丸里面的重金属含量问题，他觉得需要给公众以提醒，因此根据该文章的内容发布了微博；在提到发布《沿海人头发里

的汞》（第四篇）的微博时，董良杰说，他了解到，沿海人吃鱼较多，沿海城市中以舟山的消费量最大，而他知道有一个报告提到舟山人头发里汞含量最高，所以就发了一篇微博；在提到《惠州猪肝铜超标》（第五篇）这篇微博时，董良杰说，那是因为他在网上看到了一篇惠州猪肝的检测报告，里面提到惠州猪肝铜的超标率达到60%，就发了一篇微博。

从董良杰的供述看，他发布的这些涉案微博都是依据当时公开发表的论文或者学术报告，并非凭空捏造。而且，从其微博的内容看，也注明了内容的出处、依据，给了公众以求证、考察的空间和机会，董良杰发布的这些微博并非凭空捏造的虚假信息。

（2）董良杰发布每条涉案微博，都事出有因，其目的是进行科普宣传，不是无事生非、制造恐慌。

董良杰供述，他写第一篇微博的起因是《新世纪》杂志的记者崔某希望向他了解一下自来水中干扰素的问题，于是他就查阅了一些资料，由此编发了一篇微博，发微博的目的是引起领导的关注，拨付资金进行科研，增强老百姓的自我保护意识；他写第二篇微博的起因是他开始研究环保后，对铅污染的问题就比较关注，而且注意到一些报刊都有南京铅污染问题较其他地方严重的报道，所以当他看到南京农业大学的论文后就编写微博并发布，目的是引起大家关注；董良杰写第三篇微博的目的是想通过曝光药里的重金属污染引起大家对土壤污染的重视；董良杰发第四篇微博的原因是他通过研究了解到沿海居民吃鱼比较多，尤其是舟山地区，而那些地区污染是较为严重的，他想通过微博引起大家对海洋、上游河流污染的重视，促使国家加大对污染的治理；董良杰发第五篇微博的原因是他的一个朋友提到广东人爱吃猪内脏，而内脏中重金属污染很严重，希望他能呼吁一下，为此他查阅了资料，写了微博，目的是想引起大家对土壤污染问题的引起关注。

董良杰的供述，披露了他写这些微博的心路历程，都是出于强烈的环保意识，希望通过微博提高政府和民众对环境保护工作的重视程度，看不出半点无事生非、制造恐慌的想法，相反却流露出一个知识分子的拳拳忧国忧民之心。诚然，作为一个被追究刑事责任的犯罪嫌疑人，司法机关有理由怀疑他出于趋利避害的心理，作出对自己有利的供述，进而怀疑他写这些微博的真实动机，加之他曾经在供述中提到，发微博是为了提升个人影响力 ，这也会加重司法机关对他的怀疑。对此，辩护人认为，董良杰的学习、工作经历都与环境保护有关，其在网上发布内容与之有关的微博的行为，是基于职业本能的反应，作为一个研究、从事环保事业的人，制造公众恐慌，对他没有任何好处。其实，从 2006 年起，董良杰就开始关注环境保护，而且还写过相关论文、意见，通过自己的渠道递交给了相关领导并得到了重视，后来，由于正常渠道中断，他才通过发布微博的方式，希望借此引起领导的重视，进而改善日益严重的环境污染 。

2. 董良杰发布的微博，内容或与原文的真实意思有所出入，但其中原因，或是因为董良杰理解有误，或是因为原文作者描述错误，无一是董良杰捏造事实，恶意编造。

（1）董良杰第一篇微博《自来水里的避孕药》的内容是：中国是避孕药消费第一大国，不仅人吃，且发明了水产养殖等新用途。避孕药环境污染可导致野生动物不育或降低再生能力。学者通过对饮水里雌激素干扰物的研究发现，23 个水源都有，长三角最高。另外，它们作为持久污染物，一般水处理技术无法去除，人体积累，后果难料。

这篇微博依据的是姜某某（上海市水资源开发利用国家工程中心有限公司研发工程师）于 2012 年 2 月发表于《环境科学学报》上的一篇论文，中文题目是《中国水源水雌激素效应评估》。在这篇论文中，姜某某提到，“很多环境污染物都能够引起水生动物性别和生殖能力的改变”“此外，这些污染物不能被传统水处理工艺如氯化、混凝沉淀等完全去除”“可以推断 E2、EE2 和 4-NP 是水源水中雌激素干扰效应主要贡献物”“E2 属于雌激素类物质，而 EE2 则是一种口服生物雌激素，是现代几乎所有的口服避孕药成分。而据 Stanbank 在 1997 年的调查，中国是全世界避孕药使用量最大的国家，这可以解释为什么中国水体中 E2 和 EE2 的浓度较高”，论文结论中，姜某某提到“在我国 23 个水源水样中都检出了雌激素干扰效应。与其他地区相比，长三角地区的水样的雌激素干扰效应较高”。

在证言中，姜某某对上述论文中的说法给出了解释，但是他的这些解释并未体现于论文中。姜某某的这篇论文，专业水准很高，没有极强的专业知识是很难理解的，姜某某在证言中的说法是他从专业角度对论文的解读，这样的解读是其他人做不到的，包括董良杰。但是，一个不争的事实是，作者在论文中的表达和结论确实很容易让人误解，董良杰的微博内容，虽然表述与论文原文略有不同，但基本上都是忠实于原文的，基于微博字数的限制，董良杰从论文中提取部分内容以表达自己的观点无可厚非，这样的做法也绝不是断章取义，恶意编造。

（2）董良杰第二篇微博《南京猪肉含铅超标》的内容是：添加剂或污

染饲料喂多了，猪肉里的重金属已成为公众关心的热点问题。南京农大动物学院研究员随机检测潍坊和南京市场上的猪肉发现，潍坊猪肉尚好，南京猪肉铅超标率达 38%。评：铅超标可致暴力、降低智商，铅在食物链上传递，猪变更蠢无所谓，人吃多了会变得凶狠又愚蠢。

董良杰的这篇微博依据的是南京华牧动物科技研究所品管经理吴某发表于沈阳农业大学主办的《养猪》期刊上的一篇论文（彼时吴某在南京农业大学动物科技学院读硕士），中文题目是《南京和潍坊猪肉中重金属及部分微量元素含量调查》。为了撰写论文，吴某在南京市场采集了 13 份在售猪肉样本，在潍坊市场上采集了 8 份在售猪肉样本。在这篇论文中，作者提到，“本实验就南京和潍坊市的农贸市场和大型超市的猪肉进行随机抽样，检测猪肉腿肌中重金属（砷、铅、镉、汞、铬、铜）及部分矿物质微量元素（铁、锰、锌）的含量，结果表明，潍坊的猪肉检测指标均符合我国肉食品中的卫生标准，可以安全食用，但南京部分猪肉中存在一定铅超标现象，超标率达 38.46%”。

董良杰微博中间一段是作者的调查结果，董良杰完全取自论文原文，不存在任何捏造和编造情节；最后一段，是微博作者自己添加的评论，这种评论性的语言，与捏造事实、恶意编造虚假信息是有明显区别的。

在微博发布后，南京市政府新闻办的副主任联系董良杰，称原文作者把标准搞错了，导致调研结果出错，希望董良杰也予以更正。董良杰知错就改，把原文作者的致歉信转发到自己的微博上，并注明“尽管主要错误不在我本人，我也有传播之责，特别致歉”。

（3）董良杰第三篇微博《六味地黄丸里的铅》的内容是：六味地黄丸

是中医药难得之精华，自宋代以来进入寻常百姓家，是当家药和百姓药。非常遗憾的是因为环境污染，重金属在草药里集聚，已经威胁到它的安全。广东中医药大学的博士分析了五个地方的药品，发现它已经被重金属铅污染，如果一日三次一次八丸服用，反而可能对人体带来健康风险。

董良杰的这篇微博，依据的是迟某某（广州中医药大学中医学院讲师）于 2011 年 4 月发表于《现代食品科技》上的一篇论文，中文题目是《六味地黄丸中四种重金属元素的含量分析及其健康风险评价》。在文章中，作者提到，“五个产地六味地黄丸中铅的含量均少量超标，河南产的六味地黄丸中镉元素稍高于国家标准，辽宁和安徽产的六味地黄丸中铜含量有较严重的超标，从健康风险指数来看，六味地黄丸中铅对人体健康存在一定风险”“重金属不能被生物降解，相反却能在食物链的生物放大作用下，成千百倍的富集，最后进入人体”“五个产地的六味地黄丸中铅元素健康风险指数最大”。

上述论文内容，明确表明抽样的药品中，铅元素有超标情况，且铅元素可以通过食物链在人体内富集，健康风险指数很大。董良杰在微博里的表述，系完全引用论文，并无不当。

（4）董良杰第四篇微博《特别科普，舟山人头发里汞超警戒线》的内容是：海洋重金属污染的一大表现就是鱼里汞含量。日本水俣病就是鱼里汞超标引起的。我国海洋污染加速恶化，舟山人食鱼多风险高：早在 2008 年《环境科学》中就有报告显示，抽样 97 人，其中男性头发中汞含量均值为 2.44ug/g，女性为 1.94ug/g；均超 1.0 国际警戒线，结论明确：吃海鱼越多受到甲基汞污染风险越大。

董良杰的这篇微博，依据是刘某某（作者未找到）发表的一篇论文，中文题目是《中国沿海城市居民头发样本中汞含量研究》。在论文中，作者提到，“头发中总的汞含量与居住地间有极大的关联，在接受实验的志愿者中，数舟山的居民汞含量最高，舟山男性的汞含量 2.44ug/g，女性 1.94, 均超出建议的汞含量标准……，因此可以得出结论：吃鱼是当前中国接触汞的重要途径 ”。

从论文表述看，董良杰的微博基本上是原文摘抄论文，并无任何捏造，包括二者的结论，虽然表达方式不一致，但意思都是一样的，董良杰这样的摘抄和引用，并不属于捏造事实、编造虚假信息。

（5）董良杰的第五篇微博《惠州猪肝铜 50% 超标》内容是：由于使用重金属污染粮食做饲料，以及含重金属的添加剂越用越多，使猪肉安全受到新挑战。我曾劝大家少吃肝或者不吃猪内脏。一朋友转来广东惠州进出口检疫中心报告，当地的猪肉尚可，猪肝有 50% 的铜超标，最高的 78.9mg/kg，超八倍。附报告，儿童就别吃肝了。

这篇微博依据的是周某某（惠州出入境检验检疫局检验检疫综合技术中心纺织品实验室副主任、工程师）于 2011 年 12 月发表于《现代食品科技》上的一篇论文，中文题目是《惠州市售猪肉和猪肝中重金属元素残留的抽检检测报告分析》。文中提到，“通过对惠州地区市售的猪肝（30 份）和猪肉（30 份）进行检测，发现……猪肝中铜含量为 4.90−78.9mg/kg，合格率仅为 50.0%,”“近年来，猪肉重金属污染时有报道，且有日趋严重的势头。本次调查试验结果发现惠州地区的猪肉中镉、铬和铜残留未有超标现象，猪肝中镉、铬含量未超标，但是铜残留量超标严重，经过初步调查后发现，猪饲料铜含量整体乐观，但是仍发现有铜含量超标的样品，且超标很严重，探究可能的原因是原来作为微量元素的铜、锌等物质被大量加入饲料中去，大量的铜元素被家畜吸收后，造成代谢器官——猪肝中铜残留量超标，另一种可能的原因是环境污染导致饲料原料、养殖用水，猪圈环境的污染，进而在猪体内蓄积。我们食用不安全的肉制品后，重金属一旦被人体吸收，在人体长时间蓄积，很难分解排泄出，长期食用这样的肉品势必对人体造成伤害”。

分析微博和论文的内容，可以发现，无论是污染渠道、富集过程还是危害后果，董良杰微博的描述都没有超出原论文的范围，董良杰的微博只是对原文进行了提炼、总结，把原文中晦涩难懂的表达方式平常化，这样的行为与捏造事实有着本质的区别。

综上，董良杰发布的五篇微博，均有学术论文出处，其内容也没有超出学术论文的表达范围，而且董良杰发布微博的本意是引起公众对环境污染的关注，其行为不属于故意捏造事实，编造虚假信息。

（二）没有证据证明，董良杰发布的微博造成了社会秩序的严重混乱

《刑法》第二百九十三条将造成社会秩序严重混乱，作为构成本罪的标准。这里所说的社会秩序严重混乱，是个客观标准，而非人的主观判断。目前，侦查机关没有证明，由于董良杰发布上述微博，造成当地社会秩序的混乱，比如自来水厂遭到冲击，桶装水价格飞涨，或者猪肉价格骤涨骤落，或者江浙沿海捕鱼业萧条或者药品滞销。退一步讲，即使出现了上述情况，侦查机关还要证明上述情况与董良杰发布的微博有直接关系，而且

这种混乱已经达到了严重的程度。法律和司法解释没有明确社会秩序严重混乱的含义，实际上，是将此解释权赋予了司法工作人员，正因为如此，司法机关在界定行为是否造成社会秩序严重混乱时，更须慎重，不能滥用司法自由裁量权。在没有确切证据表明董良杰的行为造成社会秩序严重混乱的情况下，应当作出有利于董良杰的认定。

（三）董良杰发布微博的行为不应作犯罪处理

虽然寻衅滋事罪是刑法传统罪名，但将在网络上原创发布虚假信息或者明知是虚假信息而传播，并引起社会秩序严重混乱的行为，以寻衅滋事罪追究，却是由最新司法解释所确定。对于网络谣言与言论失实、学术谬误之间的界限，无论是董良杰、还是众多微博粉丝还未来得及厘清，也缺乏准确判断罪与非罪的技术和知识；即使是侦查机关、公诉机关也需要在具体的案件中探索如何把握罪与非罪的边界。如果不适当地追究公民言论行为的刑事责任，公民的言论自由将受到进一步挤压，可能造成全社会的“鸦雀无声”，当一个社会的民众恐惧于“因言获罪”的滥诉中，思想会丧失自由与活力，公民将失去参与国家和社会事务、行使监督权的热情。因此，严格区分罪与非罪的界限，坚持不滥诉，应当成为公诉机关坚定秉承的理念，否则，将有违刑法的谦抑精神。

检察机关认定

2014 年 6 月 6 日，XX 市 YY 区人民检察院不起诉决定书载明：董良杰实施了《中华人民共和国刑法》第二百九十三条第一款第（四）项规定的行为，但犯罪情节轻微，认罪态度好，根据《中华人民共和国刑法》第三十七条的规定，不需要判处刑罚。根据《中华人民共和国刑事诉讼法》第一百七十三条第二款的规定，决定对董良杰不起诉。

法律规定

1.《中华人民共和国刑法》

第三十七条 对于犯罪情节轻微不需要判处刑罚的，可以免予刑事处罚，但是可以根据案件的不同情况，予以训诫或者责令具结悔过、赔礼道歉、赔偿损失，或者由主管部门予以行政处罚或者行政处分。

第二百九十三条 有下列寻衅滋事行为之一，破坏社会秩序的，处五年以下有期徒刑、拘役或者管制：

（一）随意殴打他人，情节恶劣的；

（二）追逐、拦截、辱骂、恐吓他人，情节恶劣的；

（三）强拿硬要或者任意损毁、占用公私财物，情节严重的；

（四）在公共场所起哄闹事，造成公共场所秩序严重混乱的。

纠集他人多次实施前款行为，严重破坏社会秩序的，处五年以上十年以下有期徒刑，可以并处罚金。

2.《最高人民法院、最高人民检察院关于办理利用信息网络实施诽谤等刑事案件适用法律若干问题的解释》

第五条 利用信息网络辱骂、恐吓他人，情节恶劣，破坏社会秩序的，依照刑法第二百九十三条第一款第（二）项的规定，以寻衅滋事罪定罪处罚。

编造虚假信息，或者明知是编造的虚假信息，在信息网络上散布，或者组织、指使人员在信息网络上散布，起哄闹事，造成公共秩序严重混乱的，依照刑法第二百九十三条第一款第（四）项的规定，以寻衅滋事罪定罪处罚。

3.《中华人民共和国刑事诉讼法》

第一百七十三条 犯罪嫌疑人没有犯罪事实，或者有本法第十五条规定的情形之一的，人民检察院应当作出不起诉决定。

对于犯罪情节轻微，依照刑法规定不需要判处刑罚或者免除刑罚的，人民检察院可以作出不起诉决定。

人民检察院决定不起诉的案件，应当同时对侦查中查封、扣押、冻结的财物解除查封、扣押、冻结。对被不起诉人需要给予行政处罚、行政处分或者需要没收其违法所得的，人民检察院应当提出检察意见，移送有关主管机关处理。有关主管机关应当将处理结果及时通知人民检察院。

办案手记

网络寻衅初入刑，依法辩护终无罪

北京市尚权律师事务所　高文龙律师

几年前的一天，XX 城突遭“大雾”袭击，几乎伸手不见五指。闲居在家的薛某某极目远望，但见白茫茫一片，如梦似幻。薛某某随即拍照发布微博，炫耀自己身处人间仙境。董良杰看到微博后，告诉薛某某，这不是雾，是雾霾，对人体有害。薛某某不明就里，向董良杰追问，董良杰详细解答后，薛某某如梦初醒，随即在微博上做出更正说明。由于薛某某是网络大V，其微博被多人关注、转发，雾霾这个词正式进入人们的视野中。

我和张青松律师会见时，董良杰告诉我，他因为自身疾病关注环保，开始翻阅国内外关于环保的典籍，关注国内关于环保的话题，发布与环保有关的微博。他的微博经薛某某等大V转发后，引起很多人关注。2013年9月11日，XX市公安局以董良杰涉嫌寻衅滋事，将其拘留。

在看守所关押期间，董良杰一直很淡定，说起案子时思路清晰，不说案件时也从不抱怨。有段时间他显得沉默寡言，我问他是不是有事，他说没什么事，只是在写东西。问他写什么，他说最近雾霾严重，想根据自己掌握的知识，写一篇文章，名字叫《大气污染物减排联动承包责任制——以火电厂减排为例》。文章主要论述雾霾的成因以及治理方案。有可能的话，他想将这份材料交给环保部门，希望能对雾霾治理有一些帮助。按照董良杰的观点，整个中国北方发生大面积雾霾，与能源结构和能源战略有直接关系，部门壁垒和区域联动机制不畅起到了推波助澜的作用。会见时，他提到了很多雾霾方面的专有名词和关于治理方面的担忧，让人感觉他不仅专业，而且拳拳爱国之心，溢于言表。

出于尊重，我们经常去会见董良杰。有时候开玩笑地问他，如果最终被判有罪，如何打算。他说那也没什么，他可以在没有任何外界干扰和俗务羁绊的环境下看书，没准能弄个环保的专利出来；问他在里面生活得怎么样，他说他在里面很受尊重，问为何，他说看守所的管教以及侦查人员对他都很友好，经常问他环保方面的知识，比如，哪个地方的大米吃起来更安全，自来水烧开了能不能直接饮用等。

胜 辩

2014年6月6日，审查起诉最后一天，下午5点我给公诉人打电话，那边答复公诉人正在开会。周五，下班时间，公诉人还在开会，我们觉得他们很可能是讨论对董良杰不起诉的可能。为了印证这个判断我放下手头工作，直接驱车前往XX市看守所，在门口等候消息。可能是因为程序复杂，直到晚上11点多，董良杰才在公诉人的陪同下，拿着随身物品，从看守所里走出来。我问董良杰，你有没有想过我们会在这样的场景下见面？他说，想过，但仍感觉像做梦。

在整个审查起诉阶段，我们一直坚持做无罪辩护。首次阅卷后，我们即形成详尽、系统的辩护意见，与公诉人沟通时，不仅提交了书面辩护词，还和公诉人就定性问题进行了深入探讨。第一次退侦结束后，根据补充的案件材料以及公诉人的定性观点，我们再次提出有针对性的书面辩护意见，并和公诉人进行了面对面的沟通。本案经过两次退回补充侦查，每次拿到新证据后，我们都会提交补充书面辩护意见，与公诉人当面沟通，令人欣慰的是，公诉人不仅展现出了极高的专业水准，而且还有客观公允的诉讼态度，这保证了控辩双方对话渠道畅通，案件定性得以明晰。

本案最终以董良杰犯罪情节轻微、认罪态度好，对他不起诉。这样的结果，稍显美中不足，但对于YY检察院而言，已殊为不易。董良杰被追诉时，恰逢两高关于网络言论入刑司法解释刚刚出台，对于网络谣言与言论失实、学术谬误之间的界限，无论是董良杰还是众多微博粉丝还未来得及厘清，法律的“既定性”还没有得到普及，在罪与非罪标准上，还有待于形成共识。在这样的背景下，YY检察院能够做出不起诉决定，显得弥足珍贵，值得称道！

CASE 8

警惕海外代购带来刑事风险

——抗癌药代购第一人陆勇销售假药案

诉讼进程

陆勇，男，江苏省无锡市人，无锡市振生针织品有限公司和无锡绿橙国际贸易公司法定代表人。

2013年11月21日，沅江市公安局以涉嫌妨害信用卡管理罪对陆勇刑事拘留。2013年12月25日，沅江市人民检察院以妨害信用卡管理罪对陆勇批准逮捕。2014年3月19日，因陆勇患有严重疾病慢性粒细胞白血病被取保候审。

2014年4月14日，沅江市公安局以陆勇涉嫌妨害信用卡管理罪、销售假药罪将该案移送审查起诉。

2014年7月21日，沅江市人民检察院以妨害信用卡管理罪、销售假药罪对陆勇提起公诉。

2014年11月17日，沅江市人民法院决定对该案于2014年11月28日开庭审理。

2014年12月22日，陆勇委托北京市尚权律师事务所律师张青松、张宇鹏为其辩护。

2014年12月23日，沅江市人民法院作出〔2014〕沅刑初字第267-1号刑事裁定书，对沅江市人民检察院提起公诉的被告人陆勇妨害信用卡管理、销售假药一案中止审理。

2014年12月24日，张宇鹏律师乘飞机赴长沙，转乘车到沅江市向沅江市人民法院递交委托手续，并按要求阅卷。法官起初以案件中止为由，拒绝接收委托手续安排阅卷。后经律师与法官充分沟通，最终法官同意接收委托手续，并安排拍照阅卷。

2015年1月10日，张青松律师接到陆勇家属电话，得知陆勇在北京市首都机场被首都机场派出所采取强制措施。

2015年1月11日，张宇鹏律师赴北京市大屯路派出所沟通，得知陆勇被首都机场派出所逮捕，移送到大屯路派出所后被羁押在北京市朝阳区看守所。

2015年1月12日，张宇鹏律师赴北京市朝阳看守所会见陆勇，被告知陆勇系临时羁押，不予批准会见。

2015年1月14日，张宇鹏律师接到陆勇电话，得知陆勇已被沅江市公安局派人带往沅江市。

2015年1月16日，沅江市人民法院作出〔2014〕沅刑初字第267-2号刑事裁定书，决定恢复案件审理。

2015年1月19日，张宇鹏律师赶到沅江市，跟法官交流意见，向法院递交了对陆勇采取逮捕措施不当的律师意见，并领取了恢复开庭审理的裁定。

2015年1月27日，沅江市人民检察院以因法律、司法解释发生变化为由，提出撤回起诉；同日，沅江市人民法院作出〔2014〕沅刑初字第267-3号刑事裁定书，准许沅江市人民检察院撤回起诉。

2015年2月15日，沅江市人民检察院对该案公开审查。辩护律师在公开审查程序中提出无罪的辩护意见。

2015年2月26日，沅江市人民检察院对陆勇作出不起诉决定。

侦查机关观点

起诉意见书意见如下：

2012年间，印度人杰明尼[①]在江苏省无锡市农业银行开办了杰明尼和杰明度两个账户来吸取贩卖印度药物的涉案资金。在其两个账户无法操控的情况下，从2013年开始，杰明尼与犯罪嫌疑人陆勇合伙采用网上发邮件和QQ群联系客户等方式在中国国内销售印度cyno pharmaceuticalsltd公司生产的VEENAT100、IMATINIB400、IMATINIB100等药物。在没有使用王某农业银行账号之前，犯罪嫌疑人陆勇先后使用云南省普洱市病人张某和李某两人的农业银行账户为其收取售药资金。直至2013年8月份，陆勇为了逃避打击，周转销售印度药物的资金，才从互联网刘某的诚信卡源网店上购买了以王某身份证办理的这张农业银行卡。用于收取印度cyno pharmaceuticalsltd公司杰明尼在中国销售药物的资金。经益阳市食品药品监督管理局证实，陆勇帮印度cyno公司在中国销售的药物均未经中国进口药品许可销售。

① 本案涉外人员均为化名。

自2013年以来，犯罪嫌疑人陆勇销售这几种药物的金额达300余万元，期间又多次按照杰明尼的授意，将这些钱款汇给浙江省义乌市从事外贸的赵某账户上。案发后，公安局已冻结从事药物销售的杰明尼和杰明度的两个农业银行账户、王某的农业银行账户以及赵某的农业银行账户。同时犯罪嫌疑人陆勇已向公安局退缴违法涉案资金753900元。

认定上述犯罪事实的证据：犯罪嫌疑人供述、同案犯供述、淘宝交易记录、银行交易流水、购药人员询问材料等。

上述犯罪事实清楚，证据确实、充分，足以认定。

综上所述，犯罪嫌疑人陆勇的行为已经触犯了《中华人民共和国刑法》第一百七十七条之一第一款之规定，涉嫌妨害信用卡管理罪；触犯了《中华人民共和国刑法》第一百四十一条之规定涉嫌销售假药罪。

辩方观点

辩护人认为陆勇不构成妨害信用卡管理罪、销售假药罪，因此提出无罪辩护的意见，具体如下。

（一）陆勇不构成妨害信用卡管理罪

《起诉意见书》认为，陆勇的行为涉嫌违反《刑法》第一百七十七条之一第一款之规定；公开审查过程中，侦查机关又认为陆勇的行为涉嫌《刑法》第一百七十七条之一第四款之规定。上述情况可得知，侦查机关认为陆勇的行为涉嫌非法持有伪造的信用卡、购买伪造的信用卡或者购买以虚假的身份证明骗领的信用卡。辩护人认为陆勇在互联网购买信用卡及使用亲人、朋友信用卡的行为不符合《刑法》第一百七十七条之一任何一款之规定，不构成妨害信用卡管理罪。

首先，陆勇不存在明知是伪造的信用卡而持有的行为。本案中，陆勇从互联网购买了三张信用卡，陆勇将其中一张卡主身份信息为王某的信用卡留用，其余两张丢弃。上述信用卡均系销售者刘某从他人处购买，现有证据尚不能证明该信用卡为伪造。即使上述信用卡为伪造，一方面陆勇并非专业技术人员，不可能对上述信用卡进行技术鉴定来确定其是否为伪造；另一方面陆勇在购买上述信用卡时，也未从任何人处获知信用卡为伪造的信息。因此陆勇不具备明知上述信用卡为伪造而持有的情形，不符合《刑法》第一百七十七条之一第一款规定“明知是伪造的信用卡而持有，或者明知是伪造的空白信用卡而持有”的情况。

其次，陆勇不存在非法持有他人信用卡数量较大的情况。如前所述，陆勇在互联网上购买了三张信用卡，此外陆勇还分别使用过其母亲蔡某、病友张某、病友妻子李某的信用卡。蔡某、张某、李某的证言可以证实，陆勇使用蔡某、张某、李某是经过了三人授权同意的，显然不属于非法持有。非法持有他人信用卡在五张以上的属于非法持有他人信用卡数量较大，因此陆勇持有他人信用卡的行为也不符合《刑法》第一百七十七条之一第二款非法持有他人信用卡数量较大的情况。

最后，陆勇所购买的信用卡不属于伪造或以虚假的身份证明骗领的信用卡。陆勇在 2013 年 8 月从互联网购得的信用卡均系刘某从刘某文处购得，而刘某帮助刘某文购买大量身份证的时间为 2013 年 9 月，因此陆勇购买的信用卡并非是以刘某购买的身份证骗领。另外，依据本案现有证据也无法确定陆勇购买的三套信用卡是否是由刘某文使用其他人的身份信息骗领。在上述情况下，陆勇购买的信用卡并非伪造也不是以虚假身份证明骗领，因此不符合《刑法》第一百七十七条之一第四款规定“购买伪造的信用卡或者以虚假的身份证明骗领的信用卡”的情形。

综上，陆勇购买信用卡及持有、使用他人信用卡的行为不符合妨害信用卡管理罪这一罪名的规定，不构成犯罪。

（二）陆勇不构成销售假药罪

侦查机关沅江市公安局认为陆勇为印度鑫诺（cyno）公司提供账户吸收销药资金的行为触犯了《刑法》第一百四十一条规定，即“生产、销售假药的，处三年以下有期徒刑或者拘役，并处罚金”。辩护人认为陆勇主观上不存在销售假药的故意，客观上也不存在销售假药的行为。

1. 陆勇主观上不存在销售假药的故意

2013 年 3 月之前，中国白血病患者购买印度药物是通过在网上填写购买信息，并将资金汇入鑫诺公司在中国开设的账户，鑫诺公司收到药款后，以快递的形式将药物给付患者。2013 年 3 月后，因中国银行系统升级，导致鑫诺公司无法操作银行账户，才请陆勇帮忙开设账户，用于收取资金。陆勇开设账户的行为，既帮助了白血病患者购买药品，也方便了鑫诺公司收取资金，为实现药品的销售与购买搭建了桥梁，陆勇在实施上述行为时并未获取任何报酬，也未获得任何其他利益。

陆勇在供述中多次表示，其行为是出于白血病患者群体之间的互相帮助，他向病友推荐药物、帮助病友购买药物都是为了使病友能得到质优价廉的药物，使病友的生命得以延续。同样他帮助鑫诺公司开设账户收取资金的行为，也是为了帮助病友得以实现购买药物的目的。鉴于白血病患者这一群体的特殊性，患者之间的互助行为是这一群体最基本、最直接的行为，因此陆勇的供述真实可信。陆勇的行为虽然客观上帮助鑫诺公司收取了药款，但其目的完全是为了帮助白血病患者购买药物，其主观上不存在销售药品的故意。

2. 陆勇客观上不存在销售药物的行为

辩护人认为陆勇并非鑫诺公司的员工，其与鑫诺公司之间不存在从属关系，也不是制造商与销售商之间的关系，更非销售商与代理商之间的关系。鑫诺公司确实为陆勇提供免费药物，但其提供时间系从 2010 年开始，而陆勇帮助鑫诺公司开设账户的时间是 2013 年，不能简单地将鑫诺公司给陆勇提供免费药物认定是陆勇获取的报酬，更不能因此认为陆勇是受雇于鑫诺公司或为鑫诺公司员工。

销售的意思即是卖出货物，其目的就是获取利润。本案中制造和销售药物的是鑫诺公司，陆勇本人既不生产药物，也不代为销售药物，更没有所谓的货物可以出售。事实上陆勇从未经手过涉案的药物，鑫诺公司销售药品所得资金也从未进入过陆勇的个人账户。《起诉意见书》中也明确了陆勇的行为是为鑫诺公司提供账户吸收销售药品交易金额，而非卖出药物的行为。陆勇的行为在本质上与银行的转账或快递公司递送行为一样，银行在收取转账费用的同时，使鑫诺公司实现了收取药款；快递公司在收取服务报酬的同时，使鑫诺公司实现了给付药物，但不能因上述行为帮助实现了药品的销售，而认定其是销售行为。

综上所述，陆勇在本案中实施的所有行为均系出于白血病患者之间的互助，他的行为也并未触犯任何《刑法》规定，不具有社会危害性。陆勇通过自己的行为，帮助众多白血病患者获得了质优价廉的药物，使众多白血病患者的生命得以延续，他以一己之力在困难重重中为中国白血病患者开启了一道希望之门。陆勇的行为应当得到赞扬和肯定，而不应追究其并不存在的刑事责任。

检察机关认定

1. 沅江市检察院经将本案公开审查后，于 2015 年 2 月 26 日决定对陆勇不予起诉。具体意见如下：

陆勇的购买和帮助他人购买未经批准进口的抗癌药品的行为，违反了《中华人民共和国药品管理法》的相关规定，但陆勇的行为不是销售行为，不符合《中华人民共和国刑法》第一百四十一条的规定，不构成销售假药罪。陆勇通过淘宝网从刘某处购买 3 张以他人身份信息开设的借记卡，并使用其中户名为王某的借记卡的行为，违反了金融管理法规，但其目的和用途完全是白血病患者支付自服药品而购买抗癌药品款项，且仅使用 1 张，情节显著轻微，危害不大，根据《中华人民共和国刑法》第十三条的规定，不认为是犯罪。根据《中华人民共和国刑事诉讼法》第十五条第（一）项和第一百七十三条第一款的规定，决定对陆勇不起诉。

2. 沅江市人民检察院对陆勇作出不起诉决定的同时，还针对陆勇案出具了一份释法说理书，再次从法理上阐述了陆勇不构成犯罪的意见。内容节选如下：

如果认定陆勇的行为构成犯罪，将背离刑事司法应有的价值观。

1. 与司法为民的价值观相悖。综观全案事实，呈现四个基本点：一是陆勇的行为源起于自己是白血病患者而寻求维持生命的药品；二是陆勇所帮助买药的群体全是白血病患者，没有为营利而从事销售或中介等经营药品的人员；三是陆勇对白血病病友群体提供的帮助是无偿的；四是在国内市场合法的抗癌药品昂贵的情形下，陆勇的行为客观上惠及了白血病患者。刑事司法的价值取向表现为人权保障与社会保护两个方面，对社会秩序的保护从根本上讲也是维护人民的共同利益需求。党的十八届四中全会决定强调“要坚持人民司法为人民”“通过公正司法维护人民权益”；同时强调“必须坚持法治建设为了人民、依靠人民、造福人民、保护人民，以保障人民根本权益为出发点和落脚点”。陆勇的行为虽然在一定程度上触及了国家对药品的管理秩序和对信用卡的管理秩序，但其行为对这些方面的实际危害程度，相对于白血病群体的生命权和健康权来讲，是难以相提并论的。如果不顾及后者而片面地将陆勇在主观上、客观上都惠及白血病患者的行为认定为犯罪，显然有悖于司法为民的价值观。

2. 与司法的人文关怀相悖。在刑事司法中，根据我国《刑法》和《刑事诉讼法》，对于不满 18 周岁的未成年人、已满 75 周岁的老年人、又聋又哑的人或者盲人、尚未完全丧失辨认或者控制自己行为能力的精神病人、孕妇或者正在哺乳期的妇女，在刑罚适用或诉讼权利、诉讼程序上，适用相应区别对待的规定，体现了对弱势群体的特别保护，所彰显的就是刑事司法的人文关怀，与坚持法律面前人人平等的原则并行不悖。本案中，陆勇及其病友作为白血病群体，也是弱势群体，陆勇的上述违反药品管理法和妨害信用卡管理的行为发生在自己和同病患者为维持生命而进行的寻医求药过程中，并且一方面这些行为发生在其能力难以购买合法药品的情形下，另一方面这些行为给相关方面并未带来多少实际危害，如果视这种弱势群体自救行为中的轻微违法行为为犯罪，显然有悖于刑事司法应有的人文关怀。

3. 与转变刑事司法理念的要求相悖。随着国家尊重和保障人权的宪法原则载入修改后的刑诉法，保障人权成为刑诉法的基本任务之一，与惩治犯罪共同构成刑事诉讼的价值目标。从保障人权出发转变刑事司法理念，就是要重视刑事法治、慎用刑事手段、规范刑事司法权运行。既要强调刑罚谦抑原则，真正把刑法作为调整社会关系的最后的手段、不得已才运用的手段；又要严格规范执法，坚持程序与实体并重，严守法定程序，准确适用实体法律，坚持理性、平和、文明执法。本案中的问题，完全可通过行政的方法来处理，如果不顾白血病患者群体的生命权和健康权，对陆勇的上述行为运用刑法来评价并轻易动用刑事手段，是不符合转变刑事司法理念要求的。

法律规定

（一）妨害信用卡管理罪

1.《中华人民共和国刑法》

第一百七十七条之一 有下列情形之一，妨害信用卡管理的，处三年以下有期徒刑或者拘役，并处或者单处一万元以上十万元以下罚金；数量巨大或者有其他严重情节的，处三年以上十年以下有期徒刑，并处二万元以上二十万元以下罚金：

（一）明知是伪造的信用卡而持有、运输的，或者明知是伪造的空白信用卡而持有、运输，数量较大的；

（二）非法持有他人信用卡，数量较大的；

（三）使用虚假的身份证明骗领信用卡的；

（四）出售、购买、为他人提供伪造的信用卡或者以虚假的身份证明骗领的信用卡的。

窃取、收买或者非法提供他人信用卡信息资料的，依照前款规定处罚。

银行或者其他金融机构的工作人员利用职务上的便利，犯第二款罪的，从重处罚。

2.《最高人民法院、最高人民检察院关于办理妨害信用卡管理刑事案件具体应用法律若干问题的解释》

第二条 明知是伪造的空白信用卡而持有、运输10张以上不满100张的，应当认定为刑法第一百七十七条之一第一款第（一）项规定的“数量较大”；非法持有他人信用卡5张以上不满50张的，应当认定为刑法第一百七十七条之一第一款第（二）项规定的“数量较大”。

有下列情形之一的，应当认定为刑法第一百七十七条之一第一款规定的“数量巨大”：

（一）明知是伪造的信用卡而持有、运输10张以上的；

（二）明知是伪造的空白信用卡而持有、运输100张以上的；

（三）非法持有他人信用卡50张以上的；

（四）使用虚假的身份证明骗领信用卡10张以上的；

（五）出售、购买、为他人提供伪造的信用卡或者以虚假的身份证明骗领的信用卡10张以上的。

违背他人意愿，使用其居民身份证、军官证、士兵证、港澳居民往来内地通行证、台湾居民来往大陆通行证、护照等身份证明申领信用卡的，或者使用伪造、变造的身份证明申领信用卡的，应当认定为刑法第一百七十七条之一第一款第（三）项规定的“使用虚假的身份证明骗领信用卡”。

第三条 窃取、收买、非法提供他人信用卡信息资料，足以伪造可进行交易的信用卡，或者足以使他人以信用卡持卡人名义进行交易，涉及信用卡1张以上不满5张的，依照刑法第一百七十七条之一第二款的规定，以窃取、收买、非法提供信用卡信息罪定罪处罚；涉及信用卡5张以上的，应当认定为刑法第一百七十七条之一第一款规定的“数量巨大”。

（二）销售假药罪

1.《中华人民共和国刑法》

第一百四十一条 生产、销售假药的，处三年以下有期徒刑或者拘役，并处罚金；对人体健康造成严重危害或者有其他严重情节的，处三年以上十年以下有期徒刑，并处罚金；致人死亡或者有其他特别严重情节的，处十年以上有期徒刑、无期徒刑或者死刑，并处罚金或者没收财产。

本条所称假药，是指依照《中华人民共和国药品管理法》的规定属于假药和按假药处理的药品、非药品。

2.《最高人民检察院公安部关于公安机关管辖的刑事案件立案追诉标准的规定（一）的补充规定》（注：本司法解释于2017年4月27日印发，案件审理时尚未施行）

第二条 将《立案追诉标准（一）》第17条修改为：[生产、销售假药案（刑法第141条）]生产、销售假药的，应予立案追诉。但销售少量根据民间传统配方私自加工的药品，或者销售少量未经批准进口的国外、境外药品，没有造成他人伤害后果或者延误诊治，情节显著轻微危害不大的除外。

以生产、销售假药为目的，具有下列情形之一的，属于本条规定的“生产”：

（一）合成、精制、提取、储存、加工炮制药品原料的；

（二）将药品原料、辅料、包装材料制成成品过程中，进行配料、混合、制剂、储存、包装的；

（三）印制包装材料、标签、说明书的。

医疗机构、医疗机构工作人员明知是假药而有偿提供给他人使用，或者为出售而购买、储存的，属于本条规定的“销售”。

本条规定的“假药”，是指依照《中华人民共和国药品管理法》的规定属于假药和按假药处理的药品、非药品。是否属于假药难以确定的，可以根据地市级以上药品监督管理部门出具的认定意见等相关材料进行认定。必要时，可以委托省级以上药品监督管理部门设置或者确定的药品检验机构进行检验。

办案手记

办案随笔三则

北京市尚权律师事务所 张宇鹏律师

陆勇因涉嫌妨害信用卡管理罪于 2013 年 11 月 23 日被沅江市公安局刑事拘留，随后因陆勇的癌症患者身份和涉嫌销售假药的罪名而见诸媒体报端，引起了学者、律师、社会群众的热烈讨论，最终成了一起全民关注的焦点案件。

本案从接受委托开始一直到公诉机关作出不起诉决定的过程一波三折，可谓峰回路转、柳暗花明。

（一）行政立法不当易催生刑事案件

尚权律师事务所于 2014 年 12 月 22 日正式接受陆勇委托，指派张青松律师和笔者为陆勇的辩护人。2014 年 12 月 24 日平安夜这天，笔者乘机赴长沙，再由长沙乘出租车到沅江，夜宿沅江。12 月 25 日圣诞节跟办案法官见面，递交委托手续，要求阅卷。法官告知案件已于 12 月 23 日中止审理，不接收律师的手续，不同意阅卷。

《刑事诉讼法》显然没有这种规定，笔者据理力争，法官允之。遂交手续、阅卷。

本案案情较为简单，互联网上也有部分披露。因此，本文不就案情展开详细讨论，现就刑法与行政法规的关系谈一下个人看法。

刑法规定只要销售假药的就构成犯罪，而对于假药如何界定，则要依据行政法规也就是按照我国《药品管理法》的规定属于假药和按假药处理的药品、非药品。《药品管理法》第四十八条第一款规定，禁止生产（包括配制，下同）、销售假药。从这一规定可以确定，销售假药是行政法规禁止的行为，现行刑法则同样规定只要销售假药即构成犯罪。2011 年 5 月 1 日起施行的《刑法修正案（八）》实施前，刑法规定是生产、销售假药，足以严重危害人体健康的才构成犯罪，修正后则去掉了足以严重危害人体健康这一条件。这一修正，直接将行政法规调整的范畴纳入了刑法的范畴。从法理上讲，能通过行政手段解决的问题，就不应将其纳入刑事法律的范畴。这一变化的直接结果是相当数量销售假药罪案件的产生，占用了不必要的司法资源，近几年网络代购的兴起，更是催生了大量销售假药案件。

《药品管理法》中规定的假药与大众意义上的假药明显不同。最受争议的就是法律规定，必须批准而未经批准生产、进口，或者依照本法必须检验而未经检验即销售的属于假药。群众的普遍认识中，只要能治病的就是真药，反之不能治病的甚至给人体造成损害的就是假药。本案中，陆勇代购的药品恰恰就是能够治病的药物，也恰恰属于未经批准进口的药物。行政法规如此设定初衷我们很好理解，是要保障消费者能够买到合格的正规的药品，目的是保障买药者的生命健康权利。社会公众之所以出现多数认可陆勇的做法，不愿意见到陆勇因此被判处刑罚，一方面陆勇自己是癌症患者，另一方面陆勇替他人购买的药品正是为了治病救人，为了保障癌症患者的生命健康。陆勇所代购的药品到底是不是假药，按照现行的法律规定，它是假药，但它能治病救人的性质又导致大众对法律这种规定不认可，不理解。这种普遍认知和法律规定上的矛盾其实很好解决，例如将须批准而未经批准生产、进口，或者依照《药品管理法》必须检验而未经检验的定义为违规生产、销售的药物即可，对不具备疗效甚至危害人体健康的药物定义为假药，就能从根本上解决这一问题。

行政法规立法考虑的是立法时的实际情况，不会考虑到立法后对刑事法律的影响。从法律层面上看，将未经批准进口的药品认定为假药是符合法律规定的，将销售未经批准进口的药品的行为定罪为销售假药罪也是符合法律规定的，这两种符合法律定的情形放在一起所得出的结果，是普通群众认识所不能认可的，这就导致了老百姓认为不合理结果的产生。

刑法依据行政法规的规定来定性的案件有很多，最突出的就是非法经营罪，近期比较知名的案例有内蒙古农民王力军无证收购玉米案。2016年4月15日内蒙古农民王力军没有办理粮食收购许可证，从农民手中收购粮食卖给粮站，被判处有期徒刑一年，缓期两年执行。王力军违反的行政法规就是《粮食流通管理条例》第四十条规定，未经粮食行政管理部门许可擅自从事粮食收购活动的，由粮食行政管理部门没收非法收购的粮食……构成犯罪的，依法追究刑事责任。2016年11月，国家粮食局出台《粮食收购资格审核管理办法》，明确规定农民、粮食经纪人、农贸市场粮食交易者等个体，今后从事粮食收购活动，不用再办理粮食收购资格。这一办法的出台，从行政层面上解决了王力军无证购粮的非法问题。此后，该案经最高人民法院再审，认定其行为不具备社会危害性而不认定为犯罪。

2017年4月27日印发的《最高人民检察院、公安部关于公安机关管辖的刑事案件立案追诉标准的规定（一）》对销售假药罪的立案标准进行了修改，对销售假药即追责设定了例外情形，即“销售少量根据民间传统配方私自加工的药品，或者销售少量未经批准进口的国外，境外药品，没有造成他人伤害后果或者延误诊治，情节显著轻微危害不大的除外”。这也说明有关部门已经认识到了矫枉过正所带来的严重后果。

中国政法大学阮齐林教授的一番话特别值得司法机关思考和借鉴。阮齐林教授说，经济活动中，执照越多，许可越多，干预就越大，权力寻租的机会就多，形成腐败的可能性就越大。过分干涉就会影响经济正常发展，完全开放会无序。定性什么样的经营行为属于刑法需要惩戒的违法行为，需要把握度。应严格避免将一般的行政违法行为当作刑事犯罪来处理。

“让上帝的归上帝，恺撒的归恺撒”。

（二）法律与社会公众的普遍认识

2015 年 1 月 10 日，笔者突然接到张青松律师电话，他告知笔者正在取保候审接受治疗的陆勇在首都机场被公安机关抓捕。此后，陆勇被羁押在北京市朝阳看守所，因是临时羁押不允许律师会见。1 月 14 日，陆勇在被押往沅江市的途中给笔者来电，告知笔者沅江市公安机关已经派人将其押往沅江市看守所羁押。后经了解陆勇被逮捕的理由是多次传唤未到庭。2014 年 11 月 17 日法院给陆勇发传票，通知陆勇在 11 月 28 日开庭，陆勇则因治病需要请求延期审理，双方协商不成，才发生了陆勇被逮捕的情况。1 月 19 日，笔者根据了解的情况，紧急向沅江市法院提出对陆勇变更羁押措施的请求，法院未予同意。

胜 辩

春节前夕陆勇突然被逮捕，再次将本案推上了媒体的风口浪尖之上。陆勇是否构成销售假药罪、是否应当被逮捕，再次成了人们茶余饭后热议的话题。舆论观点从正反双方的激烈对抗开始，逐渐演变成了一边倒的要求认定陆勇无罪，将陆勇释放。

近几年，互联网的快速发展，促成了社会舆论监督力量的迅速壮大。越来越多的敏感、焦点案件通过媒体披露，成为社会公众热议的话题。社会舆论对案件审理的影响有正面的，也有负面的。例如聂树斌案，若没有强大的社会舆论力量的推动，是万万走不到今天这一步的。

2017 年 2 月 20 日，最高法出台《最高人民法院关于全面推进以审判为中心的刑事诉讼制度改革的实施意见》，该意见在第三条特别强调，不得因舆论炒作、上访闹访等压力作出违反法律的裁判。这一条的规定在某种程度上暴露出了法院作为裁判机关在社会舆论面前的无力感，无异于自损司法裁判机关的权威；另一方面，这一规定也反映出社会舆论的强大威力，即使是强大如司法裁判机关也要退避三舍。

无论是对司法裁判机关还是对一国政府，或者是对普通公民个人，社会舆论都是一把双刃剑。毋庸置疑，社会舆论若被别有用心者利用，必然会严重破坏司法公正，甚至造成社会动荡，但法院作为司法裁判机关不能对社会舆论畏之如虎，谈虎色变。正常的社会舆论所引导出的必定是社会公众对普世价值的一种认可。回归到陆勇案，陆勇所代购的药品按照法律规定确为假药，但这种结论并不为社会公众所认可，特别是得不到癌症患者的认可。在这个问题上，社会公众所认可的普世价值与法律规定发生了冲突。当法律与社会公众认可的普世价值不一致时，显然法律此时是与社会公众普遍认知的道德标准不一致的，是突破了道德底线的。这时要做的显然不是强制推行法律，而是要求执法者、立法者对法律的设定进一步思考和修订。

我国《药品管理法》于 1984 年 9 月 20 日通过实施，期间进行过一次修订，两次修正。最后一次修正是在 2015 年 4 月 24 日，由第十二届全国人民代表大会常务委员会第十四次会议修正。这次修正是在陆勇案被作出不起诉决定之后，经过了沸沸扬扬的社会公众大讨论，我们的立法机关依然将必须批准而未经批准生产、进口即销售的药品定义为假药。这固然是立法机关与社会舆论的一次博弈的结果，但笔者看到的是又有众多代购进口药品者为此锒铛入狱。当我们将道德的最低限度不断提高时，得到的不是对社会公众行为的有效约束，只会适得其反。

“法律是最低限度的道德”。

（三）撤回起诉后被告人的双重危险

2015 年 1 月 27 日，沅江市人民检察院以因法律、司法解释发生变化为由，提出撤回起诉；同日，沅江市人民法院作出〔2014〕沅刑初字第 267-3 号刑事裁定书，准许沅江市人民检察院撤回起诉。此后，1 月 29 日，沅江市人民检察院对陆勇取保候审。《最高人民法院、最高人民检察院关于办理危害药品安全刑事案件适用法律若干问题的解释》于 2014 年 12 月 1 日起正式施行，同时《最高人民法院、最高人民检察院关于办理生产、销售假药、劣药刑事案件具体应用法律若干问题的解释》（法释〔2009〕9 号）废止。本案恰恰处于这一司法解释变化的时间之内。

显然，在强大的舆论压力之下，公诉机关开始重新认识本案，拟将本案作不起诉处理。第一步就是撤回起诉，并以司法解释变更为由从技术层面上解决了这一难题。撤回起诉后，沅江市检察院决定对本案启动公开审查程序。最高人民检察院于 2001 年 3 月 5 日发布《人民检察院办理不起诉案件公开审查规则》，这一规则适用于审查起诉过程中，存在较大争议并且在当地有较大社会影响的，经人民检察院审查后准备作不起诉的案件。公开审查规则自从颁布起，很少见到被启用，至少笔者本人及相熟的律师中都没有遇到过这一程序。公开审查的时间定于 2015 年 2 月 15 日，本次公开审查，除了辩护人和沅江市公安局侦查人员到场外，沅江市人民检察院还邀请了人大代表、政协委员、人民监督员以及药监局工作人员参见。审查过程中参加人员都充分发表了意见，公诉机关做了详细记录。

公开审查的结果可想而知，除公安机关外，参加者均是一边倒的呼声，认为陆勇无罪。最终沅江市检察院于 2015 年 2 月 26 日决定对陆勇不起诉。

翻开此前的工作日志，可以看到在沅江市人民检察院撤回起诉后，笔者写下了本案终结四个字。彼时笔者完全没有料到还要有公开审查程序，也没有意识到还需要公诉机关作出不起诉决定。

关于撤回起诉在《刑事诉讼法》及其司法解释中均没有明确的细化规定。《人民检察院刑事诉讼规则（试行）》第四百五十九条则规定有七种情形在人民法院宣告判决前，人民检察院可以撤回起诉。包括不存在犯罪事实的；犯罪事实并非被告人所为的；情节显著轻微、危害不大，不认为是犯罪的；证据不足或证据发生变化，不符合起诉条件的；被告人因未达到刑事责任年龄，不负刑事责任的；法律、司法解释发生变化导致不应当追究被告人刑事责任的；其他不应当追究被告人刑事责任的。从这七种情形我们可以确认，撤回起诉即意味着不应当追究被告人刑事责任。

该条第二款规定，对于撤回起诉的案件，人民检察院应当在撤回起诉后三十日以内作出不起诉决定。既然已因不应当追究被告人刑事责任撤回起诉，再作出不起诉决定实属一种重复性认定，不具备实质的意义。

该条第三款又规定，对于撤回起诉的案件，没有新的事实或者新的证据，人民检察院不得再行起诉。这一规定实质上赋予了公诉机关有条件的再次起诉的权利。这一规定存在着极大的弊端。撤回起诉本应意味着诉讼的终结，在此条的规定下诉讼则处于了不可确定状态。既可能是一种阶段性中止，待进一步查明事实或补充新的证据后再行起诉；也可能是一种直接的终止，没有新的事实或证据而不再起诉。问题来了，撤回起诉后的案件处于诉讼程序的哪一个阶段，是审查起诉阶段还是侦查阶段；所谓发现新的证据或事实，是侦查机关还是公诉机关来收集获得证据；最重要的是再起诉后能否再撤回，再撤回后能否再起诉。这显然可以构成一个无限循环的怪圈，司法实践中也确实存在当事人被反复撤起诉的情形。

早在 1935 年中华民国时期的《刑事诉讼法》第二百四十九条就有规定:“撤回起诉与不起诉处分有同一之效力，以其撤回书视为不起诉处分书……”，即撤回起诉的效力等同于不起诉。这一条规定是该法修正后的规定，修正的理由是“修正案要旨谓，依旧刑诉法检察官提起之公诉，得任意撤回，流弊滋多”。这段文字的意思非常明确，即公诉机关得“任意撤回，流弊滋多”。流弊滋多显而易见，撤回起诉与不起诉的重复性规定，赋予了公诉机关无限撤回起诉与再起诉的权力。虽然这种权力有着需要新证据、新事实这种形式上的限制条款，但不可避免地导致了公诉机关对这种权力的滥用。这种权力的滥用势必导致被告人陷于多重刑事诉讼的风险之中，已经明显的侵害到了被告人的诉讼权利。虽然我们国家的刑诉法体系中并没有禁止双重危险原则，但其相关的寓意足以让我们借鉴。无论如何，撤回起诉就应当是本诉的终结。若发现新的事实、新的证据需要再起诉的则应当是另案另诉。

CASE 9

调查取证，还人清白

——湖北张国贤受贿案

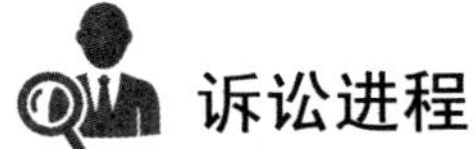

诉讼进程

张国贤，男，1963年10月2日出生，大学本科文化，户籍所在地：湖北省恩施自治州鹤峰县。2007年1月至2010年5月任鹤峰县建设局党委书记、局长。2010年5月至2011年8月任鹤峰县住房和城乡建设局党委书记、局长。2011年8月至2013年2月任鹤峰县水利水产局党组书记、局长。2013年2月任鹤峰县移民局党组书记、局长。

2014年8月30日被鹤峰县公安局刑事拘留。

经恩施州人民检察院决定,2014年9月14日被鹤峰县公安局执行逮捕。

2014年12月1日，鹤峰县人民检察院向鹤峰县人民法院提起公诉。

2014年12月23日，因张国贤须住院治病，鹤峰县人民法院裁定中止审理。

2015年3月16日，鹤峰县人民法院裁定恢复审理。

2015年3月20日，鹤峰县人民法院公开开庭审理本案。

延长审限期间，恰逢《中华人民共和国刑法修正案（九）》出台，且相关司法解释尚未出台。鹤峰县人民法院于2015年11月20日再次决定中止审理。

2016年5月27日，鹤峰县人民法院裁定恢复审理。

2016年6月1日，鹤峰县人民检察院以鹤检撤诉〔2016〕3号撤回起诉决定书向鹤峰县人民法院要求撤回起诉。

2016年2月，鹤峰县人民法院裁定准许鹤峰县人民检察院撤回起诉。

控方观点

被告人张国贤在任鹤峰县建设局局长、鹤峰县住房和城乡建设局局长及鹤峰县移民局局长、鹤峰县水利水产局局长期间，利用职务上的便利，帮助万某承揽监理项目，收受万某行贿款10万元。

指控张国贤构成受贿罪的证据主要有：

1. 张国贤供述：万某曾经给其送过两次钱，说是利润分配，其都没要。

2. 行贿人万某供述：其给张国贤送这10万元人民币的事情，一共送给他两次，第一次张国贤没收，第二次给他送他才收。

3. 证人卢某证实：万某确认过，张国贤的10万元利润他已经给张国贤了。

4. 证人田某证实：因走马镇灌区工程，县水利局和走马镇政府有关人员开过一次协调会，召开会议的前一天、张国贤等人就到了走马镇。

5. 证人吴某证实：2012年下半年，其送张国贤去过回龙阁水库的工地检查工作，杨某或田某其中的一个人同去的，覃某去没去我记不清了。

6. 证人杨某证实：2011 年县水利局在走马镇成立了一个临时指挥部，其和田某被指派到那里办公。张国贤在 2012 年总共只到走马镇指挥部开了两次会，两次会议参会人员有走马镇水利项目的施工方、监理方和我们指挥部的工作人员。第一次会议是在 2012 年 2、3 月份，第二次会议是在 2012 年 8 月。

7. 证人郑某证实：以前其和万总不认识，是经过张国贤的介绍后，其与万某洽谈容阳半岛工程监理业务时才认识的。当时湖北清江公司又是张国贤介绍的，而张国贤又是容阳半岛工程主管单位的领导，其肯定要给张国贤一个面子。所以说，如果不是张国贤的介绍，湖北清江公司就不一定能承揽容阳半岛工程的监理业务。

8. 证人凌某证实：其不认识卢某和万某，从来没有做过生意。没见过万某、凌某和卢某签订的合同。

9. 证人覃某证实：2012 年 10 月张国贤到走马镇工地上进行例行检查，所以就陪他一起检查了回龙阁水库，当时有杨某陪同，是开吴某的车。2012 年下半年的一天早上，其和张国贤等人到走马镇政府会议室开协调会。他们是开协调会的前一天到走马的，因为其听别人说是因为张国贤的母亲不好，所以他在开会的前一天，由罗某开自己的车（天籁轿车，车牌号里有四个 0）载着张国贤去走马的。

10. 证人罗某证实：2012 年 11 月，张国贤和其一起在走马镇政府会议室开了一次走马灌区工程的协调会，开会前一天中午，其和张国贤、覃某从鹤峰动身赶往走马镇，当时开着其自己的私家车（天籁，车牌号：鄂 XX0000）载张国贤和覃某去走马的。

11. 证人王某证实：开协调会时，张国贤和罗某是坐罗某的私家车（天籁轿车，车牌号里面有几个 0）去的走马镇。

 辩方观点

本案中，辩护人持无罪观点。即使万某不改变供述，公诉机关提供的证据仍然未能达到确实、充分的标准，主要言辞证据之间存在严重矛盾，且张国贤的供述与其他证人证言可以相互印证，具备合理性。

具体辩护理由：

司法实践中，虽然受贿案件证据种类相对单一，但是，在认定是否有金钱往来的事实时，必须有行贿人和受贿人相互印证的供述方能认定。有了这种事实基础之后，才有条件对案件进行定性判断。截止到案件开庭，控诉证据仍呈严重不足的状态，加之万某纠正原来供述，导致公诉机关指控的基础事实不复存在，因此，辩护人主张公诉机关的指控不能成立。

（一）公诉机关的指控存在证据不足的问题

1. 张国贤一直没有承认收钱，且其供述始终稳定如一，真实可信。

张国贤供述，他曾经和万某、卢某一起合伙搞监理业务，并成立了湖北清江工程管理咨询有限公司（以下简称清江公司），为此，三人还签订了股东联合书。张国贤负责承揽监理业务，利润分配原则为三位股东各取得30%，剩余利润作为下一期工程的准备金。之后，在张国贤的推荐下，万某承接了容阳半岛的监理业务。2012 年，为了履行股东联合书的约定，万某两次试图将 10 万元利润交给张国贤，都被张国贤拒绝，理由为这些钱不

应当由万某私下支付，而是应当在清江公司的财务人员做出准确的财务报表后，三个人根据利润多少以及贡献的大小进行分配。

2. 指控证据中，只有万某直接证实张国贤曾经收受这笔钱款，但其供述与张国贤的供述及其他证人证言相互矛盾，无法作为定案依据使用。

万某在供述中说，2012 年 10 月上旬的一天，他取了 10 万元准备送给张国贤，晚上七八点钟的时候，他给张国贤打电话联系，将 10 万元交给张国贤，并告诉他这是两年来的利润，张国贤收下钱并顺手放到车后排座上。然后张国贤开车回宾馆，并把 10 万元放入车辆后备箱，还说钱“放到我车上是安全的”。

万某在侦查阶段所做以上供述不能作为定案证据使用，理由如下：

首先，万某的供述与张国贤的供述相互矛盾，按照张国贤和万某的说法，万某当天晚上送钱时，只有他们两个人在场，能够证明此事的也只有他们两人，现在两人关于张国贤是否收取该笔款项的供述大相径庭，不能仅凭万某的供述就认定张国贤确实收受了这笔款项。

其次，万某在供述中说，张国贤开了自己的车和他一起去监理部，最终把钱放在车辆后备箱里面，还说了一句“放到我车上是安全的”。但是覃某证实，2012 年下半年他和张国贤、罗某等人去走马镇开会，是罗某开着他的天籁轿车载着张国贤去的走马镇 ，对此，罗某亦有相同供述。如果张国贤不是开自己的车去的走马镇，他就不会说出“放到我车上是安全的”这样的话；另外，如果张国贤去走马镇根本没有开自己的车，而是搭乘罗某的车，张国贤不可能把这么大一笔钱随手放在别人车辆的后备箱里面。所以，万某关于张国贤收了钱之后放在车辆后备箱的说法完全不能成立。

再次，10 万元钱并不是一笔小数目，公诉机关并未提供张国贤收到这笔钱之后如何使用的证据，也没有提供张国贤将这笔钱存入银行的证据。从 2014 年 10 月至张国贤被采取强制措施，只有不到两年的时间，无论张国贤是将这笔钱花掉，还是存入银行，都应该留下明显的痕迹，但是目前却没有这方面的证据予以证明，这也可以进一步推断张国贤根本没有收受这笔钱。

（二）万某推翻原来供述，导致本起犯罪事实已无证据证明，理应宣告受贿不成立

2015 年 1 月 21 日，万某在写给其辩护律师的信函中明确表示，他确实曾经两次给张国贤送钱，但是张国贤都没有接受，其之所以在侦查阶段作出虚假供述，是受办案人员威胁所致。庭审中，万某也坚持了这一说法。如此一来，本案两个当事人都对起诉书指控的事实予以否认，本起事实没有证据证明，因此受贿不能成立。

综上所述，由于直接证据之间存在完全对立的矛盾，证明张国贤拿钱的证据只有万某的供述，且其供述与张国贤供述及其他证人证言相互矛盾，不能排除张国贤供述的真实性；加之万某推翻侦查阶段供述，还原了案件事实。因此，应当认定张国贤根本没有收受这笔钱，公诉机关的指控不能成立。

法院认定

因《中华人民共和国刑法修正案（九）》及《最高人民法院、最高人民

检察院关于办理贪污贿赂刑事案件适用法律若干问题的解释》颁布并实施，关于贪污、贿赂案件的法律适用发生了较大变化，鹤峰县人民法检察院要求撤回〔2014〕59号起诉书指控被告人张国贤犯受贿罪的起诉的理由成立。依照《最高人民法院关于适用〈中华人民共和国刑事诉讼法〉的解释》第二百四十二条之规定，裁定如下：准许鹤峰县人民检察院撤回起诉。

法律规定

1.《中华人民共和国刑法》

第三百八十三条 对犯贪污罪的，根据情节轻重，分别依照下列规定处罚：

（一）贪污数额较大或者有其他较重情节的，处三年以下有期徒刑或者拘役，并处罚金。

（二）贪污数额巨大或者有其他严重情节的，处三年以上十年以下有期徒刑，并处罚金或者没收财产。

（三）贪污数额特别巨大或者有其他特别严重情节的，处十年以上有期徒刑或者无期徒刑，并处罚金或者没收财产；数额特别巨大，并使国家和人民利益遭受特别重大损失的，处无期徒刑或者死刑，并处没收财产。

对多次贪污未经处理的，按照累计贪污数额处罚。

犯第一款罪，在提起公诉前如实供述自己罪行、真诚悔罪、积极退赃，避免、减少损害结果的发生，有第一项规定情形的，可以从轻、减轻或者免除处罚；有第二项、第三项规定情形的，可以从轻处罚。

犯第一款罪，有第三项规定情形被判处死刑缓期执行的，人民法院根据犯罪情节等情况可以同时决定在其死刑缓期执行二年期满依法减为无期徒刑后，终身监禁，不得减刑、假释。

2.《最高人民法院关于适用〈中华人民共和国刑事诉讼法〉的解释》

第二百四十二条 宣告判决前，人民检察院要求撤回起诉的，人民法院应当审查撤回起诉的理由，作出是否准许的裁定。

3.《最高人民法院、最高人民检察院关于办理贪污贿赂刑事案件适用法律若干问题的解释》

第一条 贪污或者受贿数额在三万元以上不满二十万元的，应当认定为刑法第三百八十三条第一款规定的“数额较大”，依法判处三年以下有期徒刑或者拘役，并处罚金。

贪污数额在一万元以上不满三万元，具有下列情形之一的，应当认定为刑法第三百八十三条第一款规定的“其他较重情节”，依法判处三年以下有期徒刑或者拘役，并处罚金：

（一）贪污救灾、抢险、防汛、优抚、扶贫、移民、救济、防疫、社会捐助等特定款物的；

（二）曾因贪污、受贿、挪用公款受过党纪、行政处分的；

（三）曾因故意犯罪受过刑事追究的；

（四）赃款赃物用于非法活动的；

（五）拒不交待赃款赃物去向或者拒不配合追缴工作，致使无法追缴的；

（六）造成恶劣影响或者其他严重后果的。

受贿数额在一万元以上不满三万元，具有前款第二项至第六项规定的情形之一，或者具有下列情形之一的，应当认定为刑法第三百八十三条第一款规定的“其他较重情节”，依法判处三年以下有期徒刑或者拘役，并处罚金：

（一）多次索贿的；

（二）为他人谋取不正当利益，致使公共财产、国家和人民利益遭受损失的；

（三）为他人谋取职务提拔、调整的。

办案手记

证据不足陷囹圄，律师取证辩屈冤

北京市尚权律师事务所　高文龙律师

2014 年 12 月 9 日，接受委托后第二天，笔者启程前往鹤峰，并在第一时间复制了卷宗材料。通过阅卷发现，本案证据材料看起来很多，但多数是间接证据，虽然相互之间能够印证，却对指控的犯罪事实没有任何证明作用。而主要证据之间，则存在严重矛盾，被告人自始至终没有承认被控之犯罪事实。真相到底是什么，带着这些问题，笔者会见了刚刚被取保候审的张国贤。

会见时，张国贤的当面陈述，和卷宗记录的内容几乎一模一样。尤其是最大的那笔指控，他坚决予以否认。整个叙述过程，张国贤没有一丝慌乱，表情坚毅，态度认真。听完之后，笔者确信他没拿这笔钱。

那么问题来了，如何辩护呢？在万某的供述中，张国贤是拿了这笔钱的。虽然张国贤没有承认，主要证据之间存在矛盾，但从司法实践来看，这样的证据体系，受贿人被判有罪的可能性还是很大。思考良久，笔者认为本案的关键是调查取证。如果能够找到万某，让他再次对行贿事实进行确认，就可能彻底颠覆公诉机关的指控。如果能够拿到与张国贤所述一致的万某的供述，这个案件就不再需要辩护！于是，笔者跟搭档杜律师说，我们的辩护重点应当放在找对万某的调查取证上。听到这个结论，杜律师开始有点惊讶，随即表示赞同。

接下来，笔者和杜律师商量如何取证。风险是显而易见的，且已经被无数个案例证明。如何规避风险，又要确保取证成功，是我们面对的最大难题。经反复研究确定，取证方式以双方不见面及万某自述为原则。

因为鹤峰县很小，杜律师很快打听到了万某的辩护人（乙律师）信息，我们跟乙律师联系，他答复说万某还关在看守所里，这多少有点出乎意料。然后我们问，下次去会见的时候，能否做份笔录，就这起事实，让万某详细说明一下。乙律师说，这个问题他已经问过了，万某的说法和侦查阶段的供述是一样的，再问没有任何意义。这样一来，取证工作顿时陷入了僵局。

一筹莫展之际，设想了几种方案。第一，申请检察院调取证据，由公诉人到看守所提审万某，作为补充证据提交给法庭，但又恐公诉人取证不全面，达不到辩护人想要的效果；第二，开庭时申请万某出庭，但考虑到监管安全，看守所可能不会同意这么做；第三，由法官去看守所提审万某，查明案情；第四，如果法官认为自己作用只是居中裁判，不方便单方取证，就由控、辩、审三方一起到看守所，共同向万某了解情况。正当我们打算将上述方案逐一实施的时候，杜律师来电，万某被取保候审了，我们顿时觉得这是个机会，于是再次联系乙律师，希望他能够让万某给我们写封信，对张国贤是否收钱一事进行确认，乙律师答应了。过了一段时间，我们收到了信件，令人欣喜的是，万某在信中全面推翻了原来在侦查阶段的说法，做出了和张国贤一样的供述。

接下来笔者问杜律师鹤峰当地的司法习惯，实际就是问辩护人提交言辞证据有无风险。他告诉我，鹤峰县法院的法官以及检察院的公诉人，都很认真负责，客观公正。根据以往的经验，他们对辩护人提交的证据会非常重视。杜律师的话增强了笔者的信心。于是我们将收集到的证据制成目录，提交给审判长。没过几天，审判长通知我们，在庭前和公诉人开个碰头会，在审判长简陋的办公室，笔者见到了公诉人和分管公诉的副检察长，我们一起盖着毯子围坐在火炉旁边，讨论辩护人提交的新证据。

首先，法官问公诉人，现在辩护人提交了新证据，案件事实发生了重大变化，你们打算怎么办？公诉人认真看了万某写的信，慎重地说，鉴于万某曾经做过内容相反的供述，他们对这份证据的真实性表示怀疑。听了公诉人的话，笔者顺势说，其实辩护人也对此表示怀疑，不如这样，由法院通知万某出庭作证吧，这份证据就当我没有提交，一切以万某的庭审供述为准，法官问公诉人的意见，公诉人表示同意，并表态说，如果万某当庭还坚持信件中的说法，将来法院作出无罪判决，他们也不会抗诉。

开庭前，笔者和杜律师担心，如果万某在法庭上再次翻供，说信里的内容都是别人教唆的，怎么办？最后，我们达成共识，如果真的这样的话，要申请法院调取万某的手机通话记录以及他入住鹤峰宾馆之后的监控录像，以确认是否有人打电话或亲自到宾馆威胁他改变供述。

开庭时，法庭调查的重点是万某出庭作证。当万某说出，“信件的内容是真实的，我给张国贤送过两次钱，但他都没有收”时，笔者心里一块石头终于落了地，看张国贤时，发现他脸上肌肉抽动，眼中明显泛起泪花。

判决结果出来后，张国贤发来微信：经过此劫，我会更加善待他人，严于律己，感恩社会，回报社会！

法院的裁定显示，鉴于贪污、贿赂案件的法律适用发生了较大变化，检察院撤回起诉的理由成立，所以准许撤回起诉，这样的说法有些语焉不详。检察院之所以撤回起诉，主要是因为其指控的主要犯罪事实已无证据证明，在此情况下，如果不撤回起诉，法院肯定会做出无罪判决，与其如此，不如自己撤回起诉。另外，公诉机关还指控了几笔小额受贿，总共不到三万元。所以，裁定书才出现了“贪污、贿赂案件的法律适用发生了较大变化，检察院撤回起诉的理由成立”这样的说法。

刑事诉讼中，律师调查取证一向被视为禁区，有人甚至称调查取证是“在刀尖上跳舞”。司法实践中也不乏律师因调查取证被追诉的案例。律师在办理刑事案件时，很多时候都不愿调查取证，尤其不愿调取言词证据。本案中，万某的供述对最后结果有决定作用，这一点，我们是有清醒认识的。同时，我们也知道，如果万某到法庭上再次翻供，我们将面临巨大风险，甚至有身陷囹圄之虞。但是为了对当事人负责，为了查明案件真相，冒险是值得的。在取证过程中，我们坚持不与万某见面，以免司法机关怀疑我们诱导万某，污染证据。值得称赞的是鹤峰县检法两院对待辩方证据的态度，尤其是检察院，他们没有一上来就怀疑律师取证行为的合法性，而是本着负责任的态度，提出慎重的建议，让行贿人出庭作证。如果司法机关都能有这样的胸怀、认识，都能坚持以审判为中心进行刑事诉讼，则被告人幸甚、律师幸甚、法治幸甚！

CASE 10

公司实际控制人决定公司投资计划焉能构成犯罪

——山西赵某熊、赵某红挪用资金案

诉讼进程

赵某熊，大专文化，汉族，中共党员，住北京市海淀区永定路。北京某某投资管理有限公司实际控制人。

2013 年 8 月 25 日，山西省黎城县公安局以赵某熊涉嫌抽逃出资、合同诈骗罪对赵某熊刑事拘留，同年 9 月 26 日黎城县公安局对其变更为取保候审。2014 年 9 月 24 日黎城县公安局对其监视居住；同年 10 月 25 日解除监视居住。2016 年 2 月 24 日黎城县公安局以赵某熊涉嫌挪用资金罪移送黎城县检察院审查起诉，2 月 26 日，黎城县检察院决定对赵某熊取保候审。

赵某红，大专文化，汉族，中共党员，住北京市海淀区永定路。山西合同能源公司法定代表人。2013 年 8 月 20 日因涉嫌合同诈骗罪被山西黎城县公安局刑事拘留，同年 9 月 26 日变更为取保候审，2014 年 9 月 24 日黎城县公安局决定对其监视居住，同年 10 月 26 日解除监视居住。2016 年

2 月 24 日黎城县公安局以赵某红涉嫌挪用资金罪移送黎城县检察院审查起诉，2 月 26 日，黎城县检察院决定对赵某红取保候审。

黎城县检察院以事实不清、证据不足为由，分别于 2016 年 4 月 8 日、6 月 17 日二次退回黎城县公安局补充侦查，并两次延长审查起诉期限半个月。

赵某红于 2016 年 2 月 14 日委托北京市尚权律师事务所律师谢彤担任其侦查阶段的辩护人，案件移送检察机关审查起诉后，3 月 1 日，赵某红委托谢彤律师继续担任其审查起诉阶段的辩护人。

谢彤律师接受委托后，先后两次向黎城县检察院提交法律意见书，认为赵某红不构成挪用资金罪，请求黎城县检察机关对赵某红作出不起诉决定。

侦查机关观点

黎城县公安机关自 2013 年 8 月开始，对赵某红涉嫌合同诈骗进行立案侦查，后变更罪名为挪用资金。其认定的主要事实、证据和理由如下：

2012 年 6 月至 11 月，赵某熊（同案第一嫌疑人，赵某红之弟）、赵某红多次违反公司法的规定，擅自决定山西京晋合同能源科技有限公司与赵某熊个人实际控制的惠州海辰公司签订《海辰酒店及住宅项目 1MWP 光伏发电示范工程合同能源管理协议》，由山西京晋合同能源科技有限公司实际出资 6261789.9 元，购买相关设备并支付相关工程费用。赵某红系合同能源公司的法定代表人、经理并分管该公司的行政财务，其明知赵某熊将公司的资金挪用于赵某熊个人实际控制的惠州市海辰公司发电工程项目而不去阻止且积极配合，属于赵某熊挪用资金案间接故意的共犯。赵某熊、赵某红违反规定擅自决定挪用公司资金为个人控制的其他公司使用，缓解赵某熊自有企业资金不足及谋取个人利益，侵犯了山西京晋合同能源科技有限公司及其他股东的利益，超过三个月未还，其行为构成挪用资金罪。

指控赵某红构成挪用资金罪的证据主要有：

1. 赵某红的相关供述。其担任山西合同能源公司法定代表人，行政副总。但赵某红一直否认分管财务。

2. 赵某熊的相关供述。证明赵某红在山西合同能源公司担任法定代表人，行政副总。

3. 证人张某宇等人的证言。证明赵某红在山西合同能源公司担任法定代表人，行政副总。

4. 书证《海辰酒店及住宅项目 1MWP 光伏发电示范工程合同能源管理协议》。证明由山西京晋合同能源科技有限公司实际出资 6261789.9 元，购买相关设备并支付相关工程费用。

5. 北京某某投资管理有限公司、惠州海辰公司、山西京晋合同能源科技有限公司（以下简称合同能源公司）、山西三晋硅业有限公司（以下简称三晋硅业公司）、山西太阳能产业园公司、山西京晋新材料有限公司的工商登记资料。这些材料可以证明，北京某某投资管理有限公司、惠州海辰公司均为赵某熊实际控制，而山西京晋合同能源科技有限公司、山西三晋硅业有限公司、山西太阳能产业园公司、山西京晋新材料有限公司（以下简称新材料公司）法定代表人均为赵某红，这些公司的最大股东为赵某熊实际控制的北京某某投资管理有限公司，占有 90% 的股权份额。

6. 山西公司会议纪要，证明在由山西京晋合同能源科技有限公司投资惠州海辰酒店项目会议上，赵某红出席了会议，未发表反对意见。

7. 惠州酒店项目投资审批表，有赵某红作为法定代表人的签名。

 辩方观点

辩护人两次向检察机关提出法律意见书，认为赵某红不构成挪用资金罪，不仅如此，赵某熊也不构成相应犯罪。理由如下：

第一，惠州海辰酒店项目是经过集体讨论决定后实施，并非赵某熊或赵某红的个人行为。

合同能源公司有三个股东，其中由赵某熊全资控股的某某公司成立的太阳能产业园公司占股 90%，而另外两个股东黎城天源和长治天利公司只各占股 5%。

现有证据足以证明，合同能源公司在惠州项目决策实施过程中，不仅作为最大股东的太阳能产业园公司参加了，而且合同能源公司其他两个股东黎城天源公司和长治天利公司也参与其中。所以说，虽然合同能源公司没有专门召开股东会议的形式，但确有股东会议的实质内容。公安卷记载：2012 年 5 月 8 日，在公司总裁吴某成主持的有赵某红、张某宇、秦某华等人参加的会议中，张总（张某宇，长治天利公司法定代表人）明确表示，1MW 项目（惠州项目）要用合同能源的形式。会上张某宇还信誓旦旦表示要将惠州项目做成“示范工程”，指令孙某全面负责该工程的实施，并对相关事宜做了安排。吴某成随后对该项目也做了一些指示，要求合同能源公司、太阳能研究院与惠州海宸公司约定效益管理方法；5 月 17 日会议记录，则记载在赵某雄主持的有赵某红、张某宇、秦某华等人参加的会议

上，明确规定惠州项目由张某宇负责以及业绩按节省电力的二八分成等事宜。两次会议记录均显示，合同能源公司所有股东及公司其他高管都没有对惠州项目提出反对意见。因此，惠州项目完全是集体决策的结果，而不是某个人或某几个人越权擅自决定而为。张某宇本人作为山西公司的副总裁，还具体分管合同能源公司，他在合同能源公司惠州项目上，是起了重要作用的。

第二，合同能源公司为赵某熊控股，为实际控制人，有权决定公司的经营投资行为。

挪用资金罪是公司、企业或者其他单位的工作人员，利用职务上的便利，挪用本单位资金归个人使用或者借贷给他人，数额较大、超过三个月未还的，或者虽未超过三个月，但数额较大、进行营利活动的，或者进行非法活动的行为。构成本罪的主体即公司的工作人员不是行使自己的正当合法权力，而仅仅是利用职务上的便利，未经合法批准而擅自使用的行为。如果资金的运用调拨，是在决定人法定权限之内，这种行为就不可能构成刑法意义上的挪用犯罪。

公安机关指控犯罪嫌疑人赵某熊和赵某红多次违反原《公司法》第一百四十九条（三）、（四）、（五）和公司章程之规定，完全是断章取义故意曲解公司法的相关规定，置赵某熊为合同能源公司具有决定权的最大股东（太阳能产业园公司）这么一个最基本的事实于不顾。原《公司法》第四十三条、2013 年修订的《公司法》第四十二条均规定："股东会会议由股东按照出资比例行使表决权；但是，公司章程另有规定的除外"；合同能源公司章程第 15 条规定，股东会会议由股东按出资比例行使表决权。可见，无论是新、旧《公司法》还是合同能源公司的章程都明确了如此一个最基本的事实：作为公司权力机关的股东会会议，是按照出资比例来行使表决权的。既然赵某熊全资控股的山西太阳能产业园公司占山西合同能源公司出资的 90%，也就是说，赵某熊对于山西合同能源公司的经营管理具有绝对的控制权，他有权决定山西合同能源公司的经营投资管理的所有事项。退一步来说，即便这些事项未能经过其他两个只各占 5% 股权的小股东的同意，赵某熊控制的山西太阳能产业园公司对合同能源公司的经营管理也具有最终决定权。因此，合同能源公司决定投资惠州项目没有任何越权行为，是符合《公司法》和公司章程的。

第三，赵某红只是挂名法定代表人，对公司经营事宜基本不参与，没有实际参与经营管理。

赵某红虽然是合同能源公司的法定代表人（事实上也是其他几个公司如太阳能产业园公司、三晋硅业公司、新材料公司的法定代表人，几个班子其实是一套人马），但其实只是挂名的法定代表人。赵某红既不懂公司业务，也不参与公司的经营决策。关于这一点，这不仅有赵某红本人的陈述、其他证人如冯某树、周某生、朱某武的证言可以证明。而且从公安卷第五卷会议记录来看，赵某红就很少参加集团公司的工作会议。即便偶尔参加几次，在会议上也基本不发言。作为四个公司的法人代表，他的作用往往就是在已经形成的决议基础上签字，完全是走一个形式而已。而合同能源公司，主要是赵某熊和张某宇负责。这点，不仅所有证人证言都可以证实，就连张某宇都一直承认。

第四，基于法理，赵某红也不可能构成间接故意犯罪。

公安机关认为赵某红作为公司法定代表人，分管公司行政、财务，没有阻止且积极配合赵某熊挪用626万资金。首先，公安的说法就自相矛盾。因为“没有去阻止”是消极的不作为的行为，即有责任去阻止而故意不加以阻止而放任犯罪结果的发生。而“积极配合”则是一种主动的作为行为。从公安的表述上看，赵某红的行为既是“作为犯罪”又是“不作为犯罪”，这在刑法理论上本身就是错误的。其次，刑法中的间接故意，是明知自己的行为会发生危害社会的结果，但放任这种结果的发生。推断公安起诉意见书的意思，是赵某红不阻止赵某熊从而放任了“挪用”行为的发生，赵某红的行为属于不作为。在刑法理论上，不作为构成犯罪，应当以不作为人有作为的义务为前提，以有实际作为的能力为条件。而《公司法》并没有规定法定代表人具体的权限，合同能源公司章程也没有赋予作为法定代表人的赵某红具体职权。如前所述，赵某红只是一个挂名法定代表人，没有实际参与公司的经营管理（不仅仅是合同能源公司的惠州项目，其他公司如太阳能产业园、三晋硅业公司、新材料公司的项目赵某红基本也都不参与，或虽也参加开会但在会上基本不表态，只是例行公事签个名而已），因此赵某红不仅没有作为义务而且没有权力更没有实际能力去阻止公司的决定，更何况合同能源公司投资惠州项目本身就不违反法律的规定，也无须阻止。

第五，惠州海宸公司虽然为赵某熊控制，但是该公司是经过正式登记取得合法法人地位的公司，是法律上的“单位”，不能将“个人独资公司”与“个人”混为一谈。

公安起诉意见书认为，赵某熊、赵某红挪用合同能源626万元为个人控制的其他公司使用，缓解赵某熊自有企业资金不足及谋取了个人利益，侵犯了合同能源公司其他股东的利益。这个理由也是不能成立的。因为单位利益与个人利益有明显的区分。“单位”是指机关、团体、法人、企业等非自然人的实体或其下属部门，单位是人、财、物以及管理机制的集合体；而“个人”则是独立的自然人。惠州海宸公司作为一个独立的法人，是法律上的“单位”。至于惠州项目利益的归属，则在集团公司会议上明确规定了投资收益归属于公司。不仅如此，项目资金在使用过程中也没有为任何个人谋取利益，因此，本案也不具备司法解释规定的挪用资金情形所要求的“谋取个人利益”的要件。至于惠州项目损害了其他股东的利益的说法，则更是空穴来风。因为该项目是经过集体研究决定的，作为合同能源公司的两个小股东法定代表人张某宇、秦某华都参加了有关会议，在会上不仅都没有表示反对，而且张某宇还全面负责该项目，在该项目的启动和实施过程中起了很大的作用。如果该项目会损害其利益，张某宇、秦某华必然从开始就会反对，更不会积极参与该项目。

第六，退一步说，如果赵某熊、赵某红构成“挪用”共同犯罪，那么公安机关放任该项目中起更大作用的张某宇的做法则令人费解。

前面已经提到，赵某红作为一个挂名的法定代表人，并没有参与惠州项目的实际经营运作，而作为合同能源公司实际负责人、股东之一的张某宇，则不仅参加了公司的决策会议，而且还全面负责该项目的实施。在该项目中，张某宇的作用远远大于赵某红。以前的材料足以证明这样的一个基本事实。现在的补充材料更能印证这样的事实。如证人王某慧证实：合同能源公司对海宸公司的投资，“不需要赵某红审批，这件事由张某宇全面负责，具体办理有周某生”。这也就是说明，赵某红就是例行签个字走个形式而已，并没有实际权力，也起不到什么作用。在检察机关第二次将案件退回公安机关补充侦查后，公安机关也未对惠州项目再提供任何有价值可以证明赵某红涉嫌犯罪的证据，甚至都没有再涉及惠州项目。但令人费解的是，公安机关不追究在惠州项目上作用远远大于赵某红的张某宇的“挪用资金罪”，而将赵某红作为共同犯罪人予以追究，这种选择性地将赵某红列为共同犯罪人的做法，个中缘由令人不解，耐人寻味。

第七，公安机关起诉意见书中认为合同能源公司与赵某熊个人实际控制的惠州市海宸公司签订《海宸酒店及住宅项目 1mwp 光伏发电示范工程项目合同能源管理协议》无法定代表人签字，按约定该协议未生效。

合同能源公司与惠州海宸公司签订《海宸酒店及住宅项目 1mwp 光伏发电示范工程项目合同能源管理协议》，依据该协议最后的一条约定，该协议在法定代表人签名盖章后生效。从形式上看，该协议确实只有单位法人章，而没有法定代表人签名。但公安机关据此就断定协议未生效，则是错误的。《合同法》第三十七条规定，采用合同书形式订立合同，在签字或者盖章之前，当事人一方已经履行主要义务，对方接受的，该合同成立。而依法成立的合同，自成立时生效。这就说明，不能仅仅因为协议形式上有所欠缺，就断然否定已经依法成立而且实施的合同本身。况且，该协议是民事合同，在合同双方都无异议的情况下，公权力机关无权干预经济活动。

第八，公安机关对赵某红等人解除监视居住强制措施的时间为 2014 年 10 月 26 日，但公安机关侦查终结将案件移送检察院的时间，则是在 2016

年 2 月。也就是说，公安机关解除对赵某红的强制措施后，超过一年后才将案件移送给检察院。

公安部 2005 年《公安机关办理经济犯罪案件的若干规定》第十四条明确规定“经立案侦查，对犯罪嫌疑人解除强制措施后十二个月，仍不能移送审查起诉或依法作其他处理的，公安机关应当撤销案件”。根据公安部的规定，黎城县公安机关在解除强制措施超过一年后，正确的做法应当是撤销案件，这也就说刑事案件程序应当终结，在法律上赵某红等人并不构成犯罪，而黎城县公安机关将案件移送检察机关审查起诉的做法，在程序上也是错误的。

检察机关认定

山西黎城县人民检察院对案件进行两次退回公安机关补充侦查后，于 2016 年 8 月 10 日，作出不起诉决定。

检察机关认为，黎城县公安机关认定赵某熊、赵某红等涉嫌挪用资金罪，事实不清，证据不足，两次退回补充侦查，依然没有收集到足够可以证明挪用资金犯罪的证据，不符合起诉的条件，故而作出不起诉的决定。

法律规定

《中华人民共和国刑法》

第二百七十二条第一款 公司、企业或者其他单位的工作人员，利用职务上的便利，挪用本单位资金归个人使用或者借贷给他人，数额较大、超过三个月未还的，或者虽未超过三个月，但数额较大、进行营利活动的，或者进行非法活动的，处三年以下有期徒刑或者拘役；挪用本单位资金数额巨大的，或者数额较大不退还的，处三年以上十年以下有期徒刑。

法律解析

（一）客体要件

挪用资金罪所侵害的客体是公司、企业或者其他单位资金的使用收益权，对象则是本单位的资金。所谓本单位的资金，是指由单位所有或实际控制使用的一切以货币形式表现出来的财产。

（二）客观要件

本罪在客观方面表现为行为人利用职务上的便利，挪用本单位资金归个人使用或者借贷给他人，数额较大、超过三个月未还的或者虽未超过三个月，但数额较大、进行营利活动的，或者进行非法活动的行为，具体地说，它包含以下两种行为。

1. 挪用本单位资金归个人使用或者借贷给他人，数额较大、超过三个月未还的。其构成特征是行为人利用职务上主管、经手本单位资金的便利条件而挪用本单位资金，归个人使用或者借贷给他人使用，但未用于从事不正当的经济活动，而且挪用数额较大，时间上超过三个月而未还。

2. 挪用本单位资金归个人使用或者借贷给他人，虽未超过三个月，但数额较大，进行营利活动的，或者进行非法活动的。这种情形构罪的，没有挪用时间是否超过三个月以及超过三个月是否退还的限制，只要数额较大，且进行营利活动或非法活动的就构成该罪。这里所谓“营利活动”主要是指进行经商、投资、购买股票或债券等活动。而“非法活动”，则是指将挪用来的资金用来进行走私、赌博等非法活动。

需要说明的是，挪用资金行为必须是利用职务上的便利，所谓利用职务上的便利，是指利用本人在职务上主管、经管或经手单位资金的方便条件，例如单位领导人利用主管财务的职务，出纳员利用保管现金的职务，以及其他工作人员利用经手单位资金的便利条件。未利用职务上的便利，不可能挪用单位资金，也不可能构成挪用资金罪。利用职务上的便利，特指违反法律，在没有职权或超越职权范围的情况下而为，如果是依据法律的规定行使职权的行为，则不属于本罪的“利用职务上的便利”，自然也不会构成本罪。

（三）主体要件

本罪的主体为特殊主体，即公司、企业或者其他单位的工作人员。具体包括三种不同身份的自然人，一是股份有限公司、有限责任公司的董事、监事。二是上述公司的工作人员，是指除公司董事、监事之外的经理、部门负责人和其他一般职工。上述的董事、监事和职工必须不具有国家工作人员身份。三是上述企业以外的企业或者其他单位的职工，包括集体性质的企业、私营企业、外商独资企业的职工，另外在国有公司、国有企业、中外合资、中外合作股份制公司、企业中不具有国家工作人员身份的所有其他职工以及受国家机关、国有公司、企业、事业单位、人民团体委托，管理、经营国有财产的非国家工作人员。具有国家工作人员身份的人，不能成为本罪的主体，只能成为挪用公款罪的主体。

（四）主观要件

本罪在主观方面只能出于故意，即行为人明知自己无职权或超越职权而挪用。

办案手记

条分缕析，层层推进，辩护终获成功

北京市尚权律师事务所　谢彤律师

祖籍山西的商人赵某熊，始终有挥之不去的家乡情结。尽管生长在北京，但腰缠万贯后，总想回报给家乡点什么。当然，家乡长治，更不会忘记已在京城大红大紫但根在长治的赵某熊。在很多长治人眼里，赵某熊就是家乡的骄傲。

2011 年 3 月，山西长治市、黎城县两级领导来京，通过多位省部级领导，盛情邀请赵某熊洽谈长治市黎城县投资太阳能项目，主要内容是邀请赵某熊接受先后两任股东退出的山西三晋硅业公司半截烂尾工程。赵某熊身份是北京某某投资管理有限公司董事长，其投资的企业在光伏产业中技术领先，因此也是国家发改委认证的光伏产业“工程中心”和“重点实验室”的承办机构。洽谈是隆重庄严的，地点选在象征权威的钓鱼台国宾馆。觥筹交错，酒酣耳热，在亲切友好的气氛下，双方很快达成了合作意向。4 月，双方就在北京签署了排他性《战略合作协议》，5 月又签署《投资合作协议》。然而，当赵某熊兴致勃勃于 6 月派驻黎城县开展工作时，一个让他始料未及的消息让他震惊：黎城县政府已与 5 月与另一光伏企业就同一项

目也签署了协议，工程已经于 6 月开工。

好面子讲感情的赵某熊并没有在意当地的违约行为，但既然投资山西决心已定，他便开始考察山西其他市县，并于 10 月敲定与其他市合作。但到了 11 月份，长治市和黎城县领导又通过多位省部级领导，来京拜访赵某熊，告知前任合作单位又突然退出，无论如何看在同乡的份上，赵某熊公司也要救急接手烂尾工程。碍于面子，也看在这次两级领导情真意切的份上，赵某熊决定返回长治黎城县，接手三晋硅业项目。

回到家乡的赵某熊准备大干一场，又陆续成立了由北京某投资有限公司控股的合同能源公司、太阳能产业园公司、新材料公司。由于某某公司在北京，山西公司需要有人打理，打仗亲兄弟，上阵父子兵，赵某熊于是找到了自己的哥哥赵某红，请他出山担任山西几个公司的法人代表。

万事俱备，可让赵某熊始料不及的事情又发生了：接手三晋硅业公司后，赵某熊惊讶的发现，当地县政府派驻太阳能公司的高管存在谋求私利，私自倒账，挪用公司资金的行为。2013 年 1 月，赵某熊实际控股的太阳能产业园公司决定调整上述派驻人员，并起诉前股东遗留的占场不撤的当地施工单位，以维护公司的正常运转。不料，此举给赵某熊带来灭顶之灾，也把本来就是挂个虚名的赵某红带入了深深的泥沼。

2013 年 2 月，在有关方面的指示下，黎城县公安局突然冻结四家山西公司全部资金和近亿元资产，在没有立案的情况下，对赵某熊北京某公司以及山西的各个公司展开了近半年的“侦查”。8 月，赵某熊身陷囹圄。城门失火殃及池鱼，本来想图个清静、挂个虚名的赵某红也懵懵懂懂成为犯罪嫌疑人而锒铛入狱。虽然最后被取保候审，但和赵某熊一样，经历了三年忐忑不安的生活，山西有关单位召之即来、挥之即去往返于北京山西，接受一次次讯问的艰难日子。

分析本案，案情其实并不复杂——在山西检察院复印案卷材料时，辩护人认真阅读黎城县公安局的起诉意见书后，当即便断定本案必然是个无罪案件。因为作为控股股东，公司如何运作，公司投资项目，赵某熊无疑具有绝对的话语权。正如案件办理过程中，赵某熊的夫人曹女士一脸疑惑：我们自己的公司，自己运作难道还犯法了？

没错，公司自主经营，不仅是《公司法》赋予公司的权利，也是公司运作的基础。简单的法律问题，经过了漫长的三年才得到解决，问题的原因我们从赵某熊以及北京某公司、山西公司的多次举报信中，就可以看出端倪。

赵某熊、赵某红是不幸的，当初被家乡奉为上宾的他们，在自己的家乡却变成了挨宰的羔羊。每每看到凛冽寒风中，望着黎城县他们曾经准备大展宏图而今荒芜的工地时，他们那无奈的眼神，辩护人隐隐有种说不出的悲哀。而漫长的侦查过程，一次次的讯问，则让他们心悬在半空中——那是个比天空更缥缈，比地狱更黑暗的地方。

赵某熊、赵某红又是幸运的——承办案件的公安，尤其是黎城县检察院具体办案人员，大体还是守住了其法律职业与道德良心底线，两名当事人并没有像很多案件的当事人一样，遭受无法描述的侦查手段的痛苦。尤其值得一提的是，黎城县检察院有两位年轻的女检察官，看到我们几位年过半百的老律师艰难复印案卷材料，出自内心的善良，主动帮我们复印案卷材料一天，也使得本辩护人腰痛的老毛病没有严重复发。在此谨表谢意！

在接受委托后，辩护人三次前往山西与公安机关办案人员交流意见和看法，向检察机关提交法律意见书两份。法律意见书主要是针对公安机关移送起诉意见书所阐述的理由，进行深入分析，指出公安机关认定赵某红构成犯罪的理由存在的错误：第一，决定惠州项目的并非赵某熊或赵某红个人，投资惠州项目经过了全体股东的集体讨论和决定；第二，惠州项目的投资方山西合同能源公司为赵某熊控股，赵某熊为实际控制人，决定公司的经营投资行为，这完全符合《公司法》的规定；第三，赵某红虽然挂名法人，但并非公司实际控制人，赵某红对公司投资并无决定权；第四，正是基于第三点理由，所谓间接故意在法理上也就无法站住脚；第五，还是基于第三点理由，如果构成共同犯罪，那么赵某红作用明显小于股东之一的张某宇，但公安机关并未将张某宇作为共同犯罪人对待，这在法理上也是说不通的；第六，公安机关在办案过程中程序存在不当的问题。通过有理有据的分析，检察机关最终作出了不起诉的决定，而且这是必然的结论。

本案承办过程中，辩护人最大的感触是，我国司法权被行政不正当干预的情况十分严重。地方党委、政府介入具体案件的处理，对法治建设极为不利。独立行使审判权、独立行使检察权已经被我国基本法律确定，虽然在实践中依然存在审判权、检察权被不当干预之情况，但审判独立、检察独立，至少在法律上已经没有问题。而公安机关作为政府的职能部门，在行使普通行政管理权职能时，为政府领导，听政府指挥，也没有任何法律障碍。但作为关乎公民生命权、自由权，关乎法人命运的刑事诉讼发动者，公安机关在刑事诉讼活动中，行使的就不再是行政管理职能，而是准司法功能。这时的公安机关，是否也应当独立于当地的政府？《公安机关办理经济犯罪案件的若干规定》第十四条明确规定，经立案侦查，对犯罪嫌疑人解除强制措施后十二个月，仍不能移送审查起诉或依法作其他处理的，公安机关应当撤销案件。而本案中赵某熊，赵某红，均解除强制措施超过十二个月，但仍被县公安机关强行移送到检察机关，为何地方公安机关就可以公然置公安部的规定于不顾？这里面难道没有地方权力的不当干预？

还有，本案无论是从事实还是法律角度，都应当是法定无罪的案件，因为没有犯罪事实存在，虽然检察机关作出了不起诉的决定，但却是存疑不起诉，而非法定不起诉。虽然两种不起诉在法律上效果一致，被指控人在法律上都是无罪的，但毕竟两种不起诉对当事人而言，有着不同的意义。为何司法实践中，对于事实清楚的无罪案件，司法机关总还是留个尾巴，很不情愿做出对当事人更有利的决定？司法实践中，对于符合刑事诉讼法规定的法定不起诉，检察机关往往也做证据不足的不起诉处理，这也有违刑事诉讼法的规定。

近年来，中央领导多次强调加强对民营企业的产权保护，尤其是 2016 年 11 月，中共中央、国务院发布《关于完善产权保护制度依法保护产权的意见》，该意见明确提出“产权制度是社会主义市场经济的基石，保护产权是坚持社会主义基本经济制度的必然要求”。意见提出应当审慎把握处理产权和经济纠纷的司法政策，对产权应当全面、平等、依法保护。此后，最高人民法院、最高人民检察院也相继出台了有关保护产权文件。这些讲话，文件，解释等，都体现了党中央依法治国，切实保障民营企业家合法权益的决心。但如何具体落实，使这些意见、决定外化为实实在在的举动，还有漫长曲折的路。

CASE 11

"卧底"还是"帮凶"

——北京"海归"敲诈勒索案

诉讼进程

张某，男，1981 年出生在北京一个知识分子家庭，其是家中独子，家境较富裕。2002 年，张某中学毕业，父母让其到加拿大留学。其后，张某在加拿大学习、工作，生活稳定。

2009 年，为了照顾身体不好的父母，张某回国就业，在一家进出口贸易公司工作。起初由于不了解相关产品知识、国际贸易规则和行业惯例，工作很吃力，但是，张某凭借在国外留学工作生活积累的经验和语言优势，很快就与国内外客户建立了融洽的工作关系，升任国际业务部项目经理。

张某回国后，工作渐渐步入正轨的同时，也和旧时的同学们恢复了联系。大家经常会约在一起吃饭唱歌聚会。李某是张某初中同学，现在是北京市公安局某派出所的治安民警。

2011 年夏季的一天，李某给张某打电话让其帮个忙。李某告诉张某，派出所的工作很辛苦，并且每个月都有任务指标，这个月的指标可能无法完成了，所以为了能够完成这个月的任务指标，李某让张某扮演嫖客“钓鱼”执法卖淫女，进而帮助抓获卖淫女完成案件指标。张某起初不太愿意做这事，但是经不住李某再三以“帮助派出所的忙”“可以成为警察的线人”为由相劝，碍于朋友面子并想着还能帮助警察抓坏人成为警方的“卧底”，张某最终还是答应了帮李某的忙。

大约过了一周，李某给张某打电话，让其到某宾馆房间找他。张某到后，李某告诉他，卖淫女已经联系好了，约定的地点在隔壁房间，让他冒充嫖客，等卖淫女来了让她先去洗澡，李某会算计好时间进去抓人，同时给了张某一个装着嫖资的白色信封，里面是一沓百元面值的人民币。

张某到隔壁房间，卖淫女来到后，张某按照计划让她先去洗澡，卖淫女洗完澡出来刚上床，李某就带着几个人敲门进来，简单询问后就把人分别带走了。张某被带到隔壁房间，整理了一下衣服就离开了。走出宾馆，张某压抑着自己内心的冲动，但还是不自觉的笑出声音来，原来作卧底是如此紧张又刺激。

这之后，张某又帮助李某用同样的方式对卖淫女钓鱼“执法”过几次。有一天，李某约张某吃饭，给了张某 5000 元人民币，说是经过领导批准给的奖金。再之后，张某以同样的方式帮助李某“抓嫖”三四次，获得奖金 2000 元。

2012 年 9 月 4 日，张某居住地辖区派出所民警电话通知张某到派出所一趟，张某如约在下午两点到派出所。民警询问张某关于李某抓获卖淫女的事情，张某都一五一十地向民警进行了说明。说明完情况后，民警并没有让张某离开派出所。

张某在派出所度过一夜后，2012 年 9 月 5 日被北京市公安局以涉嫌敲诈勒索罪刑事拘留。经北京市人民检察院第一分院批准于 2012 年 10 月 12 日被执行逮捕。

2013 年 1 月，张某父母聘请尚权律师事务所常铮、巩志芳律师担任张某的辩护律师。接受委托后，辩护律师立即赶赴看守所会见张某，张某将相关情况告诉辩护律师，辩护律师告知了他享有的法律权利。张某很关心案件最终会是怎样的结果，辩护律师根据他所说案件情况进行了简要分析。

根据张某所陈述案件事实，其本人并没有任何敲诈勒索的行为和主观故意，如果所说属实，应该无罪。但是，目前为侦查阶段，律师无法阅卷，不知警方掌握证据情况。检察院既然批准逮捕，说明警方可能还是有一些对张某不利的证据。建议张某在以后的审讯中，实事求是地说明案件情况并核实笔录，一切到审查起诉阶段阅卷后再根据案卷情况进行分析。

本案后因“案情复杂”“犯罪涉及面广，取证困难”等原因，两次延长侦查羁押期限至 2013 年 3 月 12 日。

2013 年 3 月 12 日，侦查机关北京市公安局终于将本案移送北京市人民检察院第二分院审查起诉，辩护律师本以为终于可以到检察院阅卷了，但事与愿违，二分检工作人员告诉辩护律师本案的管辖问题尚未确定，暂时不能阅卷。后来，二分检将本案交北京市朝阳区人民检察院办理。其后，又经北京市人民检察院指定，朝阳区人民检察院于 2013 年 4 月 7 日报送北京市人民检察院第一分院审查起诉。至此，辩护律师终于可以去复制查阅本案全部卷宗材料了。

复制卷宗后，首先查看侦查机关的起诉意见书。发现起诉意见书载明的本案犯罪嫌疑人共有三名，张某、李某、王某。其中，李某未与张某、王某在本案中一并处理，而是另案处理；张某、王某同案处理。

王某何许人也？张某为何在律师多次会见过程中从未提起。辩护律师内心不免疑惑丛生。

律师通过查阅全部证据材料后发现，本案背后另有隐情。

原来，王某曾是李某所在派出所辖区的居民，几年前王某家被盗，报警后，李某是出警办案人员。这样一来二去，两人慢慢就发展成为恋人关系，但是这种关系仅维持了三四个月。之后，两人就互相不再联系了。

2011 年夏天，李某再次主动联系王某。王某来到李某工作的派出所，李某告诉王某，他需要破案指标，问王某是否认识吸毒、赌博、卖淫嫖娼的人员，如果有知道的话就告诉他，他好破案。王某说别的不太了解，但是可以帮他找到卖淫的“小姐”。他们商量好由王某负责找“小姐”到酒店卖淫，由李某负责找“嫖客”和抓人。李某还告诉王某，不会少了她的好处。此后，李某、王某多次实施设局钓鱼卖淫女的行为，并获得成功，而张某就是李某所设局中的“嫖客”。

李某抓获卖淫女后，并没有依法对她们进行处理，而是将卖淫女带至派出所后向她们索要钱财，否则就对她们依法处理。

李某、王某的犯罪行为，设计很巧妙，也很难被发现。这次之所以案发，是因为很偶然的因素。李某再次设局钓鱼抓获了高某，向高某勒索 20 万现金，高某无奈以母亲生病为由向朋友借钱。高某朋友警觉地认为高某被绑架，向 110 报案，本案遂案发。

查阅案卷材料，了解到上述案件情况后，辩护律师即作出判断，张某客观上是被李某利用，成为了李某犯罪的作案工具，主观上没有敲诈勒索的犯罪故意，张某是无罪的。

辩护律师及时地形成书面辩护意见递交给承办检察官。同时，多次向有权部门提出羁押必要性审查申请，因为现有证据已经可以证明张某是无罪的，不应该对其继续羁押，即使暂时不能作出法律上的结论，也应该对其取保候审。

辩护律师的这些意见和申请，都犹如石沉大海一般。

检察院于2013年4月27日、2013年6月27日两次将案件退回北京市公安局补充侦查，但均未补充到任何有价值的证据材料。在此期间，李某、王某均被人民检察院以敲诈勒索罪公诉至人民法院。

2013年8月19日，北京市人民检察院第一分院作出决定，对张某不起诉。2013年8月20日，张某走出看守所大门。

侦查机关观点

北京市公安局的起诉意见书认定：“2011年5、6月间，犯罪嫌疑人王某伙同犯罪嫌疑人李某（另案处理）、张某等人预谋，以抓获卖淫嫖娼人员方式敲诈卖淫女财物。2012年7、8月间，由王某联系卖淫人员，张某冒充嫖客，李某等人在本市三里屯SOHO社区、北京工大建国饭店等地，先后将卖淫人员李某奇、高某抓获，后李某以可不被处理为由敲诈二人人民币13万元。”据此，北京市公安局认为，张某的行为涉嫌构成敲诈勒索罪，并将案件移送审查起诉。

辩方观点

辩护律师查阅全部卷宗材料后，认为张某被李某所利用，其本人主观上一直认为自己是警方的“卧底”，而起诉意见书却将张某理解为是李某犯罪的“帮凶”，但是本案没有任何一个证据可以证明张某是有罪的，包括李某的供述也从未指证过张某。从某种意义上讲，张某这次可以化险为夷，很大程度上取决于李某能够如实供述犯罪事实经过，没有为了推卸责任而诬陷张某。

以下为审查起诉期间，向人民检察院递交书面辩护意见的主要内容。

纵观全案证据，辩护人认为，张某的行为不构成敲诈勒索罪，具体理由如下。

（一）在主观方面，张某没有敲诈勒索他人的主观故意

首先，张某个人没有敲诈勒索他人的犯罪故意。

从在案证据看，张某冒充嫖客的主观目的仅仅是为了帮助警察“钓鱼”卖淫女，其行为是在协助警察办案，并不存在以此威胁或要挟卖淫女，从而非法获取卖淫女财物的主观故意。

其次，张某与王某、李某之间没有共同犯罪的意思联络。

根据侦查机关查明的事实，本案是一起共同犯罪，共同犯罪是指二人以上共同故意犯罪，要求行为人在主观上应当具有共同的犯罪故意。

本案中，根据被告人王某供述，关于抓卖淫女的事情，只是在王某与李某之间有过商量。王某根本不认识张某，其与张某没有共谋；王某也没听李某说过与张某就此事进行过商量，三人之间亦没有犯罪的意思联络。

被告人李某的供述证实，其找张某充当嫖客时，只是告诉张某帮警察抓卖淫女。对于其事前与王某商量及事后对卖淫女索要财物的情况，张某并不知情，更没有参与。

张某供述也表明，其充当嫖客是基于李某提出配合警察办案，帮助抓卖淫女的请求，对于李某的其他行为并不明知。

可见，张某没有与王某、李某进行预谋，且对他们之间的主观意思及客观行为并不知情。在共同犯罪中，张某与王某、李某没有犯意联络，没有共同故意。

（二）在客观方面，张某没有实施敲诈勒索卖淫女的行为

敲诈勒索罪的客观方面表现为对被害人实施威胁或者要挟的方法，迫使其当场或者限期交出较大数额的公私财物的行为。

从在案证据看，张某是基于李某“配合警察办案，帮助警察抓卖淫女”的提议而充当嫖客，帮助警察“钓鱼”执法。在整个事件中，张某的行为仅是“充当嫖客”，而这一过程中，张某没有对卖淫女进行过任何口头、书面、明示、暗示的威胁或要挟，更没有向卖淫女索要过任何财物。当张某帮助警察将卖淫女“钓上”后，其很快被警察带离了现场，没有参与李某等警察对卖淫女的处理，事后对李某等人的行为也不了解。可见，张某没有实施，也没有参与实施敲诈勒索他人的行为，不具备敲诈勒索罪的犯罪客观方面要件。

（三）张某对所得财物的性质并不明知

本案中，李某让张某配合警察办案，帮助抓卖淫女，事后分两次给

张某共计人民币7000元。但是，关于这7000元的具体性质，张某并不知情。

李某和张某的供述相互印证，证实张某并不知道7000元的来源非法，李某是以辛苦费、劳务费的名义给张某的，而张某基于自己对警察的帮助信以为真，接受了报酬。辩护人认为，张某在不知实情的情况下获得的财物不是一种分赃，更不能以此认定其与李某、王某有共同的故意。

综上，辩护人认为，张某的行为不构成敲诈勒索罪。根据《中华人民共和国刑事诉讼法》第一百七十三条第一款之规定，应当对张某作出不起诉的决定。

检察机关认定

北京市人民检察院第一分院审查起诉并退回补充侦查，仍然认为北京市公安局认定的张某敲诈勒索犯罪事实不清、证据不足，不符合起诉条件。依照《中华人民共和国刑事诉讼法》第一百七十一条第四款的规定，决定对张某不起诉。

法律规定

《中华人民共和国刑法》

第二百七十四条 敲诈勒索公私财物，数额较大或者多次敲诈勒索的，处三年以下有期徒刑、拘役或者管制，并处或者单处罚金；数额巨大或者有其他严重情节的，处三年以上十年以下有期徒刑，并处罚金；数额特别巨大或者有其他特别严重情节的，处十年以上有期徒刑，并处罚金。

《中华人民共和国刑事诉讼法》

第一百七十一条 人民检察院审查案件，可以要求公安机关提供法庭审判所必需的证据材料；认为可能存在本法第五十四条规定的以非法方法收集证据情形的，可以要求其对证据收集的合法性作出说明。

人民检察院审查案件，对于需要补充侦查的，可以退回公安机关补充侦查，也可以自行侦查。

对于补充侦查的案件，应当在一个月以内补充侦查完毕。补充侦查以二次为限。补充侦查完毕移送人民检察院后，人民检察院重新计算审查起诉期限。

对于二次补充侦查的案件，人民检察院仍然认为证据不足，不符合起诉条件的，应当作出不起诉的决定。

第一百七十三条 犯罪嫌疑人没有犯罪事实，或者有本法第十五条规定的情形之一的，人民检察院应当作出不起诉决定。

对于犯罪情节轻微，依照刑法规定不需要判处刑罚或者免除刑罚的，人民检察院可以作出不起诉决定。

人民检察院决定不起诉的案件，应当同时对侦查中查封、扣押、冻结的财物解除查封、扣押、冻结。对被不起诉人需要给予行政处罚、行政处分或者需要没收其违法所得的，人民检察院应当提出检察意见，移送有关主管机关处理。有关主管机关应当将处理结果及时通知人民检察院。

法律解析

敲诈勒索罪是指以非法占有为目的，对他人实施威胁、恐吓，索取公私财物数额较大或者多次敲诈勒索的行为。犯罪构成的基本逻辑结构：行为人对被害人实施威胁、恐吓行为——被害人产生恐惧心理——被害人基于恐惧心理处分财产——行为人或第三人取得财产。

办案手记

辩护成功之后的思考

北京市尚权律师事务所　常铮律师、巩志芳律师

在共同犯罪案件中，检察院对其他犯罪嫌疑人提起公诉，只对自己的当事人作出不起诉决定，将当事人释放。这对刑辩律师来讲，无疑是一次成功的辩护。但是，笔者所经历的这起案件，没有给笔者带来多少成功的喜悦，而是让笔者沉浸在更多的思考中。

一、羁押必要性审查失灵

这样一个事实本身并不复杂、证据材料也不繁多、法律关系也很简单的案件，让笔者当事人从 2012 年 9 月 5 日被刑事拘留到 2013 年 8 月 20 日被释放，失去人身自由的时间接近一年，差 16 天满一年。

羁押是对人身自由的剥夺，是对人的基本权利最为严重的限制措施。在刑事诉讼过程中，根据无罪推定和人权保障等现代法治理念，现代法治国家通常将其作为在不得已、其他强制措施无效的情况下，而采取的例外

措施。而在我国的司法实践中，长期存在羁押率过高的情况。为改善这种状况，维护司法公正，我国在2012年的修改新刑事诉讼法中确立了羁押必要性审查制度。

本案办理过程中，恰逢2012年刑事诉讼法施行，笔者作为辩护人在查阅完本案全部卷宗材料后，就认为本案并没有任何证据指向张某犯罪，并且现有证据已经足以证明张某是无罪的，张某不应该被继续羁押，即使办案机关一时无法对案件作出结论性意见，也应该对张某取保候审。在此情况下，笔者依据当时的法律规定，分别向办案机关承办人和检察院驻看守所检察室递交了书面的《对张某羁押必要性审查申请书》，申请理由主要两点：一是张某的行为不构成犯罪，不应当对其羁押。二是张某没有人身危险性和社会危害性。

递交书面申请材料后，笔者主动联系承办人，承办人只是礼貌回答会慎重对待，其后并没有采取任何具体措施，也没有向辩护人作出口头或书面回复。驻看守所检察室的检察官主动联系笔者一次，称已收到羁押必要性审查申请的书面文件，由于是无罪理由，所以需要向承办人了解情况，但是多次与承办检察官联系均未联系上，其会继续联系，有什么情况会及时通知辩护人，但是，现在张某身体情况及羁押期限均没有任何问题。此后，笔者再也没有与驻看守所检察室的检察官取得联系。

本案最终没有启动羁押必要性审查程序，张某在看守所住满了刑事诉讼法规定的审查起诉“三延两退”的全部六个半月时限，在办案机关不得不作出最终审查结论的最后一天才走出了看守所。

我国刑事诉讼法在对刑事诉讼法任务的规定中，明确要求“保证准确、及时地查明犯罪事实”“保障无罪的人不受刑事追究”“尊重和保障人权”。羁押必要性审查制度，就是为了尊重和保障人权而设立的新制度。但是本案中，笔者没有看到司法机关及时查明案件事实，没有看到张某的人权得到尊重和保障，羁押必要性审查制度在本案中完全失灵。无辜之年轻人被莫名关押一年之久，令人不胜唏嘘。

二、不起诉依据之惑

不起诉决定是检察机关在对案件审查起诉以后，依据刑事诉讼法的规定，对符合相关要求的案件作出不予起诉、不追究刑事责任的决定。该决定对案件刑事诉讼程序会产生终局性效力，同时对案件实体也会产生影响，当事人在法律上会被认为不是犯罪的人。因此，不起诉是辩护律师在审查起诉阶段追求的辩护目标。

本案我们可以说已经达到了辩护目标，尤其是在张某同案嫌疑人已经被提起公诉的情况下，这样一种不起诉的结果就更显得弥足珍贵。

但是，辩护人在向检察机关递交的辩护意见中，明确是以《刑事诉讼法》第一百七十三条第一款，即学理上讲的“法定不起诉”作为依据，来说服检察机关作出不起诉决定。检察机关最终作出不起诉决定的依据却是《刑事诉讼法》第一百七十一条第四款，即学理上讲的“存疑不起诉”。

法定不起诉是当事人的行为不能认定为犯罪或者符合法律明确规定不需要追究刑事责任的情形，检察机关没有裁量权只能作出不起诉决定。因此，这类不起诉决定根据“一事不再理”原则，具有终结性的效力。

而存疑不起诉，也叫证据不足不起诉，是基于有一定的证据证明当事人可能涉嫌犯罪，但是这些证据不够充分，不足以证明当事人确实犯罪，而基于“疑罪从无”的原则作出的不起诉决定。以后如若发现新证据，符合起诉条件的情况下，依然可以再向人民法院提起公诉，检察机关对该类不起诉决定的案件仍有重新提起公诉和追究当事人刑事责任的权利。

本案没有任何一项证据指向张某的行为是犯罪，所有证据都足以证实张某没有任何犯罪行为，完全符合法定不起诉的条件，严格依法办事就应该适用《刑事诉讼法》第一百七十三条第一款的规定作为不起诉的依据。但是，检察机关却偏偏适用存疑不起诉作为依据，在《不起诉决定书》中也不说明适用理由。虽然不管适用何种理由都是不起诉的结果，但这能算作是准确查明了案件事实吗?

三、理解和尊重

本案办理完毕，家属为了表示谢意请我们律师吃饭。席间，家属给律师讲了一个故事。家属在接到检察院电话通知去看守所领人的时候，承办人对家属说:“我们作出了不起诉决定，你们可以去看守所领人了。但是，我要给你们说一句话，这个结果是我们依法审查的结果，和律师没有关系，你们别被律师骗了。”家属回答:“我们的律师肯定不会干这样的事情！”

听罢，我们哈哈一笑而过。但是作为律师，我们内心既伤心又欣慰。伤心的是检察官在律师背后对家属说出如此不堪的话语，欣慰的是家属对我们律师是如此的信任。

实话实说，这位检察官对家属说的这句话对笔者影响非常大，笔者在不同场合都讲过这个故事。检察官如此评价律师，固然是因为律师行业确有害群之马行苟且之事，但是笔者觉得不能因此就否定一个行业所有的人。

笔者认为更重要的还是因为“体制内”的司法官员对“体制外”的律师了解太少、误解太多，“防律师”的心态太严重。当然律师对司法官员也存有颇多偏见。因此，笔者认为双方要建立渠道多多了解彼此，不要先入为主，不要戴着有色眼镜去看待对方，互相理解，互相尊重，法律职业共同体才会形成，大家在共同办案的过程中才会更加融洽。

CASE 12

莫名的牢狱之灾

——深圳某区看守所刘大拿受贿、滥用职权案

诉讼进程

犯罪嫌疑人刘大拿（化名），男，深圳市某区看守所前台电脑员（临聘人员）。

2015 年 9 月 3 日，深圳某检察院反贪局依法对犯罪嫌疑人刘大拿以滥用职权、受贿罪立案侦查。

2015 年 9 月 4 日，刘大拿被刑事拘留。

2015 年 9 月 11 日，被取保候审。

2016 年 1 月 14 日，侦查终结。

2016 年 2 月 29 日，4 月 21 日两次退回补充侦查。

2016 年 5 月 27 日，深圳某区检察院依法移送法院审理。

2016 年 6 月 2 日，接受委托，律师介入。

2016 年 6 月 3 日，到深圳 A 区法院阅卷。

2016年6月20日，经深圳中院指定，案件移送深圳B区法院审理。

2016年11月4日向深圳市B区人民检察院提交刘大拿无罪的辩护意见。

2017年1月12日，B区人民检察院作出不起诉决定。

侦查机关观点

被告人刘大拿（化名）系深圳市某区看守所前台电脑员，负责办理律师会见、入所登记、提审手续等事宜。2015年8月27日，中央巡视组交办招商局“8·19”专案的主要犯罪嫌疑人贺某，因刑事拘留被关押于深圳市某区看守所。

2015年8月31日，被告人刘大拿在明知贺某涉嫌受贿一案系特别重大贿赂犯罪案件，辩护律师会见该案犯罪嫌疑人应经过检察院许可的情况下，受王某指使，利用职务上的便利，超越权限违规办理律师与贺某的会见手续，导致贺某翻供、不认罪。之后，经过侦查人员的法律和政策教育，贺某表示认罪，但仍然拒绝提供其他相关犯罪线索，在一定程度上妨碍了该案及招商局“8·19”专案中其他相关案件的深挖扩线。

2015年9月2日，被告人刘大拿来到王某家客厅，收受其人民币3万元作为上述帮助违规会见贺某的感谢。次日中午，刘大拿去父母家吃饭时，将这3万元交给了其母亲张某某。

另查，被告人刘大拿还于2015年8月2日未经检察机关许可，违规办理特别重大贿赂案件犯罪嫌疑人陈某亮的律师会见手续。

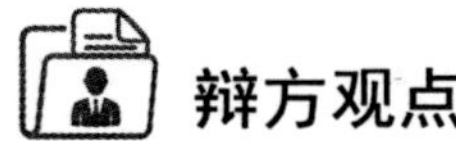

辩方观点

（一）关于受贿罪。从证据分析，没有受贿的事实

起诉书指控被告人刘大拿利用职务便利，违规安排律师会见，收受王某3万元好处费，次日将这3万元交给张某某。证明这一事实的证据，有被告人的供述，证人王某、李某及张某某的证言。

被告人刘大拿在侦查阶段一共做了10份笔录（其中2份为立案前的调查笔录），但只有2份自书笔录承认有受贿的事实，从这2份笔录的内容看，与后面的8份笔录内容相互矛盾，也不能与其他证据相互印证。与行贿人王某的证言矛盾。因此，刘大拿的有罪供述系孤证，只有被告人的供述，没有其他证据的，不能认定被告人有罪。

证明刘大拿存在受贿事实，还有王某（行贿人）、张某、李某三人的证人证言。王某（行贿人）的证言证实没有向刘大拿行贿的事实；张某某的两次证言，证言内容证实的事实相反，一是有收到刘大拿3万元，一是没有收到刘大拿3万元；李某的证言与本案事实没有关联，但也从侧面说明了本案最有可能行贿的人也没有行贿的事实。

王某，也即是行贿人，在侦查机关的两次证言均证实，不存在王某指使或请托刘大拿违规安排律师会见，并给刘大拿3万元好处费这一事实。

张某某，证言前后矛盾，第一次证言提到收了刘大拿的3万元，并将这3万元全部买药用掉了，但没有相关的购药记录，也没有相关的药店调查记录予以佐证；张某某的第二次证言对自己的第一次证言予以否认，并在第二份笔录中说出了为何会承认收了刘大拿3万元，及为什么能够

准确说出3万元的原因。张某某在证言中说:“我担心儿子，以为承认了，我帮儿子把钱还了，儿子就没事了。”第一，这是出于母亲对儿子的关爱，急于希望自己的儿子尽快摆脱侦查机关调查，息事宁人，虚假承认，这种解释符合常理；第二，关于为何能准确说出3万元，张某某在证言中说:“我开始只是试探，开始说儿子给了我几千元，工作人员不信。我觉得猜错了，我说2万，然后说3万，工作人员就没有继续问我，我就想可能3万就对了。”从以上口供来说证言是在侦查人员的诱导、暗示下做出的，证言不具有真实性，不能作为定案的根据。

证人李某，证言证实她没有找人托关系或要求自己的亲属找人托关系，要求违规安排律师会见贺某。

综上，刘大拿没有受贿事实，不构成受贿罪。

二、关于滥用职权罪，没有滥用职权的事实

根据我国《刑法》第三百九十七条的规定，滥用职权罪属于结果犯，除了有滥用职权的行为外，还必须有致使公共财产、国家和人民利益遭受重大损失的严重后果。在本案中，刘大拿没有违规办理律师会见，也没有出现重大损失的后果，不能认定刘大拿构成滥用职权罪。

1. 没有滥用职权的事实

首先，起诉书指控刘大拿超越权力，违规办理会见，根据《刑事诉讼法》第三十七条第三款的规定，特别重大贿赂犯罪案件的会见，律师需要经过侦查机关许可，侦查机关应当事先通知看守所。也就是说，看守所是否允许律师会见，应该以接到侦查机关的书面通知为前提，如果侦查机关

没有书面通知看守所，那么看守工作人员所安排律师会见，就不存在违法的问题，更不可能滥用职权。

其次，刘大拿安排律师会见的行为是不是滥用职权？所谓滥用职权的行为包括，擅权、越权、弃权三种方式。刘大拿如果构成滥用职权，则应属于越权行为。那么刘大拿是否越权呢？贺某涉嫌重大职务犯罪，属于法律规定的三类会见需要经过许可的案件，但对于案件是否允许律师会见，看守所并无决定权，而是以侦查机关书面通知为准，看守所接到书面通知后，对律师会见不予安排[①]。但侦查机关未依照法律的规定书面通知看守所。

再次，案卷中显示，侦查人员有口头通知，会见贺某需要经过批准，一是侦查人员这样做无法律依据，也不符合机关与机关之间的业务往来惯例；二是侦查人员是否真有通知，是谁通知，何时通知，都没有证据证明。

综上，刘大拿安排律师会见并未越权，没有滥用职权的事实。

2. 没有造成严重后果

起诉书认为刘大拿超越权力，违规办理律师会见，导致了涉嫌受贿罪嫌疑人贺某翻供，并在一定程度上妨碍了该案的深挖扩线。起诉书认定刘大拿滥用职权的后果是导致了贺某翻供，那么贺某到底有没有翻供？首先，证明翻供事实的证据是侦查机关提供的贺某的讯问笔录，根据这份笔录，侦查人员问：你是否认罪？贺某答：我不认罪。侦查人员继续问：你

①《人民检察院刑事诉讼规则（试行）》第四十五条规定，对于特别重大贿赂犯罪案件，犯罪嫌疑人被羁押或者监视居住的，人民检察院侦查部门应当在将犯罪嫌疑人送交看守所或者送交公安机关执行时书面通知看守所，在侦查期间辩护律师会见犯罪嫌疑人的，应当经人民检察院许可。

在侦查机关交代的是否属实？答：笔录只摘取了一部分内容，录像有全部。问：侦查机关在讯问你时有没有对你刑讯逼供、诱供等违法行为？答：没有，但有连续3天晚上不让睡觉。贺某的供述，非常清晰地说明贺某并未认罪。如果笔录能认定贺某认罪，也是侦查机关不如实记录和疲劳审讯等非法方式获取的供述，系非法证据，应予排除，不能作为认定有罪的证据。其次，如果贺某存在翻供的事实，属不属于法律规定的重大损失呢？司法解释及指导性案例① 分别从经济损失、人员伤亡、恶劣的社会影响等方面来认定重大损失。翻供的后果不符合经济损失、人员伤亡的认定标准，那么是否符合造成恶劣的社会影响这一标准？恶劣的社会影响是指滥用职权使国家机关的形象受到严重损害，引起群众不满，使地区社会稳定不稳定受到影响 。评判行为是否具有恶劣社会影响主要有三点：一是行为自身的严重性；二是对周边社会的影响性；三是对社会秩序的破坏性 。在侦查阶段，嫌疑人供述不稳定，翻供也是常发生的事情，另外贺某翻供，仅是极少数人知道，并被侦查机关及时“发现”，未阻碍案件侦查的顺利进行。更不可能导致不稳定事件的发生，影响地区的稳定，不属于恶劣的社会影响的评价范畴。因此，刘大拿所谓“越权”办理律师会见，并没有产生重大损失的后果。

---

①《最高人民法院、最高人民检察院关于办理渎职刑事案件适用法律若干问题的解释（一）》第一条规定：“国家机关工作人员滥用职权或者玩忽职守，具有下列情形之一的，应当认定为刑法第三百九十七条规定的‘致使公共财产、国家和人民利益遭受重大损失’：……（三）造成恶劣社会影响的；（四）其他致使公共财产、国家和人民利益遭受重大损失的情形。”

《最高人民检察院印发第二批指导案例的通知》《罗甲、罗乙、朱某、罗丙滥用职权案》，载 http://www.spp.com.gov.cn/flfg/gfwj/201212/t20121228_52199.shtml. 最后访问日期：2017年8月22日。

3. 证明刘大拿滥用职权的行为与本案“重大损失”之间存在刑法上因果关系的证据，不确实、不充分。

首先，刘大拿办理律师会见，是否必然导致被会见嫌疑人翻供？显然不是，因为8月12日违规安排律师会见嫌疑人陈某某，陈某某并没有翻供。那么，贺某翻供是否因其他原因导致？至少不能排除存在这样的可能，在刘大拿安排律师会见贺某之前，看守所的警官刘某已经安排了律师与贺某会见，贺某的翻供到底是由谁导致的？

其次，贺某翻供，是因刘大拿的滥用职权行为导致，还是刘某滥用职权行为导致的，无法确定。换句话说，存在或可能存在这样一个事实，贺某的翻供可能不是刘大拿导致的，而是刘某或其他因素导致的。

综上，既然存在这样一种可能，证明滥用职权事实的证据就没有达到确实充分的标准。那么指控被告人刘大拿构成滥用职权罪，证据没有达到确实充分的程度，根据疑罪从无的原则，不能认定刘大拿构成滥用职权罪。

检察机关认定

深圳B区检察院认为：被不起诉人刘大拿系深圳市某区看守所前台电脑员，负责办理律师会见、入所登记、提审手续等事宜。2015年8月27日，中央巡视组交办的招商局“8·19”专案的主要犯罪嫌疑人贺某因涉嫌受贿被关押于深圳市某区看守所。刘大拿在明知贺某涉嫌受贿一案系特别重大贿赂案件，辩护律师会见该案被不起诉人应当经过检察机关许可的情况下，利用职务上的便利，超越权限于2015年8月31日违规办理律师与贺某的会见手续，给检察机关后续查办贺某涉嫌受贿案及相关线索带来严重阻碍。

此外，被不起诉人刘大拿还于2015年8月12日未经检察机关许可，违规办理特别重大贿赂案件被不起诉人陈某亮的律师会见手续。

经两次退查及审查，本院认为深圳市某区人民检察院认定的犯罪事实不清、证据不足，不符合起诉条件。依照《中华人民共和国刑事诉讼法》第一百七十一条第四款的规定，决定对刘大拿不起诉。

法律规定

（一）受贿罪

《中华人民共和国刑法》

第九十三条 本法所称国家工作人员，是指国家机关中从事公务的人员。

国有公司、企业、事业单位、人民团体中从事公务的人员和国家机关、国有公司、企业、事业单位委派到非国有公司、企业、事业单位、社会团体从事公务的人员，以及其他依照法律从事公务的人员，以国家工作人员论。

第三百八十五条 国家工作人员利用职务上的便利，索取他人财物的，或者非法收受他人财物，为他人谋取利益的，是受贿罪。

国家工作人员在经济往来中，违反国家规定，收受各种名义的回扣、手续费，归个人所有的，以受贿论处。

第三百八十六条 对犯受贿罪的，根据受贿所得数额及情节，依照本法第三百八十三条的规定处罚。索贿的从重处罚。

（二）滥用职权罪

第三百九十七条 国家机关工作人员滥用职权或者玩忽职守，致使公共财产、国家和人民利益遭受重大损失的，处三年以下有期徒刑或者拘役；情节特别严重的，处三年以上七年以下有期徒刑。本法另有规定的，依照规定。

国家机关工作人员徇私舞弊，犯前款罪的，处五年以下有期徒刑或者拘役；情节特别严重的，处五年以上十年以下有期徒刑。本法另有规定的，依照规定。

法律解析

根据上述规定及刑法原理，受贿罪的犯罪构成要件如下。

（一）本罪侵犯的客体，是国家机关和国有公司、企业、事业单位、人民团体的正常工作秩序和国家的廉政建设制度。

（二）客观方面表现为利用职务上的便利，索取他人财物，或者非法收受他人财物并为他人谋取利益的行为。

权钱交易是受贿罪的本质特征。行为人没有相应职务，或者没有利用职务上的便利收受财物的，不构成受贿罪。所谋取的利益，对行贿人来说，可以是其应当获得的合法利益，也可以是其不应当获取的非法利益。受贿人明知行贿人给予他财物的目的，是要求他利用掌握的权力为行贿人谋取特定的利益，而收受行贿人给予的财物，便是允诺为其牟取利益，即构成受贿。收受贿赂的行为人，必须同时具备收受他人财物和为他人谋取利益这两个方面的条件，才构成犯罪。

受贿罪中的索取或者收受财物不只限于行为人将贿赂款物收归已有，也可以表现为行为人指定行贿人、请托者将财物送给其他第三人。

（三）犯罪主体为特殊主体，即只能由国家工作人员构成。

（四）主观方面由直接故意构成，即行为人明知利用职务上的便利索取他人财物或非法收受他人财物并为他人谋取利益的行为，必然会损害国家工作人员的职务廉洁性，仍希望并追究这种结果的发生。

根据上述规定及刑法原理，滥用职权罪的构成要件。

（一）本罪侵犯的客体是国家机关的正常活动

国家立法、行政、司法和军事等机关的工作人员依照法律代表国家行使管理国家政治、经济、文化、社会和军事事务的职权，责任重大。为了保证国家机关工作人员正当、合理地行使职权，国家有关机关制定、颁布了一系列法律、法规和规章来规范、约束其工作人员的职务行为。这些规定既是国家机关工作人员行使和运用各自职权的法律依据和保障，也是其职务行为的界限、范围和行动的准则，因而是每一个国家机关工作人员的法定责任和义务。

（二）客观方面表现为违反法律规定的权限和程序，滥用职权，致使公共财产、国家和人民利益遭受重大损失的行为

“职权”，是指职务范围以内的权力。职务的范围和权力一般由法律、法规和规章作出具体的规定。“滥用”，则是指超越限定的范围或者胡乱、随意地使用权力。刑法中“滥用职权”的行为在客观上有两种情形：一是不认真地运用权力，即在履行职务的过程中，未尽到注意义务，在其职务范围内随便、随意或者马虎地行使权力；二是过度地运用权力，即在履行

职务的过程中，超越职务范围去行使权力，或者在职务范围内超越权力运用的前提、条件（如时间、地点、对象等）、程序、内容等要求而行使权力。

（三）犯罪主体为特殊主体，即国家机关工作人员

国家机关包括各级国家权力机关、行政机关、审判机关、检察机关、军事机关。国家机关工作人员应是在上述机关中从事公务的人员。

（四）主观方面一般由过失构成

行为人应当预见自己滥用职权的行为，可能致使公共财产、国家和人民利益遭受重大损失，因为疏忽大意而没有预见，或者已经预见而轻信能够避免。但也不排除故意的存在。

办案手记

办案随笔

北京市尚权（深圳）律师事务所 陈国庆律师

本案是一起因中纪委在侦查其他案件过程中，发现了嫌疑人出现翻供的情形，在中纪委调查期间，看守所有安排律师会见嫌疑人。于是，中纪委要求调查，相关的线索一层层移交到 A 区检察院侦办。基层反贪部门接到上级单位的指示，特别是有中纪委领导的签批，那重视程度就可想而知。既然嫌疑人翻供是由于看守所安排律师会见导致的，侦查机关就从所有的办理会见的人员入手，调查发现，是因为检察院没有书面通知看守所嫌疑人会见需要经过允许。这本是检察院工作失误的问题，直接向上级报告就解决了。但由于各种原因，笔者的当事人，一个刚刚入职一个多月的临时

前台工作人员，就正好撞到这个枪口上，被检察机关以涉嫌受贿、滥用职权罪之案侦查。

（一）接案经过

2016年6月初，像往常一样，笔者在办公室里做着自己的事情，突然电话铃响起，抬头一看，是蔡主任的电话。他的电话，我知道肯定有急事。

“蔡老师，有事吗？”笔者拿起电话说。

“国庆，你在所里吗？”电话那头问。

“在的，蔡老师，您有事吗？”笔者回答。

“你有没有空，帮我接待一下当事人。”蔡老师没有任何寒暄，就直接抛出主题。蔡老师做事喜欢直来直去。

“有空，您交代的事情，我怎么都会有空的，您叫当事人过来找我，我在办公室等她。”我也玩笑地回了蔡老师，当时快到吃饭的时间，所以自己就有些空。

过了20多分钟，一对母子来到所里，前台行政把他们引导到了小接待室，然后告诉笔者有当事人找。笔者放下手中的活，就直接到了接待室。刚进接待室，乍看这对母子，一个一脸惆怅，一个一脸委屈。

“陈律师，你要帮帮我，我儿子是冤枉的，他没有给我三万块钱。”不等笔者做自我介绍，妈妈模样的女士连忙说。

“我的确没有收王某的钱，都是我编的。”另外一位男士还没等他妈妈说完就补上这一句话。

“你们别着急，蔡主任已经打电话给我说了，叫我接待一下你们，你们慢慢说，把事情的来龙去脉对我讲讲，我看看能不能帮到你们”，我一边安抚他们的情绪，顺便叫前台工作人员小文端两杯茶过来。

“好的，陈律师，事情是这样的。”坐在旁边的男子打开了话题。

“你对律师说慢点，说清楚点”，他妈妈不放心地交代了一句。

“我叫刘大拿，是深圳某区看守所的临聘人员，刚刚上班不到一个月时间。9 月 1 日下午，A 区检察院的人过来把我带走，说要我去配合调查，我不知道什么事情，就和他们一起去了。到了 A 区检察院办案区讯问室，我就一个人坐在那里，没有人管我，就两个保安看着我。我就这样在那一直待到晚上。后来有人过来对我说，“你自己好好写写，你有犯什么罪没有？”。我说，我没有啊，我能有什么犯罪行为？我一直坚持说自己没有犯什么事。后来，到了深夜，他们一整晚都不让我睡觉，直到第二天，他们告诉我，你有没有送钱给王队长？我说没有。他们就说你不承认就别想出去，你如果承认了，把事情说清楚你就可以回家。我一整晚没睡觉，当时是什么时候我也不知道，反正我稀里糊涂的，我为了尽快出去，我就瞎编，王队长告诉我，帮忙安排律师会见贺某，然后王队长把我叫到他家客厅给了我 3 万元，第二天，我把这 3 万元给了我妈。第二天，我被送进了看守所，后来我被取保了，这就是事情的经过”，刘大拿话赶话地把事情经过说了一遍，时不时地还用眼睛看一下他母亲，生怕说错了什么。

我正要说话，坐在一旁的妈妈迫不及待地说:“我原以为事情不会很大，认了就没事，没想到，这事还要到法院，还可能被判刑，我就害怕了，我就着急了。我今天早上路过你们律师事务所，我感觉必须请律师才行，要律师替我们说句公道话。”

“我自己也很糊涂，检察院叫我去配合调查时，觉得事情不大，就在检察院工作人员的引导下，承认我收了我儿子 3 万元，并把这钱为我丈夫买药用掉了，后来我知道这事情不应该承认，完全没有的事情我不能违背良心承认，所以后来我就说我根本没有拿我儿子的钱。”张某某带着哭腔述说着自己如何违心地承认自己收了儿子 3 万元，以及后来不承认的来龙去脉。

母子俩你一言我一言地说着，笔者一边听一边做笔记，没忍心去打断他们。这时倾听是最好的处理方式。

等到他们停下来时，我见有机会，就说：“案子到什么阶段啦？”

“案件到法院了。”张某某很快地回答。

“你是如何知道的？”我连忙问。

他从包里小心翼翼地取出一张盖有法院大印的开庭通知书递给我看。

我说：“你这个案子，请律师有点晚，都快要开庭了。”

“是啊，我开始以为这事就没了，没想到还到法院了，还要判我儿子坐牢，我就想啊，根本没有的事情，怎么就能到法院呢？我就不相信白的还真能变黑？”张某某气愤地说。

“在没有看到案卷证据材料之前，我不能随意发表意见，我相信你们说的都是真的，但律师的职业要求是，一切用证据说话，希望你们理解。”笔者说着看似不痛不痒的话。

“你们首先要做的是，你们要尽快委托律师，去阅卷，去了解案件，准备为你们辩护。”笔者很严肃地说。

“陈律师，请尚权的律师要多少钱？”当事人总算提到了律师费的问题。

“根据您刚刚介绍的情况，以及案件的难易程度，我们收费 × 万元”。

听到这个律师费的报价，当事人就开始说他家里的经济条件是如何的艰难。我也耐心地听着，但我没有同意律师费减少的建议。他们很不情愿的离开了律所。

过了三四天，我突然接到当事人母亲的电话，她说她经过仔细地考虑，虽然律师费高了点，但还是决定请尚权律师办理他们的案子。第二天，他们再次来到所里签订了委托合同，并交了律师费。

（二）辩护思路的形成

委托代理合同签订后，笔者就给深圳 A 区法院的法官打电话，预约阅卷，阅卷很顺利，但是没有同意笔者拷贝同步录音录像，笔者也没有与法官争辩，想等阅完卷后，看情况再说。

接下来大约一周的时间，笔者将所有的案卷材料，先粗略地浏览了一遍，发现当事人和笔者说的内容，与案卷记载的内容一致。当事人在检察院调查阶段，做了两份承认有受贿事实的陈述，后来在正式立案后，便全部否认。他的母亲也是一样，开始承认收到了刘大拿给的三万元，后来又全部否认。看来，母子俩没有欺骗笔者。

看样子这个案子的确有问题，作为刑事律师，发现有问题的案子，内心会莫名的兴奋。这个案子，案卷不多，笔者开始把每份证据都读过一遍，对案卷了解越深，越不解这个案件的侦查机关办案为何会如此粗糙。

疑问一，本案指控刘大拿受贿，可是自始至终都没有看到他收了谁的钱？起诉书指控说刘大拿受王某（刘大拿的上级）的指使和请托，违规办理律师会见？王某一个与嫌疑人贺某没有任何关系的人，他有什么理由会请托或指使刘大拿去办理律师会见贺某呢？

疑问二，王某在案卷中，并没有承认有请托或指使刘大拿办理律师会见，并送刘大拿 3 万元的事实。既然这样，刘大拿构成受贿罪的证据就不确实、不充分，如何指控他受贿犯罪呢？

疑问三，作为贺某的妻子李某，最有可能请托的人，却也自始至终没有提到自己或委托其他人去办理律师会见的事情。

本案的受贿事实从何说起？受贿罪，是指国家工作人员，索取或收受他人的财物，利用职务便利，为他人谋取利益。根据受贿罪的犯罪构成，显然刘大拿一没有索贿事实；二没有收受他人财物；三没有为他人牟取利益。完全不符合受贿罪的犯罪构成。

滥用职权罪，这几乎成为职务犯罪案件必须有的罪名，但我感觉，这个案件，检察机关增加滥用职权罪，似乎是为了确保起诉成功，而增加的一个兜底罪名。

那滥用职权的事实到底有没有呢？起诉书指控滥用职权的事实就是刘大拿违反法律规定安排律师会见。就这一简单的事实，通过阅卷，笔者也有几点疑问。疑问一，刘大拿有没有违反法律规定？证据显示侦查机关没有按照刑事诉讼法的规定，书面通知看守所，贺某会见需要经过批准；疑问二，安排律师会见的人除了刘大拿之外，在此之前，还有看守所的其他人员也办理过律师会见贺某？刘大拿被追究，其他人却不被追究？疑问三，如果有滥用职权，那么本案的所谓严重后果是什么？如起诉书说的，嫌疑人贺某翻供是滥用职权的后果，那么侦查机关的嫌疑人翻供是经常的事情，这算不算刑法上严重后果？疑问四，这种严重后果的发生，是不是因为刘大拿安排律师会见引起的？

笔者阅完卷后，就打电话叫刘大拿来所里做一份笔录，了解一下案件的具体情况。并与他沟通了辩护意见，明确告诉他，认为他不构成受贿罪和滥用职权罪，母子俩对笔者的意见表示认可。

后来，案卷经深圳市中级人民法院指定，由深圳市B区人民法院审理。

（三）本案的程序性问题

案件的结果是B区检察院依照《刑事诉讼法》一百七十一条，作出了不起诉决定。但本案存在以下几点问题：一是B区检察院是否有权作出不起诉决定？二是B区检察院是否需要重新制作起诉书？

关于第一个问题。《人民检察院刑事诉讼规则（试行）》第四百二十七条对于提起公诉后改变管辖的案件，原提起公诉的人民检察院参照本规则第三百六十二条的规定将案件移送与审判管辖相对应的人民检察院。接受移送的人民检察院重新对案件进行审查，根据《刑事诉讼法》第一百六十九条的第二款的规定，自收到案件之日起计算审查起诉期限。法律赋予了接受移送的检察院有权对案件进行审查，既然有审查权，当然在新的检察院认为符合《刑事诉讼法》第一百七十一条的规定，经过两次补充侦查，仍然认为证据不足，不符合起诉条件的，应当作出不起诉决定。

关于第二个问题。案件因为受理法院认为本院不适宜审理该案，向上级法院申请将该案移送到其他同级法院审理。依《最高人民法院关于适用〈中华人民共和国刑事诉讼法〉的解释》第二十条，原受理案件的人民法院在收到上级人民法院改变管辖决定书、同意移送决定书或指定其他人法院管辖决定书后，对公诉案件，应当书面通知同级人民检察院，并将案卷材料退回，同时书面通知当事人；那么管辖改变后，原受理案件的人民检察院要将案件材料退回原提起公诉的检察院，再由原提起公诉的检察院将案件移送有管辖权的同级人民检察院，由有管辖权的人民检察院重新审查，提起公诉，这种情况下，提起公诉的人民检察院改变了，行使管辖权的人民法院也改变了，如果不重新制作起诉书，仍然使用原起诉书显然不符合变化了的公诉主体和审判主体，因此，改变管辖的案件，应当重新制作起诉书。

（四）检察机关作出不予起诉的决定

笔者从 A 区法院得知案件被改变管辖，移送到 B 区法院管辖，案件已经退回 A 区检察院了。后来确定案件被移送到 B 区检察院进行审查起诉。笔者立刻带上手续，及不予起诉的辩护意见，希望面见检察官。到 B 区检察院后，检察官虽未面见笔者，但是进行了电话沟通，告诉她笔者的辩护意见，希望引起她的重视，检察官告知她会认真考虑我的辩护意见。

过了大概半个月时间，笔者又电话联系了检察官，问及案件情况，检查官告知笔者，该案件要上检委会，让笔者不要着急，有消息会通知我的。笔者得到这样的消息，就知道案件的结果肯定是不起诉，但没有敢告诉当事人，担心自己判断出错。

到 2016 年年底，也就是快过年了，笔者接到了检察官的电话，得知检察院作出不起诉决定，笔者在电话中对检察官说了许多赞许的话，感谢她的认真负责。我挂了检察官的电话，立刻打电话给当事人，我只记得当事人连着问了我三遍，是真的吗？我也连续回答了他三遍是真的。他才缓过神来说了声“谢谢陈律师”。过了几天，他们母子俩又来到所里，还带了点东北的特产给我，并告诉我A区反贪局还叫他去做侦查过程中的工作态度评价，我问他如何评价的？他告诉我：“不让睡觉，逼我认罪”，我笑一笑，还批评他太直接了。

从接这个案件到办结这个案件，最深的体会就是，刑事案件关系到一个人的自由，对任何一个人或家庭来说，都是不可承受的灾难。这个案件侦查机关办理粗糙，也许是因为上级院交办的案件，但连基本的案件事实认定都有问题，为何能移送审查起诉，为何能移送审判？幸运的是B区检察院作出了不起诉的决定。但这样的案件是否还会继续发生？或者下一个当事人还有没有这么幸运？

CASE 13

不知“犯罪”则无所谓“包庇”

——印度籍青年马尼士涉嫌参与聚众吸毒致两名外国人死亡案[①]

诉讼进程

马尼士，男，国籍：印度，1985年出生，居住地：深圳市龙华区。马尼士是一个年轻帅气、中文非常流利的印度小伙，常年在深圳市华强北从事电子产品的国际贸易工作。案发前，马尼士与其中国籍女友艾米丽正准备在深圳市注册成立贸易公司，专门从事中国与印度之间的电子产品贸易工作，是众多在华强北从事国际贸易工作的外籍商人的其中一员。

2015年12月6日，马尼士因涉嫌包庇罪被深圳市公安局福田分局刑事拘留，羁押于深圳市福田区看守所。

刘平律师在案发一周后接到马尼士女友艾米丽的求助电话，在了解了基本案情之后，与印度驻广州总领事馆以及马尼士家属取得了联系，建立了委托关系。并在建立委托关系的当天，前往看守所会见，详细了解了整

① 该案涉人员名称均为化名。

个案件情况，初步判断马尼士可能不构成包庇罪。随后与深圳市公安局福田分局取得联系，递交了律师意见书。

2015年1月4日，深圳市公安局福田分局向福田区人民检察院提请批准逮捕马尼士。

2015年1月8日，刘平律师向福田区人民检察院递交《不予批准逮捕法律意见书》。

2016年1月13日，马尼士被以涉嫌包庇罪逮捕。

2016年3月3日，深圳市公安局福田分局向深圳市福田区人民检察院移送审查起诉。

随后，刘平律师向福田区人民检察院递交了《羁押必要性审查申请书》，并向印度驻广州总领事馆通报了案件情况。

2016年4月15日，深圳市福田区人民检察院第一次退回深圳市公安局福田分局补充侦查。2016年5月13日，深圳市公安局福田分局补充侦查结束，再次移送检察机关。

随后，刘平律师先后三次向深圳市福田区人民检察院递交了《不起诉意见书》，并与承办检察官见面，阐明了不够成犯罪的理由，并向印度驻广州总领事馆通报了案件情况。

2016年6月17日，深圳市福田区人民检察院认为事实不清、证据不足，作出深福检刑不诉〔2016〕117号《不起诉决定书》。马尼士走出看守所，与其女友艾米丽团聚，继续在深圳经商。

侦查机关观点

深圳市公安局福田分局认为嫌疑人桑卓（女）涉嫌过失致人死亡罪，马尼士涉嫌包庇罪。

2015 年 11 月 27 日晚，犯罪嫌疑人法国籍公民桑卓、印度籍公民马尼士、土耳其籍公民梅斯以及与本案死者法国籍公民丹蒙、南非籍公民辛等人一起在酒吧喝酒。

11 月 28 日凌晨，死者丹蒙带着桑卓、马尼士、辛及梅斯回其住处，即深圳市福田区新沙路加州华苑家里继续喝酒。

当日 8 时许，犯罪嫌疑人桑卓拿出毒品与死者丹蒙、辛一起吸食。丹蒙与辛吸食毒品后死亡。桑卓、马尼士与梅斯发现丹蒙、辛死亡后，一起商量隐瞒当天桑卓提供毒品给死者吸食的事实，并对外统一口径：不知道两名死者死亡，离开死者住处时两死者在睡觉。随后，上述三人离开了死者住处，并多次见面一起商量如何统一口径应对公安讯问。

11 月 30 日，深圳市公安局福田分局在嘉州华苑丹蒙家里发现了丹蒙、辛的尸体。随后福田分局多次询问马尼士核实该案件情况。马尼士均向福田分局否认了 2015 年 11 月 28 日桑卓提供毒品给丹蒙、辛吸食导致两人死亡的事实。

经鉴定，丹蒙符合因乙醇、冰毒及 1-(2,5- 二甲氧基 -4- 氯苯基)-2- 丙胺等中毒致急性呼吸、循环功能衰竭死亡；辛符合乙醇、冰毒、大麻及 1-（2，5- 二甲氧基 -4- 氯苯基）-2- 丙胺等中毒致急性呼吸、循环功能衰竭死亡。

12 月 6 日，福田分局电话联系桑卓、马尼士到局里配合调查，并于当日将二人拘留。

深圳市公安局福田分局认为，桑卓的行为已经触犯《刑法》第二百三十三条之规定，涉嫌过失致人死亡罪；马尼士的行为已经触犯了《刑法》第三百一十条之规定，涉嫌包庇罪。

认定案件事实的主要证据材料有：

1. 证人证言

证人本丁克证言。证实 2015 年 11 月 27 日晚和死者辛等四个朋友在香蜜湖酒吧喝酒，然后一起去了一个南非朋友卓恩家里抽大麻，并且四人平均分吃一颗粒红色的药丸 ECSTACY（一种能让人销魂的东西）。之后四人前往购物公园酒吧继续喝酒一直到 11 月 28 日凌晨，准备离开回家时，死者辛还给了其一点大麻。剩下的大麻，死者辛放回了他的背包里。

证人马锐奥证言。其是犯罪嫌疑人桑卓的男朋友。证实 11 月 27 日晚 21 点马锐奥和桑卓在福田区金域蓝湾附近参加一个酒吧派对之后就分开了。11 月 28 日晚上 8 点左右回到家里时发现土耳其人梅斯、印度人马尼士、女朋友桑卓三人在哭，且说法国人丹蒙和一个南非人死了。女朋友桑卓说不敢报警是因为他们当天晚上吸食了桑卓提供的毒品。毒品有 DOC 和 BENZO 两种，是桑卓在网上购买的。DOC 是一种类似 LSD 的新型毒品致幻剂，直接吸食有生命危险，BENZO 是一种类似开心果的毒品，有提高性欲催情的作用。

证人朱斯证言。证实在 2015 年 11 月 27 日晚其与本案死者南非籍辛、卓恩等四人在卓恩家里抽了大麻，然后到香蜜湖度假村酒吧喝酒一直到凌晨左右，之后另外三人去了购物公园酒吧继续喝酒，自己因为要回家没有继续参与。

证人卓恩证言。2015 年 11 月 27 日晚其与辛和本丁克在自己家中抽了辛拿来的一包大麻，然后四人一起去了购物公园酒吧喝酒。之后各自离开了。

证人约翰证言。证实 2015 年 11 月 27 日晚上，其与本丁克、卓恩、辛四人一起到香蜜湖一个酒吧喝酒，之后到卓恩家里抽了大麻，抽完大麻之后，卓恩还拿一片印有超人标志的红色片剂分成四份，每人吃了一份，之后四人又一起到购物公园酒吧喝酒，凌晨 5 点左右，离开回家了。

2. 鉴定意见

中山大学法医鉴定中心司法鉴定意见书，经鉴定认为，死者丹蒙符合因乙醇、冰毒及 1-（2，5- 二甲氧基 -4- 氯苯基）-2- 丙胺等中毒致急性呼吸、循环功能衰竭死亡。死者辛符合因乙醇、冰毒、大麻及 1-（2,5- 二甲氧基 -4- 氯苯基）-2- 丙胺等中毒致急性呼吸、循环功能衰竭死亡。

3. 勘验、检查笔录

福田区嘉洲花苑丹蒙家的现场勘验、检查笔录证实有两名死者。

4. 书证

通话记录证明两名犯罪嫌疑人，在 2015 年 11 月 28 日至 12 月 6 日期间有频繁的通话联系。《受案登记表》《立案决定书》显示本案的立案时间是 2015 年 12 月 6 日。

5. 视听资料

主要是案发地福田区嘉洲花苑丹蒙家所在楼层的监控录像，证明两名犯罪嫌疑人进入丹蒙家的时间和离开的时间。

6. 犯罪嫌疑人马尼士的供述

马尼士共有8次询问、讯问笔录。在2015年12月1日至12月5日之间共有4次询问笔录，均没有供述其在离开丹蒙家时有两人死亡的事实。12月6日开始如实供述了三人在离开时，已经知道两名死者已经死亡的事实。

（1）马尼士询问笔录（共5次）

第1、2、3次询问笔录，时间：2015年12月1日。

主要内容：11月27日晚，我先和印度朋友在BASE酒吧喝酒，之后9点多和印度朋友去了购物公园的黑胡椒酒吧，又去了西西里酒吧喝酒。凌晨5时许，见到桑卓，旁边还有丹蒙，还有一个土耳其人梅斯加入，之后我喝醉了，去了哪里没有印象，之后在一个房子里，睡在卫生间，醒来之后看到丹蒙在沙发上睡着了，卧室床上躺着南非人，桑卓和梅斯比较清醒，之后各自回家。自己之前有在购物公园酒吧喝了16杯洋酒。不知道有两人死亡的事实。

第4次询问笔录，时间：2015年12月2日。

主要内容和之前的内容一样。不知道有两人死亡的事实。

第5次询问笔录，时间：2015年12月6日。

主要内容：马尼士主动到派出所说明案件真实情况。2015年11月27日晚，马尼士与法国人桑卓、法国人丹蒙，土耳其人梅斯等人在购物公园一个酒吧喝酒，之后自己喝醉了，其他什么都不记得了，一直到11月28日中午13点左右醒来，看到南非人辛躺在床上，桑卓坐在床边，梅斯在卧室内走来走去，自言自语，可能是吸毒后的状态。桑卓告诉我说这是丹蒙家里。还看见丹蒙躺在沙发上，好像快不行了，桑卓就过来做心肺复苏的急救措施。梅斯也突然大喊说辛死了，桑卓又给辛做急救措施。最后，我们确认两人已经没有心跳和脉搏，都已经死亡。桑卓说两名死者吃了类似致幻药的毒品，其他三人没有吃。因为不懂中国的法律，非常害怕，不知道是否会承担法律责任，所以最后决定不报警。我们假装不知道两人死亡，离开了丹蒙家，去了桑卓家商量怎么办，三人共同商量决定：警察如果问的话，我们统一口径说我们离开时不知道两个人躺在床和沙发上，以为他们睡着了。11 月 30 日警察发现有丹蒙和辛两人死了之后，我们三人又约在深圳北站见面商量怎么办，是否要对警察说实话，最后仍然决定不能让警察知道我们在离开前就已经知道丹蒙和辛死亡了，就说离开时只知道他们俩在睡觉，其他可以据实说。

（2）马尼士讯问笔录（共 3 次）

主要内容：离开出事的地方后，三人去了桑卓的家，桑卓说南非人辛在喝醉酒的时候拿出来毒品，辛、梅斯、丹蒙三个人吸了毒品。之所以要对警方撒谎是因为死了两个人。因为事发后，三个已经商量过了，不能告诉警察三人离开时知道有两人已经死了，否则恐怕要承担法律责任。因为害怕，就同意了对警察说谎。并且三人商量好除了这两个人死了的事情不说之外，其他的事情都可以说。吸毒的事情因为是听桑卓说的，所以就对警察说不知道吸毒的事情。

7. 犯罪嫌疑人桑卓的供述

（1）桑卓询问笔录（5 次）

第 1、2、3 次询问笔录，时间：2015 年 12 月 01 日。

主要内容：11 月 27 晚上至 28 日凌晨，我、丹蒙、马尼士、梅斯、南非人。

辛一起喝酒，凌晨六点多，分两台车去了丹蒙住处，继续在丹蒙家喝酒。在喝酒过程中，南非人辛说他有白色粉末毒品，可以加在酒里一起喝，我们几个都喝了，除了马尼士睡在卫生间没有喝。11 月 28 日下午我、马尼士和梅斯一起离开丹蒙家到了我家，走的时候，两个死者还和我们挥手告别。

第 4、5 次询问笔录，时间：2015 年 12 月 6 日。

主要内容：11 月 28 日，我们离开丹蒙家时已经知道丹蒙和南非人辛死了。死因是吸了我提供的 LSD 毒品死亡的。28 日凌晨是我拿出毒品来吸食的，不是南非人辛。印度人马尼士睡着了，没有吸毒。之前不讲真话是因为害怕。11 月 30 日，警察发现丹蒙和南非人辛死了的事情后，我们三人在深圳北站碰面商量如果警察问起来的话，就说那两个人睡着了，我们不知道他们两人死了。

（2）桑卓讯问笔录

主要内容：11 月 28 日凌晨，我们去了丹蒙家，在他家我们五个人开始喝了一些伏特加酒，大概八点多的时候，我拿出了一种叫 LSD 的毒品，除了印度人马尼士喝多了醉倒在洗手间里没有吸食之外，其余四个人都吸食了一部分 LSD 毒品。我只知道 LSD 是一种致幻剂，是一种白色粉末，每次最多吸食 0.2 毫克。我带到丹蒙家有 0.5 克的量，我们吸食了大概有 0.1−0.15 毫克的毒品。当我们发现他们两人不行的时候，我有给他们做心肺复苏急救，但是没有成功，因为害怕也不敢报警，所以没有说实话。

辩方观点

辩护人认为，根据《刑法》第三百一十条的规定，包庇罪是指明知是犯罪的人而为其作假证明包庇的行为。而本案，从立案开始到检察院作出不起诉决定为止的整个刑事诉讼过程中，马尼士都不存在作假证明包庇犯罪人的客观行为，其主观上不知道也不可能知道桑卓是犯罪的人。因此，其并不构成包庇罪。

（一）在本案的整个刑事诉讼过程中，马尼士没有实行向公安机关作假证包庇桑卓的行为，不符合包庇罪的客观要件

1. 在刑事立案当天及之后的刑事诉讼活动中，马尼士如实陈述了本案案情，不存在包庇行为。

刑事诉讼的过程是从立案开始到案件的审判和执行结束的整个过程。作为包庇罪的核心行为——作假证明，妨害的是刑事诉讼活动的正常进行。

根据我国刑事诉讼法学理论的通说，“立案是我国刑事诉讼一个独立、必经的诉讼阶段，是刑事诉讼活动开始的标志”。[①]

如果刑事诉讼活动没有开始或者已经结束，作假证明的行为是不可能妨害到刑事诉讼活动的正常进行的。作假证明包庇也就意味着刑事诉讼程序已经启动尚未作出生效判决，不然，行为人向谁作假证明呢？

根据案卷材料《受案登记表》和《立案决定书》显示，本案的立案时间是 2015 年 12 月 6 日，也就是说刑事诉讼开始的时间就是 2015 年 12 月 6 日。

而马尼士在 2015 年 12 月 6 日当天凌晨 6 时以及之后所作的所有供述，都是如实供述，并未隐瞒相关事实。其已经如实供述了在死者丹蒙家发生的案件事实及后来发生的与案件有关的事实，可见其并没有作假证的客观行为。

① 陈光中主编：《刑事诉讼法》，北京大学出版社、高等教育出版社 2012 年版，第 251 页。

因此，在刑事诉讼活动开始之后，马尼士没有实行任何包庇行为，不可能因此构成包庇罪。

2. 立案之前的初查中，马尼士未如实供述本案事实，不属于包庇罪作假证明的时间范围。

我国《刑事诉讼法》第一百一十条规定："人民法院、人民检察院或者公安机关对于报案、控告、举报和自首的材料，应当按照管辖范围，迅速进行审查，认为有犯罪事实需要追究刑事责任的时候，应当立案；……"在司法实践中，这种为了查明是否"有犯罪事实需要追究刑事责任"而进行的、被实践部门称为"初查"的审查活动，包含着对实物证据和言词证据的收集、固定工作。

而根据通说，立案才是刑事诉讼活动开始的标志。因此立案之前的审查活动不属于刑事诉讼的组成部分。

初查活动所获取的证据并不具有证据能力。尤其是言词证据并不天然顺理成章地就具有了刑事诉讼的证据能力。

从证据形式与作证主体看，初查证据不具备"讯问犯罪嫌疑人、被告人笔录"和"询问证人笔录"的法定形式，其陈述主体也不符合刑事诉讼法所要求的犯罪嫌疑人、被告人和证人的身份。

从证据功能看，立案前获得的证据材料的功能是为确认立案条件是否具备提供依据，不能在后续的诉讼阶段发挥其证明作用。

马尼士在本案 2015 年 12 月 6 日立案之前，没有如实陈述的行为，不属于包庇罪所规定作假证明的时间范围。其在初查中没有如实陈述的行为，并没有妨害刑事诉讼活动的正常进行。

马尼士不能因其在本案立案之前的未如实供述行为而构成包庇罪。

（二）主观上，马尼士并不明知桑卓是犯罪的人

根据我国《刑法》第三百一十条关于包庇罪罪状的规定，包庇是指明知是犯罪的人而作假证明包庇的行为。构成包庇罪，行为人必须是主观明知包庇的对象是犯罪的人。

本罪的罪过形式为故意。故意包括直接故意和间接故意。间接故意能否构成该罪？见解不一。而即便本罪主观故意包括间接故意，也无法说明马尼士主观上可能知道桑卓是犯罪的人。

首先，“明知是犯罪的人”既不能理解为要求行为人在实施包庇行为的时候像法律专家一样能够对被包庇人的行为进行精确的定性，也不能把“犯罪的人”理解为一种法律上的事后评价。

其次，即便包庇罪的主观故意包括间接故意，将“明知是犯罪的人”能理解为只要行为人认识到了其所包庇的人实施的行为可能是犯罪就够了，那么，根据普通公民按照常识、常理、常情来作一种经验判断，也无法认定马尼士主观上可能知道桑卓是犯罪的人，何况一个对中国国情和法律都不懂的印度籍公民。

再次，就主观上的目的因素来说，本案马尼士并非是要刻意包庇某个犯罪的人。马尼士没有参与吸毒，而是第二天醒来之后得知二人已经死亡，鉴于当时突然有两人死亡，自己心里害怕、恐慌，因其不了解中国的法律怕惹事上身才没能如实供述。

即便是事发之后三人商量如何向公安供述，也是由于其内心的恐惧心理，而并非是要包庇某个犯罪的人。

（三）现有的证据无法证实桑卓构成过失致人死亡罪

从本案两名被害人死亡原因来看，丹蒙符合因乙醇、冰毒及 1-（2,5-二甲氧基 -4- 氯苯基）-2- 丙胺等中毒致急性呼吸、循环功能衰竭死亡；辛符合乙醇、冰毒、大麻及 1-（2，5- 二甲氧基 -4- 氯苯基）-2- 丙胺等中毒致急性呼吸、循环功能衰竭死亡。冰毒及 1-（2，5- 二甲氧基 -4- 氯苯基）-2- 丙胺的确是二人中毒因素之一，但是无法确认是唯一性原因。且辛在此吸食毒品之前，还吸食过大麻，其死亡原因更加复杂。

现有证据无法证明桑卓提供的毒品数量会导致两名被害人死亡。桑卓本人也不明知其所提供的毒品的毒性对人体的损害程度，更无法预见其提供吸食的毒品在与乙醇（饮酒）混合之后对人体损害的程度大小，无法预见这会导致两名被害人死亡。因此，也就无法证实桑卓主观上具有过失，两名被害人死亡结果属于意外事件。

根据刑法对包庇罪的规定，包庇行为的前提条件是存在“犯罪的人”，而桑卓根本不构成犯罪，也就不存在包庇具体某个“犯罪的人”的问题，包庇罪也就不成立了。

即便认为其在本案立案之前没有如实陈述案件事实的行为所形成的证据可以转化为合法的刑事诉讼中的证据，因其并没有妨碍刑事诉讼的正常进行，根据我国《刑法》第十三条的规定，其情节显著轻微危害不大的，可以不作为犯罪处理。

综上所述，辩护人认为，在刑事诉讼中，马尼士没有实行向公安机关作假证包庇桑卓的行为，不符合包庇罪的客观要件，在立案当天及之后的刑事诉讼活动中，其如实供述了本案案情，不存在包庇行为。在立案之前的初查中，其未如实供述本案事实，不属于包庇罪作假证明的时间范围。其主观上并不明知桑卓是犯罪的人，现有的证据也无法证实桑卓构成过失致人死亡罪。

因此，根据现有的证据材料无法认定马尼士构成包庇罪，应当作出不起诉决定。

检察机关认定

深圳市福田区人民检察院审查之后，于 2016 年 6 月 17 日作出不起诉决定。

检察院不起诉理由：

1. 本案两名被害人体内单独一种毒物的剂量虽未达到重度致死量，死亡原因系酒精和毒品协同作用导致，不足以证实被不起诉人桑卓对二名被害人的死亡能够预见或者应当预见。

2. 涉案具体毒品的特性、吸食数量均无法查清，现有证据不足以证实被不起诉人桑卓对涉案毒品毒性有明确的认知。

3. 本案两名被害人均系成年人，案发当天被害人辛在与涉案人员一起喝酒吸毒之前已经吸食大麻，死亡原因不具有唯一性。

4. 现有证据并不足以证实被不起诉人马尼士主观上明知被不起诉人桑卓的行为构成犯罪而作假证明包庇。

综上，依照《中华人民共和国刑事诉讼法》第一百七十一条第四款的规定，决定对桑卓、马尼士不起诉。

法律规定

《中华人民共和国刑法》

第三百一十条 明知是犯罪的人而为其提供隐藏处所、财物，帮助其逃匿或者作假证明包庇的，处三年以下有期徒刑、拘役或者管制；情节严重的，处三年以上十年以下有期徒刑。

犯前款罪，事前通谋的，以共同犯罪论处。

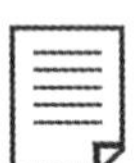

法律解析

根据上述规定及刑法原理，窝藏罪、包庇罪的构成要件为：

（一）客体要件

本罪所侵害的客体是司法机关正常的刑事诉讼活动。犯罪对象是各种依照刑法规定构成犯罪的人。

（二）客观要件

本罪客观方面表现为实施窝藏或包庇犯罪人的行为。窝藏，是指为犯罪的人提供隐藏处所、财物，帮助其逃匿的行为。这种行为的特点是使司法机关不能或者难以发现犯罪的人，因此，除提供隐藏处所、财物外，向犯罪的人通报侦查或追捕的动静、向犯罪的人提供化装的用具等等，也属于帮助其逃匿的行为。包庇，应限于向司法机关提供虚假证明掩盖犯罪人。在司法机关追捕的过程中，行为人出于某种特殊原因为了使犯罪人逃匿，而自己冒充犯罪的人向司法机关投案或者实施其他使司法机关误认为自己为原犯罪人的行为的，也应认定为包庇罪。窝藏、包庇的犯罪人，是指已经实施犯罪行为的人，既包括犯罪后潜逃未归案的犯罪人，也包括被司法机关羁押而脱逃的未决犯与已决犯。

（三）主体要件

主体是已满16周岁、具有刑事责任能力的自然人。

（四）主观要件

本罪主观上必须出于故意，即明知是犯罪的人而实施窝藏、包庇行为。明知，是指认识到自己窝藏、包庇的是犯罪的人。在开始实施窝藏、包庇行为时明知是犯罪人的，当然成立本罪；在开始实施窝藏、包庇行为时不明知是犯罪人，但发现对方是犯罪人后仍然继续实施窝藏、包庇行为的，也成立本罪。

办案手记

从案件细节寻找“突破点”

北京市尚权（深圳）律师事务所　刘平律师

2016年6月17日，深圳市福田区人民检察院检察官打电话通知辩护人，检察机关对马尼士作出不起诉决定。笔者长舒一口气，随即打电话通知马尼士女友艾米丽准备到看守所接人团聚。第二天，印度驻广州总领事馆发来感谢信，由衷感谢辩护人为了办理本案的辛苦付出。

回想起第一次在福田区看守所会见马尼士时，马尼士失声痛哭说自己真的是因为不懂中国法律，怕惹事才说谎的，并不是真的想要包庇谁。于是，笔者反复给他解释中国法律中包庇罪的规定是怎么样，并举例予以说明。同时，反复解释刑事诉讼的各个阶段以及期限问题，当说到从侦查阶段开始到审判结束可能会有小半年时，马尼士再次失声痛哭，他最关心的人是在外面的女朋友没有工作，没有收入来源，生活怎么办。我不断地安抚他说女朋友已经有了新的工作，生活并没有问题。

本案是涉及两名外国籍公民死亡的案件（法国籍公民丹蒙、南非籍公民辛），在深圳外籍人士圈里引起了不小的震动，涉案嫌疑人所在国使领馆也较为关切，网络媒体也都刊登了相关新闻。甚至在查办案件过程中，死者的家属因涉及宗教信仰问题，拒绝尸体解剖，后经多方协调沟通之后才解剖了死者尸体，查明死因。

由于涉及命案，且是两名外国籍公民，嫌疑人桑卓又确实有提供毒品给两名死者吸食，因此，桑卓很有可能构成过失致人死亡罪，而一旦桑卓构成犯罪，则马尼士的行为就具备了构成窝藏、包庇罪的前提条件。所以，笔者非常期望桑卓不构成犯罪，这样马尼士，自然就不构成犯罪了。

在侦查阶段，律师无法查看案卷，只能通过与公安机关和当事人沟通了解情况。笔者带着这种期望，不断去和公安机关交涉，询问案件情况，而公安机关的答复一直都是非常简单的几句话，无法透露更多案情。于是，笔者曾想去找桑卓的辩护律师了解情况，但遗憾的是桑卓并没有委托律师，而是其亲属在和公安机关交涉。于是，笔者又找到其亲属，但是其亲属也并不了解案情。

无奈之下，辩护人只能尽力而为。在无法确认桑卓是否构成犯罪的情况下，只能假设，假设桑卓构成犯罪，笔者的当事人如何脱罪。于是，根据这种假设，笔者反复研究关于包庇罪的有关法律法规，阅读了数十篇有关包庇罪的学术论文，并向刑法学者请教，从法理上论证了即便在桑卓构成犯罪的前提下，马尼士也可能不构成包庇罪。结合辩护人所了解的案件情况，制作了辩护意见，递交给了公安机关。随后，笔者将案件进展情况通报给了印度驻广州总领事馆。

在案件移送至检察院审查起诉之后，笔者立即联系承办检察官要求阅卷，通过阅卷，发现案件确实存在诸多问题，马尼士完全不构成包庇罪。在仔细阅卷并制作阅卷笔录之后，笔者撰写了不起诉意见书递交给了检察院。主要观点是：主观上，马尼士并不明知桑卓是犯罪的人。现有的证据无法证实桑卓构成过失致人死亡罪。在递交意见书之后，笔者还约见了检察官，当面阐明了马尼士不构成包庇罪的理由。但检察官认为桑卓是否构成犯罪还很难说，马尼士也并非不明知桑卓是犯罪的人，至少应当知道这是违法的事情。当然，检察官说的并非没有道理，在发生命案之后，按照法律规定应当如实供述案件情况，且故意编造虚假信息确实妨碍了公安机关对案件的侦查。

至此，控辩双方的观点均已经相互表达清楚。但如果是这样的话，笔者的当事人极有可能被移送法院起诉，到那时恐怕就被动了。

于是，再次重新阅卷，希望能找到其他突破口。从案件细节发现问题，寻找突破口，一直以来就是笔者提倡的办案风格。再次重新制作阅卷笔录，对案卷重新再加工，将案件发生、发展经过、结果，按照时间顺序制作成一张表格之后，突然发现“时间”是本案辩护的一个突破口。

根据案卷材料《受案登记表》和《立案决定书》显示，本案的立案时间是2015年12月6日，也就是说刑事诉讼开始的时间就是2015年12月6日。而马尼士是在2015年12月6日当天凌晨6时以及之后所作的所有供述都是如实供述，并未隐瞒相关事实。其已经如实供述了在死者丹蒙家发生的有关案件的事实，可见其并没有作假证的客观行为。而立案才是刑事诉讼活动开始的标志。立案之前的审查活动不属于刑事诉讼的组成部分。马尼士在12月6日立案之前，没有如实陈述的行为，并没有妨害刑事诉讼活动的正常进行。

根据这一突破口，笔者再次重新制作法律诉意见书，再次约见检察官，陈述了笔者的观点，并建议检察机关不起诉。检察官表示需要研究后，才能作出决定。之后是等待，在等待期间，辩护人再次重新阅卷了，将案卷中所存在的问题，又重新审查了一遍。

在审查起诉期间，印度驻广州总领事馆数次打来电话询问案件进展情况，笔者也如实将案件情况反馈给了总领事馆。

最终，一个多月后，在审查起诉期限即将届满的时候，福田区人民检察院作出不起诉决定。

虽然本案在检察官的坚持之下，检察机关以“现有证据并不足以证实马尼士主观上明知被不起诉人桑卓的行为构成犯罪而作假证明包庇”为由，作出存疑不起诉决定，并没有将笔者最后表达的辩护观点（即刑事诉讼开始之前没有如实陈述的行为不构成犯罪）作为不起诉的理由，而以辩护人之前交涉的辩护观点（即主观明知的证据不足）作为不起诉的理由，但无论如何，辩护人的相关意见还是得到了检察机关的认可。

后 记

诉讼律师，案例为王，刑辩律师更是如此。经典或者精彩的案例，不仅凝聚着刑辩律师的情怀、技术和辛劳，也体现着司法机关及其人员的良知和智慧，记录着中国法治进步的艰难历程。“九层之台，起于垒土”，做好每一个案件，既是诉讼律师的职业本分和成功之道，也是夯实法治大厦根基的必由之路。

尚权律师事务所作为全国首家“只做刑事业务”的专业所，成立十年多来，办案千余件，其中不乏经典、精彩的成功案例，却一直没有整理出版过案例集，实为憾事。2016年尚权十周年庆典时，决定以“有效辩护”为主题，以“专业、有效、有法治意义”为标准，对案例进行全面整理、筛选，很快梳理出无罪案例（含无罪判决、撤回起诉、不起诉）、二审改判案例合计百余起。鉴于工作量非常大，最终决定先出版一本无罪辩护案例选集，其他案例再陆续整理出版。

这本《胜辩——尚权无罪辩护案例选析》，原计划精选、收录12起无罪辩护的成功案例。其中，法院作出无罪判决的有3起，检察机关在审判阶段撤回起诉的有4起，检察机关作出不起诉决定的有5起。“选”的标准，是能够体现出刑事辩护的专业性、有效性，即通过律师的专业性辩护，最终说服办案机关，达到了理想的效果，而不是靠碰运气“捡漏”。因此，在体例安排上，强调“析”，即“辨法析理”，不仅介绍案情、诉讼进程和处理结果，还列明控、辩双方观点，附上相关法律规定，并由经办律师通过“办案手记”介绍心得体会。精心“选”、细致“析”，意在总结刑事辩护经验，为其他律师提供有益借鉴。

在编撰即将完成时，喜讯传来，尚权“蒙冤者援助计划”援助的重大冤案之一，由 9 名尚权律师先后参加申诉代理和再庭辩护的福建宁德缪新华一家五口故意杀人、包庇案，在 2017 年 9 月 12 日被福建省高级人民法院再审改判无罪，无罪辩护再添新例。于是，紧急整理后补充进来，使本书收录的案例增加到 13 起。另外需要说明的是，在编撰案例时，考虑到一些案件的特殊情况及保护诉讼参与人个人信息的需要，隐去了部分当事人及其他诉讼参与人的真实姓名，以化名替代，但案情信息及证据情况的介绍均据实记录，以留作史料、镜鉴司法。

作为尚权律师事务所的第一本案例集，我们虽然用尽心力地编撰，但囿于水平和能力，难免存在一些缺陷和不足，恳请大家给予批评、指正。编选及出版工作，得到中国法制出版社的大力支持，也得到了中国政法大学顾永忠教授、吴宏耀教授及《民主与法制》杂志社总编辑刘桂明等师友的鼓励和指导，并得到了著名刑辩律师韩嘉毅、朱明勇等同仁的帮助，在此一并致谢。同时，也对长期以来关心和支持尚权律师事务所及刑事辩护事业的各界朋友，致以诚挚的谢意！

回望十年，无怨无悔；展望未来，激情满怀。尚权正站在又一个十年的新起点，我国刑事辩护发展也将迎来一个战略机遇期。希望通过本书的编撰及出版，尚权人能够百尺竿头、更进一步，继续秉承“个案推动法治，哪怕只有半毫米”的理念，为刑事辩护繁荣、刑事法治进步作出自己的积极贡献。

北京市尚权律师事务所主任 毛立新

二〇一七年九月十二日